江苏省社会科学基金后期资助项目

环境规制下中国制造业转型升级的机制与路径

周长富 王竹君 著

南京大学出版社

图书在版编目(CIP)数据

环境规制下中国制造业转型升级的机制与路径 / 周长富,王竹君著. —南京:南京大学出版社,2016.11
ISBN 978-7-305-16376-0

Ⅰ.①环… Ⅱ.①周…②王… Ⅲ.①制造工业—转型经济—研究—中国 Ⅳ.①F426.4

中国版本图书馆 CIP 数据核字(2015)第 316169 号

出版发行	南京大学出版社
社　　址	南京市汉口路 22 号　邮编　210093
出 版 人	金鑫荣
书　　名	**环境规制下中国制造业转型升级的机制与路径**
著　　者	周长富　王竹君
责任编辑	秦　露　王日俊　　　编辑热线　025-83592193
照　　排	南京紫藤制版印务中心
印　　刷	江苏凤凰数码印务有限公司
开　　本	718×960　1/16　印张 14.5　字数 251 千
版　　次	2016 年 11 月第 1 版　2016 年 11 月第 1 次印刷
ISBN 978-7-305-16376-0	
定　　价	36.80 元

网　址:http://www.njupco.com
官方微博:http://weibo.com/njupco
官方微信:njupress
销售咨询热线:(025)83594756

* 版权所有,侵权必究
* 凡购买南大版图书,如有印装质量问题,请与所购
　图书销售部门联系调换

本书为江苏高校优势学科建设工程资助项目(PAPD)、江苏高校人文社会科学校外研究基地"江苏现代服务业研究院"、江苏高校现代服务业协同创新中心的阶段性研究成果。

本书为江苏省社会科学基金后期资助项目。

书　　名　环境规制下中国制造业转型升级的机制与路径
著　　者　周长富、王竹君
出　版　社　南京大学出版社

序

党的十八大以来，我国经济发展呈现速度变化、结构优化、动力转换等新特征，经济增长速度从高速向中高速转变，经济增长方式从外延扩张型向内涵效益型转变，经济结构调整从增量扩能向调整存量、做优增量转变，发展动力从主要依靠资源和低成本劳动力等要素投入向创新驱动转变。为主动适应和积极引领我国经济发展所面临的新常态，国家出台了"中国制造2025"、"供给侧改革"等一系列措施推进经济转型、结构调整的重大举措。党的十八届五中全会提出了"创新、协调、绿色、开放、共享"的发展理念，是中国特色的社会主义政治经济学的重大理论成果。其中创新发展作为五大发展理念之首，是引领发展的第一源动力。通过创新破解发展难题，才能增强发展动力，厚植发展优势，实现新旧动能的转化。绿色发展首次作为五大发展理念之一被纳入并系统化，这不仅体现了党中央治国理政新理念，还为建设美丽中国指明了方向。创新发展的落脚点是推动制造业的转型升级为经济增添活力，绿色发展需要依靠严格的环境保护制度为美丽中国保驾护航。因此，研究在严格的环境规制下寻求制造业转型升级的路径和机制，实现创新发展与绿色发展的双赢，具有重要的理论意义和现实意义。

周长富博士和王竹君的《环境规制下中国制造业转型升级的机制与路径》一书，紧扣经济研究的热点问题，将环境保护和制造业竞争力的提升相结合，非常具有前瞻性。环境保护和制造业竞争力提升是中国经济进入新常态后面临的非常重要的问题。一方面，改革开放以来，依赖于低劳动力成本、低污染治理成本、低土地成本所形成的比较优势不断弱化，高投资、高污染、高能耗为特征的传统经济模式弊端也逐渐显现，随着经济的发展以及工业化、城市化进程的推进，中国生态环境遭到了严重的破坏，国内环境污染问题频发，加强环境保护成为我国转变经济发展方式的必然选择。另一方面，2008年美国金融危机爆发以后，全球制造业"再工业化"进程趋势逐渐形成，欧美等发达国家对制造业的重视程度明显提高。以国际代工为主导的"中国制造"被打上低端标签而广为诟病,其背后暴露了我国制造业竞争力不强的现实,我国制造业正处于转型升级的阵痛期。同时,伴随着国内居民生活水平的不断提高,消费结构不断升级,消费者的消费观念逐渐转变,"物美价廉"逐步被质量致胜所取代。在经济发展处于增速换挡期、转型阵痛期和改革攻坚期的新阶段,本书的出版对于探索破解环境保护与制造业转型升级的难题,无疑具有重要的理论意义和现实意义。

作者一直致力于开放型经济转型升级研究,并取得了较为丰硕的成果,本书就是成果之一。该书研究思路清晰,论证充分,注重理论和实证相结合,注重理论联系实际,在以下方面做了有益的探索。

首先,作者运用经济增长的源动力理论,从资本积累和劳动力转移的角度分析经济增长的环境效应,并验证环境保护 EKC 曲线在我国是否存在。环境与经济增长的相关性是分析环境规制与制造业转型升级问题的前提。自 Grossman 和 Krueger(1993)的分析方法,将可能导致环境污染发生变化的根本性因素分解为规模效应、结构效应和技术效应后,很多学者运用样本数据进行了验证,但是缺少理论上的阐释。本书作者在 Copeland 和 Taylor(2009)理论模型的基础上,根据将工业行业分为劳动密集型和资本密集型,运用我国 13 个工业行业的面板数据,实证分析资本积累和劳动力转移驱动下我国开放型经济发展的环境效应;并通过建立碳排放库兹涅茨曲线的理论模型,利用《IPCC 国家温室气体清单指南》中所提供的基准方法,分析我国、东部、中部和西部的 EKC 曲线的存在性。可以说这部分内容既为下文分析奠定了理论基础,也较为全面、深入的分析了我国环境保护和经济发展之间的关系。

其次,结合中国融入国际分工的现实特征和环境规制的现状,科学合理地构建环境规制和中国制造业国际竞争力的评价指标体系,分析环境规制对制造业贸易竞争力的影响。根据古典贸易理论,随着经济一体化的推进,世界各国环境规制强度的差异对贸易活动必然产生更大影响。本书在现有研究的基础上,试图通过分析我国制造业贸易竞争力的现状,构建我国制造业贸易竞争力评价体系,采用国际市场份额、专业化指数和显示性比较优势指数三个指标全面考察了我国制造业贸易竞争力,将制造业行业分为劳动密集型、资本密集型和技术密集型,利用我国制造业行业的面板数据,实证分析环境规制对我国贸易竞争力的影响,为我国制造业转型升级政策的制定提供理论支持。

第三,在"资源瓶颈"和"知识产权瓶颈"的约束下,分析环境规制对制造业企业技术创新影响的二重性。技术创新作为实现环境保护和经济发展"双赢"目标的决定因素，环境规制对技术创新的影响一直是研究的热点问题。在经济转型期，技术创新作为深入实施创新驱动发展战略的原动力，环境规制增加了企业技术创新过程中制度环境方面的不确定性，从而通过改变技术创新的资源配置影响技术创新的速度、方向和规模。作者从直接效应和间接效应两个角度为切入点，认为环境规制不但会对技术创新产生直接影响，而且会通过 FDI、企业规模、人力资本水平等因素产生间接影响。这对于中国破解全球价值链分工背景下的技术进步和环境保护难题以及加快转变经济发展方式具有重要的理论价值和实践意义。

第四，作者从异质性企业、动态面板数据模型等角度对现有研究进行拓展，分析异质性条件下环境规制对 FDI 区位分布的影响。基于"污染避难所假说"的逻辑，在开放型经济发展模式下，地方政府担忧执行严格的环境规制措施可能会得不偿失。受地方政府政绩考核的驱动，一些地方政府通过放松环境管制吸引外资进入，产生了破坏性的地方竞争。本书通过构建异质性企业策略选择模型，研究"污染避难所假说"在我国是否成立？"向底线赛跑"的破坏性竞争行为能否有效的扩大地方政府的招商引资规模？环境规制是否影响 FDI 的区位选择？这对于环境保护措施的实施和招商引资政策的制定具有重要的指导意义。

最后，作者结合江苏省制造业转型升级的实践，探寻开放型经济发展下环境保护与制造业竞争力提升的发展机制。在科学发展观的战略思想指导下，中国一些发达地区率先进行了发展模式的转型，走上了以市场化、国际化和新型工业化为主要内容的新型经济发展模式。作者以江苏省为例，分析江苏省如何通过开放型经济发展转型促进环境保护，为全国其他地区制造业转型升级与环境保护提供参考与借鉴。

2016 年 10 月 12 日于南京大学

目 录

第一章 绪论 ··· 1
　第一节 问题提出及研究意义 ······················· 1
　第二节 本书的逻辑和方法 ························· 3
　　一、研究思路 ··································· 3
　　二、研究方法 ··································· 4
　　三、研究的重难点及可能的创新 ··················· 5
　第三节 框架结构 ································· 6
第二章 环境规制与转型升级的理论基础 ··············· 10
　第一节 环境规制的相关概念 ······················ 10
　　一、环境规制的内涵 ···························· 11
　　二、环境规制的类型 ···························· 13
　　三、环境规制的手段 ···························· 15
　第二节 我国环境规制的现状分析 ·················· 16
　　一、我国环境规制的历史变迁 ···················· 16
　　二、我国环境规制的制度演进 ···················· 19
　　三、工业污染现状分析 ·························· 23
　第三节 环境规制指标体系的构建 ·················· 25
　　一、环境规制强度的衡量 ························ 25
　　二、环境规制评价指标体系 ······················ 27
　　三、环境规制强度的测度 ························ 31
　第四节 制造业转型升级的指标体系 ················ 32
　　一、国际竞争力的基本概念 ······················ 32
　　二、我国产业国际竞争力研究概述 ················ 33
　　三、我国制造业转型升级评价指标体系 ············ 35
　第五节 环境规制对制造业转型升级影响的机理分析 ·· 40
　　一、环境规制对制造业转型升级的宏观影响分析 ···· 41
　　二、环境规制对制造业转型升级的微观影响分析 ···· 45

第三章　资本积累和劳动力转移驱动下开放型经济发展的环境效应 … 49
第一节　理论模型 … 51
一、经济增长的环境效应 … 51
二、资本积累的环境效应分析 … 52
三、劳动力增加的环境效应分析 … 54
第二节　计量模型和数据来源 … 55
一、计量模型设定 … 55
二、数据来源 … 56
第三节　实证分析 … 57
一、描述性统计 … 58
二、回归结果分析 … 59
第四节　主要结论和政策启示 … 63

第四章　我国碳排放轨迹呈现库兹涅茨倒 U 型吗？ … 65
第一节　文献综述 … 67
第二节　环境库兹涅茨曲线的理论分析与实证数据采集 … 69
一、理论模型 … 70
二、实证模型 … 71
三、数据来源 … 72
第三节　我国经济发展与碳排放关系的实证分析 … 73
一、单位根检验 … 73
二、回归结果分析 … 74
三、碳排放拐点的时间路径分析 … 76
第四节　主要结论和政策启示 … 78
一、主要结论 … 78
二、政策启示 … 80

第五章　环境规制对制造业贸易竞争力的影响分析 … 84
第一节　文献综述 … 84
一、环境规制与贸易竞争力"两难"格局的研究 … 84
二、环境规制与贸易竞争力"双赢"的相关研究 … 86
三、研究述评 … 87
第二节　我国制造业贸易竞争力的测度与分析 … 87
一、制造业国际市场占有率 … 89
二、贸易专业化指数 … 93

　　　　　三、显示性比较优势指数 …………………………………… 96
　　第三节　环境规制对贸易竞争力影响的实证分析………………… 100
　　　　　一、模型构建与指标的选择 …………………………………… 100
　　　　　二、以国际市场份额为因变量的影响分析 …………………… 103
　　　　　三、以贸易专业化指数为因变量的影响分析 ………………… 111
　　　　　四、以显示性比较优势指数为因变量的影响分析 …………… 116
　　第四节　环境规制对贸易竞争力的影响效应……………………… 121
　　　　　一、环境规制对国际市场份额的影响 ………………………… 121
　　　　　二、环境规制对贸易专业化指数的影响 ……………………… 122
　　　　　三、环境规制对显示性比较优势指数的影响 ………………… 122
　　第五节　主要结论和政策启示……………………………………… 124
第六章　环境规制对制造业技术创新影响的二重性分析…………… 127
　　第一节　文献综述…………………………………………………… 127
　　　　　一、国外相关研究 ……………………………………………… 127
　　　　　二、国内相关研究 ……………………………………………… 131
　　　　　三、研究述评 …………………………………………………… 135
　　第二节　环境规制影响技术创新二重性的理论分析……………… 138
　　　　　一、技术创新的内在机制分析 ………………………………… 138
　　　　　二、环境规制对企业技术创新的抵消效应 …………………… 142
　　　　　三、环境规制对企业技术创新的补偿效应 …………………… 143
　　第三节　环境规制影响技术创新的数理分析……………………… 145
　　　　　一、基本假设 …………………………………………………… 145
　　　　　二、数理模型 …………………………………………………… 147
　　第四节　模型构建与实证分析……………………………………… 150
　　　　　一、指标的选取及数据处理 …………………………………… 150
　　　　　二、主要变量的描述性统计 …………………………………… 152
　　　　　三、实证分析 …………………………………………………… 154
　　第五节　主要结论和政策启示……………………………………… 158
第七章　异质性条件下环境规制对FDI区位分布的影响…………… 160
　　第一节　环境规制对FDI区位分布影响机制：文献综述 ……… 161
　　第二节　环境规制与FDI的区位选择：基于异质性企业的理论
　　　　　　分析………………………………………………………… 163
　　第三节　指标选取和模型构建……………………………………… 166

　　　　一、指标选取 ………………………………………… 166
　　　　二、主要变量的数据描述 …………………………… 168
　　第四节　环境规制对 FDI 区位分布影响的实证分析 ……… 169
　　第五节　主要结论与政策启示 ………………………………… 172
第八章　开放型经济转型与环境保护的实证分析
　　　　——以江苏省制造业为例 ………………………………… 174
　　第一节　江苏省开放型经济促环境保护的模式创新 ……… 175
　　第二节　模型的构建 ………………………………………… 178
　　　　一、理论模型 ………………………………………… 178
　　　　二、计量模型 ………………………………………… 180
　　　　三、数据来源及说明 ………………………………… 180
　　第三节　江苏省开放型经济发展的环境效应实证分析 …… 181
　　　　一、以工业能源消耗规模为因变量的回归结果分析
　　　　　 ………………………………………………………… 182
　　　　二、以出口污染密集度为因变量的回归结果分析 …… 184
　　第四节　主要结论与政策启示 ………………………………… 186
第九章　环境规制下制造业转型升级的路径 ………………… 188
　　第一节　技术创新：制造业转型升级的重要驱动力 ……… 188
　　　　一、采用适宜的、差异化的环境规制措施激发"创新补偿
　　　　　 效应" ………………………………………………… 188
　　　　二、自主创新实现价值链攀升抵消环境治理成本的上升
　　　　　 ………………………………………………………… 190
　　　　三、立足内需突破市场需求的锁定效应 …………… 191
　　第二节　FDI 产业升级：制造业转型升级的重要推动力 … 193
　　　　一、加大招商引资力度，释放外商直接投资的溢出效应
　　　　　 ………………………………………………………… 193
　　　　二、优化招商引资结构，提高节能减排水平 ……… 194
　　　　三、调整招商引资政策，促进经济转型升级 ……… 195
　　第三节　政策支持：制造业转型升级的重要保障 ………… 196
　　　　一、金融支持：制造业转型升级的资金保障 ……… 196
　　　　二、政策扶持：制造业转型升级的制度保障 ……… 198
　　　　三、智力支持：制造业转型升级的人才保障 ……… 199
　　第四节　本书的不足与研究展望 ……………………………… 200
参考文献 ……………………………………………………………… 202

第一章

绪　论

第一节　问题提出及研究意义

改革开放以来,在比较优势理论指导下,我国利用劳动力优势、区位优势、政策优势、商务成本优势和良好的工业基础,积极参与国际分工,形成以国际代工为基本特征的外向型经济产业发展模式,迅速确立了"世界加工厂"的地位。然而,自2008年国际金融危机以来,加工贸易在全球经济衰退和需求下行形势下增速趋缓甚至逆转为负增长,极大地制约了中国东部地区外向型经济的健康发展。并且,在原材料和劳动力成本上升、人民币持续升值、国内外新标准的苛刻化以及加工贸易限制新政的调整等"四重咒"下,"中国制造"集体走向微利时代已是大势所趋,代工链条在中国经济发展史上正悄然走到了十字路口。代工企业转型升级已成为未来中国东部沿海制造业转换增长方式的重要现实问题。

国际金融危机爆发以后,我国经济发展的内外部环境发生了深刻的变化。首先,世界经济仍处于弱复苏的态势。受金融危机的影响,美国经济复苏乏力,缺少持续的动力源泉;欧洲经济仍然深陷债务危机的泥潭,举步维艰;新兴市场的经济发展则饱受高通货膨胀的困扰。其次,发达国家主导的世界经济体系重构。全球开放经济规则的高级化成为一种趋势,美欧日三大经济体力图通过TPP(跨太平洋伙伴关系协议)、TTIP(跨大西洋贸易和投资协议)和PSA(多边服务业协议)形成新一代高规格的全球贸易和服务规则,美国试图以此另起炉灶建立世界经贸体系的新秩序来取代WTO。最后,受国内资源成本的约束,我国原有的发展条件和比较优势发生了深刻变化,劳动力供给下降、环境治理成本的上升,低成本时代一去不复返,传统的发展方式和路径难以持续,经济增长从高速增长期向中高速平稳增长期过渡。同时,随着我国自身技术水平的不断提高,与发达国家的技术差距越来越小,本土企业逐渐从国外跨国公司的合作者转变成竞争者,过去的技术"拿来主义"难以为继;由于我国出口规模不断上升,贸易顺差的规模不断扩大,所引发的国际贸易冲突也越来越多,尤其是金融危机爆发以后,我国过度依赖外部经济的经济模式对我国经济发展产生了非常大的冲击,迫切要求我国加快制造业转型升级的步伐。

与此同时,低碳经济成为世界经济发展的新趋势。在过去的 30 年中,由于环境资源的持续恶化,世界范围内的环境规制程度不断提高,尤其在《京都议定书》、《哥本哈根协议》、坎昆会议后,低碳经济逐渐取代传统经济成为世界经济发展的大趋势,各国政府也陆续制定和落实发展低碳经济的相关政策。改革开放后,工业化、市场化、国际化、城市化进程不断推进,由于环保意识的淡薄导致我国的碳排放规模不断增加,已居世界首位。在 2012 年美国耶鲁大学和哥伦比亚大学联合推出的"年度全球环境绩效指数"(EPI)排名中,中国在 132 个国家中综合得分排名为 116 位,这不仅反映了中国环境污染的严重程度,也反映了相对较弱的环境规制强度。面对资源约束趋紧、环境污染严重、生态系统退化的严峻形势,我国把降低能源消耗强度和二氧化碳排放强度作为约束性指标,控制温室气体的排放。2009 年,我国在丹麦哥本哈根会议上明确提出:到 2020 年,我国单位 GDP 的 CO_2 排放比 2005 年下降 40%—45%,这对我国经济转型形成了软约束。

面对当前国际、国内经济社会发展大环境的变化,推进制造业转型升级,加快从要素驱动型向创新驱动型转变,是我国积极应对当前各种机遇和挑战的必然选择。党的十八大报告中明确提出环境污染、生态失衡是关系人民福祉、关乎民族未来的重要问题。本书认为在经济发展处于增速换挡期、转型阵痛期和改革攻坚期的新阶段,采用科学有效的研究方法,运用经济理论破解环境保护与制造业转型升级问题,提升我国制造业核心竞争力,促进制造业由大变强,具有重要的研究意义。本书主要关心的问题是:(1)我国开放型经济发展与环境污染之间的关系,环境污染的 EKC 曲线在我国是否存在?(2)环境规制作为一个重要外部经济变量是如何影响我国制造业转型升级,其影响机理是什么?(3)环境规制对我国制造业贸易竞争力的影响,是否会导致我国贸易竞争力下降,如何提升我国制造业贸易竞争力?(4)环境规制对我国制造业技术创新的影响是正面的"创新效应"还是负面的"抵消效应"?(5)严格的环境规制是否会导致污染产业转移,地方政府的环境规制措施是否会导致外商直接投资规模下降？环境规制是否会促进 FDI 产业升级？（6）开放型经济转型升级与环境保护能否实现共赢？在上文研究的基础上，本书提出在深化改革开放、加快转变经济发展方式的攻坚时期，面对严格的环境规制，我国企业和政府应该采取什么样的对策，进一步发挥我国制造业在全球经济中的比较优势，通过制造业转型升级提高我国制造业的核心竞争力，形成新的竞争优势。

第二节　本书的逻辑和方法

本课题的研究将紧密结合经济全球化和中国改革开放的实践，在科学发展观和经济学理论的指导下，遵循逻辑分析与历史分析相结合的方法，运用理论抽象的形式，综合运用政治经济学、西方经济学、新制度经济学、产业经济学、计量经济学、国际贸易学、世界经济学等相关学科的知识和理论，以开放型经济对环境影响作为研究的出发点，解释中国开放型经济发展与环境保护之间的关系，厘清影响制造业转型升级的各种不同因素，探寻环境保护与制造业转型升级协同发展的路径与机制。为了验证理论的正确性、经验的可靠性，课题将把定性分析与定量分析相结合、规范分析与实证分析相结合，对我国 30 多年来开放型经济发展与环境保护的关系进行实证分析。

一、研究思路

本研究严格遵循提出问题、分析问题和解决问题的思路进行展开。

1. 提出问题

首先对本书的研究背景进行简单的介绍，在此基础上提出环境规制是否会对我国制造业的国际竞争力产生影响？其影响机制是什么？在环境规制下如何提高我国制造业的国际竞争力？

2. 分析问题

从逻辑上讲，研究环境规制与制造业国际竞争力的影响，必须要明确环境规制与开放型经济发展之间的联系，然后才能进一步论证环境规制影响制造业转型升级的机制。基于此，本项目在首先论证环境污染与我国开放型经济发展之间的关系，运用经济增长的源动力理论，从资本积累和劳动力转移的角度分析经济增长的环境效应，并验证环境保护 EKC 曲线在我国是否存在。其次，本项目综合运用国际分工理论、一般均衡理论等方法，从贸易竞争力、企业技术创新能力和投资资源聚集能力三个方面构建了我国制造业转型升级的路径；分别从国际市场份额、专业化指数和显示性比较优势三个维度，分析环境规制对制造业贸易竞争力的影响；再次，从技术创新、FDI区位分布的角度分析环境规制下制造业转型升级的路径和机制。

3. 解决问题

从理论、定量和实证上分析环境规制对制造业转型升级的影响，利用我国制造业行业的面板数据和不同区域的面板数据，研究环境规制对我国制造业的贸易竞争力、技术创新能力和FDI区位分布的影响。最后，结合江苏省开放型经济转型升级的实践，探寻环境规制与制造业转型升级的路径和机制。

二、研究方法

本书将针对不同的研究内容，综合采用不同的研究方法。

（1）比较静态分析方法。本项目理论模型的构建继承了H—O模型比较静态的特性，在两部门、两个国家、两种要素的基础上，将污染作为一种生产投入要素，假设污染治理需要投入的要素比率与生产污染性产品完全相同。在此基础上，对斯托尔帕——萨缪尔森定理和雷布津斯基定理进行了验证。通过对环境规制指标进行标准化处理，量化了我国环境规制强度，对不同行业的环境规制强度进行描述性分析；测算我国制造业行业的国际市场占有率、贸易专业化指数和显示性竞争优势指数，实证分析环境规制下我国制造业国际竞争力的影响。

（2）一般均衡分析方法。本课题假设在小型开放经济体中包含两个产业部门（一个污染性产业、一个洁净产业）和两种基本生产要素，将污染看作是主产品生产过程中一种不受欢迎的联产品，考察企业在生产过程中面临环境规制政策时的策略选择。同时，本书在分析资本积累和劳动力转移推动下的开放型经济发展对环境的影响也采纳了边际污染治理成本、均衡污染水平来考察经济增长与污染水平之间的关系。本项目从微观和宏观两个角度，分析了环境规制对国际竞争力的影响机制；从动力和阻力两个方面，分析了环境规制对技术创新的影响机制；考察了资本积累和劳动力增加的环境结构效应。

（3）动态经济学分析方法。动态经济学分析方法是假定生产技术和要素禀赋、消费者偏好等因素随时间发生变化的情况下，考察其经济活动的发展变化过程。本书在分析环境规制对制造业企业技术创新影响过程中，在企业的生产函数中，引进环境变量——环境税 τ，分析当存在环境税时对企业的研发投入产生的影响。在理论分析的基础上，本项目分别构建了理论模型，引入环境变量，构建了动态模型，利用我国27个制造业行业面板数据，实证分析了环境规制对贸易竞争力和技术创新的影响；从微观企业的角度，构建了环境规制与FDI的企业异质性模型，并利用我国30个省份的面板数据，分析了环境规制对FDI区位分布的影响。

（4）应用研究。根据理论与实证研究成果，结合江苏省开放型经济转型升级的实践，设计出我国推进高科技产业发展、实施产业结构升级、促进外贸转型、科学承接产业转移等促进我国制造业转型升级的路径、政策、技术和制度等。

三、研究的重难点及可能的创新

环境规制对我国制造业转型升级的影响，表现为我国制造业商品国际竞争力、企业的技术创新能力和对投资资源的聚集能力等各个方面。本书的重点和难点：一是环境规制强度的测算，环境规制的强度可以采取多种不同的计算方法。由于我国环境统计资料的缺失，目前关于环境规制的相关数据比较难以收集，本书需要根据现有的统计资料，查找替代指标，构建评价指标体系；二是构建环境规制下我国制造业转型升级指标评价体系，在现有国际竞争力指标评价体系的基础上，为了更好地反映转型升级的过程，需要引进体现竞争力不断变化的趋势的指标。三是将环境规制引入到理论模型中，衡量环境规制的内含成本对我国贸易竞争力影响。四是如何测算环境规制措施的制定对我国制造业企业技术创新能力和FDI的区位选择的影响。因为缺乏企业环境保护行为（比如环境成本）的抽样调查。从微观企业角度分析环境规制对企业的投资决策行为的影响，只能局限于理论分析，在具体的实证分析中采取区域面板数据进行分析。

本项目在开放型经济转型升级的宏观背景下，系统地考察环境规制与制造业转型升级之间的关系，分析在环境规制约束下制造业转型升级的路径和机制。创新点主要有以下几个方面：一是由于环境规制指标较难量化，现有的研究多是采用废水、废气的排放量等指标，难以全面地衡量我国环境规制强度。本书在构建环境规制评价指标体系的基础上，本项目通过收集分行业和分地区的环境治理成本数据并进行线性标准化处理，构建环境规制评价指标体系，综合全面地评价了我国环境规制强度；二是制造业转型升级如何衡量和界定？现有国际竞争力指标体系，多是从宏观和微观不同的角度进行分析，但是不同的国家，其经济特点不同。考虑到我国外向型经济的特征，本书在现有指标体系的基础上，引入了投资资源聚集能力指标，更好地反映了我国制造业转型升级的过程。将FDI纳入制造业转型升级评价指标体系，考察环境规制如何影响我国制造业FDI的区位选择；三是由于我国对环境保护的重视相对较晚，缺少微观数据的统计，这也导致了缺少从微观的角度分析环境规制对制造业国际竞争力的影响。本项目尝试从异质性、动态面板数据模型等角度对现有研究进行拓展，分析异质性条件下环境规制对FDI区位分布的影响；四是在加快转变经济发展方式的攻坚时期，研究环境规制对我国制造业转型升级的影响问题，从提高生产率和技术创新能力的角度，提出如何发挥我国制造业在全球经济中的比较优势，提高其国际竞争力；最后，本项目结合江苏省制造业转型升级的实践，探寻开放型经济发展下环境保护与制造业转型升级的机制，为全国其他地区提供有益的借鉴和参考。

第三节 框架结构

本项目以开放型经济发展和环境保护为背景，以中国制造业转型升级为主要研究对象，结合中国开放型经济发展的实践，全面分析环境规制对中国制造业转型升级的影响机制。研究基本内容有以下几个方面：

1. 运用经济增长的源动力理论，从资本积累和劳动力转移的角度分析经济增长的环境效应，并验证环境保护EKC曲线在我国是否存在。环境与经济增长的相关性是分析环境规制与制造业转型升级问题的前提。一方面，本项目在Copeland和Taylor（2009）理论模型的基础上，根据Grossman和Krueger（1993）的分析方法，将可能导致环境污染发生变化的根本性因素分解为规模效应、结构效应和技术效应。将工业行业分为劳动密集型和资本密集型，运用我国13个工业行业的面板数据，实证分析资本积累和劳动力转移驱动下我国开放型经济发展的环境效应。另一方面，经济的发展促进了人们实际收入水平的提高，如果人们对环境质量的要求随着实际收入的增加而提高，那么实际收入水平的增长可能是有利于环境改善的。本项目通过建立碳排放库兹涅茨曲线的理论模型，利用《IPCC 国家温室气体清单指南》中所提供的基准方法，测算了全国 31 个省、直辖市和自治区的碳排放量，选用 1997—2012 年的面板数据，采用可行广义最小二乘方法，全面分析了我国、东部、中部和西部的 EKC 曲线的存在性，并计算达到拐点时的实际人均收入水平和需要的时间。研究表明，我国开放型经济发展是符合雷布津斯基定理推论的，且 EKC 曲线呈现区域的异质性特征。首先，资本投入的不断增加是我国碳排放规模上升的主要原因；劳动力转移在促进劳动密集型产业扩张的同时扩大了我国的出口规模，但并没有造成我国 CO_2 排放规模的扩大。其次，外资的引进，对不同行业碳排放的影响存在较大差异，在资本密集型行业技术效应更加显著；劳动力密集型行业的规模效应则较显著。最后，在中国、东部和中部地区实际人均 GDP 与碳排放强度存在倒 U 型关系；西部地区实际人均 GDP 与碳排放程度存在着正 U 型关系。

2. 结合中国融入国际分工的现实特征和环境规制的现状，科学合理的构建环境规制和中国制造业国际竞争力的评价指标体系，分析环境规制对制造业贸易竞争力的影响。 改革开放以来，中国以加工贸易为主的进出口贸易扩张以及贴牌代工指向的外资规模扩大使得国内制造业的市场份额迅速提高。但是根据古典贸易理论，随着经济一体化的推进，世界各国环境规制强度的差异对贸易活动必然产生更大的影响。本项目在现有研究的基础上，试图通过分析我国制造业贸易竞争力的现状，构建我国制造业贸易竞争力评价体系，采用国际市场份额、专业化指数和显示性比较优势指数三个指标全面考察了我国制造业贸易竞争力，将制造业行业分为劳动密集型、资本密集型和技术密集型，利用我国制造业行业的面板数据，实证分析环境规制对我国贸易竞争力的影响，为我国制造业转型升级政策的制定提供理论支持。分析表明，环境规制对制造业国际竞争力存在显著影响。环境规制会影响我国的贸易竞争力，尤其是劳动密集型行业，无论是采用绝对指标还是相对指标，随着我国环境规制严格程度的不断上升，劳动密集型行业的贸易竞争力都会出现下降。当采用国际市场份额时，环境规制会提高我国资本密集型行业的出口；但是当采用贸易专业化指数和现实性比较优势指数时，环境规制会降低资本密集型行业的相对竞争力，说明我国资本密集型行业出口增长率相对世界整体增长率出现了一定的下降。而不管采用哪种指标，环境规制技术密集型行业都显著地提高了技术密集型行业的贸易竞争力。

3. 在"资源瓶颈"和"知识产权瓶颈"的约束下，分析环境规制对制造业企业技术创新影响的二重性。 技术创新作为深入实施创新驱动发展战略的原动力，环境规制增加了企业技术创新过程中制度环境方面的不确定性，从而通过改变技术创新的资源配置影响技术创新的速度、方向和规模。同时，环境规制和技术创新都是一个长期的、持续的过程，从动态角度分析更能真实反映两者之间的关系。因此，本书将从抵消效应和补偿效应两个角度分析环境规制对技术创新的影响机理；并采用动态 GMM 方法进行实证研究，对于中国破解全球价值链分工背景下的技术进步和环境保护难题以及加快转变经济发展方式具有重要的理论价值和实践意义。第一，环境规制对技术创新影响的二重性因行业而异，具有显著的行业异质性特征。其中，环境规制对劳动密集型行业的技术创新影响并不显著，对资本密集型行业技术创新具有显著的"抵消效应"，对技术密集型行业具有显著的"补偿效应"。第二，出口和外商直接投资对制造业技术创新具有显著的正面影响。对劳动密集型行业而言，出口和外商直接投资形成的锁定效应影响代工企业的技术创新；资本密集型行业和技术密集型行业则是通过出口和外商直接投资的技术溢出效应促进技术创新。第三，利润率提高会导致劳动密集型和资本密集型行业企业形成组织惰性而不利于技术创新，但是丰厚的利润为技术密集型行业技术创新提供了资金保障。第四，企业规模对制造业行业技术创新具有显著的负面影响，不思进取的大企业病不容忽视。此外，劳动力成本的上升会倒逼劳动密集型行业提高研发投入。最后，提出在转变经济发展方式的同时必须制定合理的政策措施推动环境保护与技术创新的协调发展，加快我国制造业转型升级的步伐。

4. 从异质性企业、动态面板数据模型等角度对现有研究进行拓展，分析异质性条件下环境规制对 FDI 区位分布的影响。 基于"污染避难所假说"的逻辑，在开放型经济发展模式下，地方政府担忧执行严格的环境规制措施可能会得不偿失。受地方政府政绩考核的驱动，一些地方政府通过放松环境管制吸引外资进入，产生了破坏性的地方竞争。因此，在地方政府既有环境保护的压力，更有经济发展政绩考核的背景下，本书通过构建异质性企业策略选择模型，研究"污染避难所假说"在我国是否成立？"向底线赛跑"的破坏性竞争行为能否有效地扩大地方政府的招商引资规模？环境规制是否影响 FDI 的区位选择？这对于环境保护措施的实施和招商引资政策的制定具有重要的指导意义。实证分析表明，环境规制对 FDI 区位分布存在显著负面影响，但是"污染避难所假说"在我国的证据并不充分。环境污染治理成本并不能从根本上抵消经济发展水平、管理成本、贸易成本等形成的比较优势，这表明"向底线赛跑"的破坏性地方竞争策略并不能从根本上解决招商引资问题，一味地放松环境管制只能吸引污染型外商直接投资，既损害了区域环境又不利于地方经济的长期发展。值得注意的是，劳动力成本的上升并没有阻碍外商直接投资的流入，外商直接投资具有较强的自强化效应，这为各省持续、有效地引进外商直接投资，促进制造业转型升级提供了政策启示。

5. 结合江苏省制造业转型升级的实践，探寻开放型经济发展下环境保护与制造业竞争力提升的发展机制。科学发展观作为我国经济发展的重要指导思想之一。在科学发展观的战略思想指导下，中国一些发达地区率先进行了发展模式的转型，走上了以市场化、国际化和新型工业化为主要内容的新型经济发展模式。开放型经济发展模式转型与传统的贸易增长对环境污染影响的差异，出口污染密集度的变化，这直接关系到我国经济增长方式转型的重大战略问题，具有重要的理论和现实意义。本书以江苏省为例，分析江苏省如何通过开放型经济发展转型促进环境保护；并利用江苏省工业制造业分行业样本数据，对开放型经济与环境保护的关系进行实证分析，以期为全国其他地区制造业转型升级与环境保护提供参考与借鉴。江苏省开放型经济转型升级的实践表明，开放型经济转型升级与环境保护是并行不悖的。虽然开放型经济的发展使得能源消耗总量不断提高，但是对污染密集度的下降具有明显的促进作用。借助江苏省开放型经济发展转型的经验，只要处理方法得当，我国制造业转型升级与环境改善可以并行不悖。因此，应该进一步提高贸易开放度，促进开放型经济转型，通过引进环保型外资，有意识地引导外资流向高新技术产业和服务业。另外，在加强环境保护方面，提高资本劳动比和全要素生产率的同时，需要通过制定更加严格的环保法律法规等规制措施，构建系统、全面的地区性的资源节约与环境保护管理体系，促进企业提高环境保护意识和节能减排水平。

由于水平有限，本研究仍然存在很多不足之处，期盼理论界和实际部门的同志批评指正。

第二章

环境规制与转型升级的理论基础

环境规制对国际竞争力影响的研究,首先需要明确如何量化环境规制措施的严格程度、环境规制指标的确定和国际竞争力评价指标体系的构建。本章主要论述我国环境规制的历史变迁和制度演进、环境规制评价指标体系的构建、制造业国际竞争力评价指标体系的构建等内容。

第一节 环境规制的相关概念

"规制"一词最早引入我国是由经济学家朱绍文先生等翻译日本著名经济学家植草益的《微观规制经济学》,是由英文 Regulation 或 Regulatory Constraint 翻译而来的。规制的涵义及延伸伴随着历史和社会的发展而不断深化拓展的。规制作为社会管理中的一种有效方式,普遍存在于各类社会、政府及市场当中。国内外学者对规制涵义的理解是不完全相同的。代表性人物主要有卡恩教授(Kahn)。卡恩提出:"规制的实质是政府命令对竞争明显取代,作为基本的制度安排,它企图维护良好的绩效。"[1] 此后,管制经济学的创始人 Stigler(1981)、Gellhorm 和 Pierce(1982)、Breyer(1982)分别从不同角度对规制的定义做了不同的诠释。植草益(1992)提出通常意义上的规制,是指依据一定的规则对构成特定社会的个人和构成特定经济的经济主体的活动进行限制的行为[2]。而丹尼尔·F·史普博(1999)[3] 则更进一步将管制的社会公共机构界定为政府行政机关,认为规制就是指政府行政机关直接干预市场运作机制,从而间接影响企业或个体决策的普遍规则或特殊行为。国内

---

[1] 王俊豪. 政府规制经济学导论. 商务印书馆,2001年版,第35页.
[2] 植草益. 微观规制经济学. 朱绍文等译. 中国发展出版社,1992年版,第1页.
[3] 丹尼尔. F. 史普博. 管制与市场. 上海:上海三联书店、上海人民出版社,1999:45—47.

学者如王俊豪（2001）[①]、傅京燕（2006）[②]、沈能和刘凤朝（2012）[③] 通过对国内外规制涵义的探讨与归纳，总结出规制的三个普遍特征：其一，规制的主体为政府行政机关和社会公共机构；其二，规制的客体既有个人也包括各类经济主体，以企业为主；其三，规制的手段必须依赖于政府的强制性保障才能得以实施。由于规制对象的不同，一般可以将规制分为两大类：经济性规制和社会性规制。经济性规制与社会性规制的区别在于二者的研究领域、研究对象、理论基础不同。前者以自然垄断或信息不对称为研究领域，后者以环境保护、卫生、安全为研究领域；前者以某个具体的产业为研究对象，后者则是以实现既定的社会目标为目的，所选取的研究对象都是围绕这一社会目标展开；前者以信息不对称理论为理论基础，后者以外部性为理论基础。

本书认为不管是从什么角度论述规制的定义，其实质都是用制度、法律、规章或者政策来加以约束和控制。根据规制的特点不同，可以将规制分为经济性规制和社会性规制。经济性规制主要是从价格规制、进入和退出市场机制、产量规制、质量规制等方面对企业决策所实施的各种强制性约束。根据这个分类，环境规制隶属于社会性规制的范畴，本书主要从社会性规制的角度对环境规制展开分析[④]。对社会性规制的专门研究始于20世纪70年代，与经济性规制相比，它是一个相对较新的研究领域，社会性规制的动因源于外部性理论和信息不对称理论。目前，社会性规制主要包括政府对环境污染、产品质量和劳动者权益的规制。随着经济的发展，全球气候的不断变暖，环境污染日趋严重，世界各国对环境的关注程度不断提高，各国对环境规制的重视程度也越来越迫切。

一、环境规制的内涵

环境规制是目前公认的纠正制度失灵的比较好的手段，已经被许多学者和环境规制部门所认同并付诸实践。本书讨论环境规制对制造业转型升级的影响，在介绍环境规制的类型前，需要区分与贸易相关的环境

---

① 王俊豪. 政府管制经济学导论. 北京：商务印书馆，2001：2—5.
② 傅京燕. 环境规制与产业国际竞争力. 北京：经济科学出版社，2006.
③ 沈能，刘凤朝. 高强度的环境规制真能促进技术创新吗？——基于"波特假说"的再检验. 中国软科学，2012，(4)：49—59.
④ 关于对社会性规制的经济学研究方面的综述，以Joskow和Noll（1981）、Gruenspecht和Lave（1989）、Spulber（1989）比较具有代表性，请参阅这些文献。

措施（Trade-related Environment Measures，TREMs）和与环境有关的贸易措施（Environment-related Trade Measures，ERTMs）。前者是指一国为了保护国内的环境，制定和执行相关的政策、法律、法规、管理条例的区域协定和多边协定，从而对国际贸易活动产生间接影响的环境措施。后者与前者的差异主要是，后者是一国为了环境保护目的而直接限制货物和服务贸易的法律、法规和管理措施，如多边环境协定 MEAs 中的一些贸易措施以及一些国家单边采取的贸易措施[1]。关于这两个概念目前国际社会并没有形成统一的定义和明确的分类。由于两者都是为了保护环境，对贸易都有一定的影响，不同的国家对措施的理解也存在着差异，使得对两者的比较难上加难。一般认为，两者的主要差别是各自使用的范围不同，即 TREMs 既适用于国内生产和贸易，也适用于国际生产和贸易，而 ERTMs 只适用于国际货物和服务贸易。此外，TREMs 的范围较广，措施也较为宽泛；而 ERTMs 主要限于贸易领域内的法令、法规和制度。本书所研究的环境规制措施主要是以前者为主，内容相对更加宽泛。

由前文的分析可见，环境规制属于社会性规制的一种。学术界对环境规制涵义的界定是一个认知不断完善、深化的过程。赵玉民、朱方明等（2009）[2]，傅京燕、李丽莎（2010）[3]，周华、崔秋勇等（2011）[4]从主题、手段、对象、目标、性质这五个角度对环境规制的涵义加以阐述，并将环境规制进一步细分为两类：隐性环境规制与显性环境规制。显性环境规制又可分为三种：控制命令型环境规制、激励性环境规制、自愿性环境规制，这一类规制主要依赖于外部的强制性；隐性环境规制主要依托在个体或经营主体的环保知识、环保意识、环保态度、环保观念等，以个体或经营主体的内在约束与限制为主。如图 2-1 所示，上述四种环境规制模式产生的时期与背景不同，因此，其成本以及对技术创新的影响也各不相同。

---

[1] 王玉婧. 环境成本内在化、环境规制与贸易和环境的协调. 湖南大学博士论文. 2008年。

[2] 赵玉民，朱方明，贺立龙. 环境规制的界定、分类与演进研究. 中国人口、资源与环境. 2009，(6)：85—90.

[3] 傅京燕，李丽莎. 环境规制、要素禀赋与产业国际竞争力的实证研究. 管理世界，2010，(10)：87—98.

[4] 周华，崔秋勇，郑雪姣. 基于企业技术创新激励的环境工具的最优选择. 科学学研究，2011，(9)：115—124.

```
20世纪70年代以前              20世纪七八十年代              20世纪90年代以来
┌─────────────┐              ┌─────────────┐              ┌─────────────┐
│ 隐性环境规制 │     ⇒        │ 隐性环境规制 │     ⇒        │ 隐性环境规制 │
│命令控制型环境规制│           │命令控制型环境规制│           │命令控制型环境规制│
│             │              │ 激励性环境规制│              │ 激励性环境规制│
│             │              │             │              │ 自愿性环境规制│
└─────────────┘              └─────────────┘              └─────────────┘
```

图 2-1 环境规制的演进阶段

在运行成本方面,隐性环境规制与自愿性环境规制的运行成本相对较低,这是由于这两类环境规制与命令控制型环境规制、激励性环境规制相比而言,依赖的主要是环保意识、环保观念、先进技术的运用等,并不过多的借助于政府行政机关的强势干预,因而降低了运营成本;在对技术创新激励方面,命令控制型环境规制与其他三种环境规制相比,对企业技术创新的激励作用较小,这是由于该类规制有着较多的硬性规定,缺乏灵活性,容易挫伤企业采用防治污染措施与发明清污技术的积极性,最终会导致环境规制的低效率及不经济。

在环境污染治理的国内外研究中,国外学者对环境政策、环境规制这两个概念交替使用,频率较高,在具体的描述与应用中区别并不明显。但就国内而言,环境政策与环境规制所包含的内容具有明显的差异。环境政策既包括国外环境政策也包括国内环境政策;而环境规制是国内环境政策的一部分。由此,基于前人的研究成果,结合研究主题的相关性,本书借鉴董敏杰(2011)[①]对环境政策与规制涵义的区分,对环境规制的内涵做出如下界定:环境规制是指政府行政机关依法对企业采取直接或间接地环境管制行为,控制并治理其新增污染物。

二、环境规制的类型

环境规制按照其对经济主体排污行为的约束方式不同,可以分为命令控制型环境规制(Command and Control,CAC)和市场激励型环境规制(Market-Based Incentive,MBI)。命令控制型环境规制(CAC)是指运用排放标准和其他一些规章来满足环境质量目标,它与经济激励相对应。环境部门发布规章或命令来要求污染者采取行动以满足环境目标,然后管理部门通过监控规章是否得到执行;管理部门可以对不遵守规章的加以制裁,对遵守规章的给予奖励。环境标准简单而直接,通过

---

① 董敏杰,梁泳梅,李钢. 环境规制对中国出口竞争力的影响. 中国工业经济,2011,(3):57—67.

设定明确具体的环境目标，反映了社会控制和削减环境污染的意愿，政府和司法机关通过界定和阻止非法行为，为标准的实施创造了便利条件。命令控制型环境规制政策主要包括环境标准、基于环境标准的排放标准、技术标准以及其他形式的规章等工具（OECD，1994）。

以市场激励为主（MBI）的环境经济手段是通过设置一定的激励措施，鼓励企业创新节能减排措施或者进行积极创新，降低环境污染成本。该政策主要包括排污权交易制度、排污收费（税）制度、补贴和押金返还制度、自愿性协议制度[①]。

除上述两种直接的环境规制措施外，还存在着自愿安排等不具有强制性的环境规制措施。这种规制主要通过间接的施加压力或劝说的方式将环境意识或责任内化到个体的决策制定之中。资源安排包括与生产有关的环境管理认证、产品包装标准、废物回收环境协议、生态或环境标签等管理体系。

表2-1 环境规制的分类与政策工具

环境规制类型	管理方式	主要工具	工具的具体种类
命令控制型环境规制（CAC）	污染控制；标准制定	排放标准；生产过程标准，绩效标准	各种污染物排放标准、生产过程中的技术标准
	能源或废弃物减排目标		
	产品标准要求		
市场激励型环境规制（MBI）	排污收费；税收	排污费；碳关税；碳排放权等	碳税、能源税、产品使用税等
	可交易排污权	污染排放交易；能源或废弃物消减交易；产品交易	温室气体排放交易、二氧化硫排放交易、废弃物排放交易
自愿安排	环境管理认证与审计	国际环境管理系统标准（ISO14001）；欧盟生态管理与审计计划（EMAS）	
	生态标签		蓝色天使标签、能源之星标签、绿标签等
	环境协议	有法律约束力的（某些协商性环境协议）	
		无法律约束力的（自愿性环境协议）	

资料来源：张嫚：《环境规制约束下的企业行为——循环经济发展模式的围观实施机制》，经济科学出版社，2010年版，P20—34；王玉庆：《环境经济学》，中国环境科学出版社，2002年版，P175。

---

① 张嫚.环境规制约束下的企业行为——循环经济发展模式的围观实施机制.经济科学出版社，2010年版，P20—34。

三、环境规制的手段

为了加强环境保护，促进经济、社会的可持续发展，各国纷纷采取了各种环境规制的措施。现实中环境规制措施大概有以下几类：

1. 排污费

排污费是针对排污者向空气、水、土壤等自然环境排放废弃物或产生噪声而征收的费用。在经济管理领域，排污费通常又被称为庇古税。

2. 使用者收费

使用者收费是指在污染物的集中处理过程中，向污染物的收集、治理设施的使用者收取一定的费用。收费一般根据使用者排入设施的污染物的数量和质量。例如，对把污水排入城市地下水道系统的用户收取其用户费；为收集和处置废弃物对倾倒废弃物的单位或家庭收费。收费额一般根据污染物收集、治理或处置系统的总开支来确定。使用者收费和污染治理成本、废弃物收集处理费用、行政费用等有关，与污染对环境所造成的损害无直接关系。

3. 产品收费

产品收费是指某些产品在生产过程中会产生污染物副产品，通过对污染产品收费，可以实现两个目的：一是对污染产品收费，会导致产品价格的上升，降低对污染产品的需求，最终减少污染产品的生产；二是通过对污染产品收费，可以筹集环境治理的资金，用于环境的治理，提高环境质量。目前，国外产品的应用范围广泛，包括矿物油、不可回收的容器、电池、杀虫剂、化肥等。

4. 排污权交易

排污权交易是指政府对企业的排污量制定一定的标准，允许企业在每年排污总量没有达到政府规定标准的基础上，将剩余排污量标准在企业间可以进行交易。

5. 预付金返还

预付金返还是对有可能污染环境的潜在污染性产品先征收一定的押金，当产品使用后送回到指定的中心进行适当处理或再循环后，避免了环境污染，就向使用者退还预付金。

6. 减排补贴

减排补贴是政府等监管机构对生产者在生产过程中的节能减排行为给予某种形式的财政支持。补贴作为一种激励型环境规制措施可以刺激生产者在生产过程中进行污染控制，或者通过给予生产者补贴来减少监管所带来的经济影响。

目前，各种规制方法在不同国家都得到了一定的应用，本书简单归纳了主要发达国家和我国所采取的环境规制措施（见表2-2）。

表2-2 世界主要国家环境规制措施的使用情况

国家	排污费	使用者收费	产品收费	排污权交易	预付金返还	减排补贴
澳大利亚	Y	Y				
法国	Y	Y	Y			
德国	Y	Y	Y			Y
意大利	Y	Y	Y			
日本	Y	Y				
英国	Y	Y				
美国	Y	Y	Y	Y		Y
中国	Y	Y		Y	Y	Y

资料来源：根据张嫚：《环境规制约束下的企业行为——循环经济发展模式的围观实施机制》，经济科学出版社，2010年版，P20—34整理获得。

第二节 我国环境规制的现状分析

我国经济体制经历了从计划经济体制向双轨经济体制再到混合经济体制变化，我国的环境规制措施也经历了相应的发展变迁。由于建国初期至20世纪70年代初，我国作为一个农业大国，经济发展相对比较落后，工业化程度较低，环境污染问题并不严重。环境保护也并没有引起人们的重视。但是随着改革开放的推进、经济的快速发展，环境污染问题日益凸显，也逐渐引起了国家政府相关部门的重视，也制定了一系列的环境规制措施。本书对我国从20世纪70年代以来所采用的环境规制措施进行划分，将我国环境规制的历史变迁分为起步期、发展期和深化期三个不同的阶段。

一、我国环境规制的历史变迁

（一）起步期（1972—1981年）

随着我国工业化程度的提高和重工业的迅速发展，环境污染问题逐渐成为政府关注的重要问题，但是由于传统的计划经济模式，环境规制的相关权力主要集中在中央各部委，对我国环境保护造成了许多不良影响。1972年6月5日，中国派出恢复在联合国合法席位后规模最大的代表团，参加了在瑞典斯德哥尔摩召开的人类历史上第一次关于环境问题的全球性国际会议。1973年8月5日中国第一次全国环境保护会议的召开，开创了我国环境保护事业的里程碑。1974年10月25日，国务院批准建立了专门的环保机构——环境保护领导小组。同年，国务院批准颁布了《中华人民共和国防治沿海水域污染暂行规定》。1978年在全国人大会议修订通过的《中华人民共和国宪法》中，我国第一次将环境保护列入《宪法》中。自此，我国一些地区和机构也相继出台了一系列加强环境保护的规章和制度，具体见附表3-1。

1978年以后，我国经济发展进入了新的时期，改革开放进程的推进，乡镇企业的异军突起，环境污染问题不断加剧。为了实现经济发展与环境保护的"双赢"，1979年9月13日国务院颁布了《中华人民共和国环境保护法（试行）》，该法明确规定："国务院设立环境保护机构"，同时规定了其职能。《环境保护法（试行）》的颁布，为我国环境规制建设的全面展开奠定了基础，也为我国实现环境和经济的协调发展提供了强有力的法律保障。

总之，在这段时期，我国的环境规制已经步入起步时期，各项规章制度也陆续建立，为我国环境保护工作的开展奠定了基础。

（二）发展期（1982—1992年）

1982—1992年，我国的经济发展进入了过度转型时期，环境保护方面也采取了一系列改革措施。1982年12月国务院撤销了环境保护领导小组；1988年4月，国务院决定将城乡建设环境保护部下属的国家环保总局独立出来，成为国务院的直属局（副部级），统称国家环境保护局。这一系列机构的成立，标志着我国环境保护进入了一个新的发展阶段。1989年12月29日，经过修订后颁布实施的《中华人民共和国环境保护法》确立了我国现行的环境保护监管管理体制是一种统一监管与分级、分部门监督管理相结合的体制[1]。至此，我国环境保护监督管理体制正逐步形成。

---

[1] 鲜于玉莲.中国环境规制体制改革研究.辽宁大学博士论文，2010年。

(三)深化期(1993年至今)

从1992年小平同志的南方讲话开始，我国经济发展进入了新的阶段，改革开放的步伐进一步加快，大量外资企业为了寻求战略性资源等进入我国，在推动我国经济发展的同时，也给我国环境保护提出了新的挑战。面对环境保护新的难题，中国政府也采取了一系列的应对措施。1992年，中国政府发布"环境与发展十大对策"，成为首批响应里约会议《21世纪议程》的国家之一，形成了《中国环境保护行动计划》。1993年，全国人民代表大会设立了环境保护委员会；成立了国家环境监测网。1994年，国务院批准"中国21世纪议程——人口、环境与发展白皮书"，成立了中国环境标志产品认证委员会。1996年8月3日国务院发布了《国务院关于环境保护若干问题的决定》。《决定》对工业污染防治、江河治理、酸雨控制等明确规定了目标、任务和措施，具有很强的操作性。

1998年，国务院机构改革中将国家环保局升格为部级的国家环境保护总局；国务院发布《全国生态环境建设规划》；国务院批准了《酸雨控制区和二氧化碳污染控制区划分方案》；中国政府参加《联合国气候变化框架公约》缔约国大会第四次会议。1999年，《蒙特利尔议定书》缔约方大会暨第五次《维也纳公约》缔约方大会在北京召开。江泽民出席大会，会议发表了《北京宣言》。2001年，颁布实施了《中华人民共和国水污染防治法实施细则》和《中华人民共和国海域使用管理法》。2005年，颁布了《中华人民共和国可再生能源法》、《关于落实科学发展观加强环境保护的决定》和《关于加快发展循环经济的若干意见》等法律法规性文件。2009年10月1日《规划环境影响评价条例》正式施行标志着环境保护参与发展综合决策进入了新阶段，有利于从决策源头防止生产力布局、资源配置不合理造成的环境问题。2011年，国务院印发了关于"十二五"节能减排综合性工作方案的通知。2013年9月，国务院发布《大气污染防治行动计划》作为当前和今后一个时期全国大气污染防治工作的行动指南。

从我国环境规制的历史变迁过程和环境规制所采取的措施可以看出，随着我国经济的不断发展和世界各国对环境重视程度不断提高，经济与环境协调发展已经逐渐成为各国的共识，我国根据国内的经济发展状况，也及时采取了一系列的措施推动了国内环境保护。

二、我国环境规制的制度演进

上文分析表明,我国的环境规制措施实现了从无到有、从弱到强的变化过程,采取的环境规制措施也从传统的命令控制型逐渐向以市场为基础的激励型环境规制的转变。本书将根据第二章对环境规制的分类为线索,对我国的环境规制制度演进进行归纳总结。1979年我国第一部环境保护法律《环境保护法(试行)》的颁布实施,为我国环境保护提供了法律依据。但是针对具体污染形式的法律立法时间则相对较晚,我国第一部针对大气污染环境规制的专门法律是《大气污染防治法》;第一部关于水污染而制定的法律是1984年颁布的《水污染防治法》。之后,我国陆续颁布了一系列环境规制措施。

(一) 命令控制型环境规制

命令控制型规制主要是政府以行政手段规定企业必须遵守的排污目标、标准和技术等。我国施行的命令控制型环境规制主要有以下几种:

一是"三同时"制度。"三同时"制度是我国最早出台的环境管理制度,所谓"三同时"制度是指建设项目中的防治水(噪声、固体废物)污染的实施,必须与主体工程同时设计、同时施工、同时投产使用。"三同时"制度从建设项目局部环境控制到区域或流域大环境控制,规定所有达不到规定要求的项目不准投入生产使用,否则环境保护部门将责令其停止生产或者使用,并处以罚款。

二是污染物排放标准控制。污染物排放标准管制制度颁布于20世纪80年代,在各部法律中对污染物排放标准作了严格的规定。规制对象包括了各种污染源,不但制定了国家标准,还制定了地方标准、专业性标准(大气污染标准和水污染标准)。各地方政府可以在国家标准的基础上制定更加严格的污染物排放标准,但必须报国务院环境保护部门备案。

三是污染物排放许可证制度。我国针对大气污染和水污染分别制定了《大气污染防治法》和《水污染防治法》,规定企业事业单位向水体排放污染物的,必须向所在地环境保护部门提交《排污申报登记表》。对不超过国家和地方规定的污染物排放标准及国家规定的企业事业单位污染物排放总量指标的,办理排污许可证。同时,对危险废弃物的经营也实行了危险废弃物经营许可证制度。

此外,在20世纪70年代和80年代我国还采取了环境影响报告制度、限期治理、关停并转、以新带老和排污申报等措施。这些措施分别对建设项目产生的污染和对环境的影响作出评价，规定防治措施，并报环境保护主管部门批准；对污染及危害较为严重的环境污染及生态破坏提出限期治理目标、内容、对象等强制性措施。我国实施的命令控制型环境规制措施见下表。

表2-3 我国实施的命令控制型环境规制措施

政策工具	实施时间	规制范围
污染物排放标准控制	1979年	全国
污染许可证制度	1989年	全国
关停并转	1996	主要城市重点企业
环境影响评价制度	1998年	主要流域
限期治理	20世纪70年代	主要流域
"三同时"制度	我国最早出台的环境管理制度	局部流域到重点流域
"排污"申报	1992年开始实施	全国

资料来源：根据张嫚：《环境规制约束下的企业行为——循环经济发展模式的微观实施机制》，经济科学出版社，2009年版；金碚：《资源与增长》，经济管理出版社，2009年版；曲振涛，顾恺均：《规制经济学》，复旦大学出版社，2006年版整理获得。

（二）以市场为基础的激励型环境规制

自1972年OECD颁布了"污染者付费原则"之后，以市场为基础的环境规制引起了各成员国的关注，一些国家逐渐开始采用这类措施，但是命令控制型环境规制作为传统的环境规制模式仍然占据着主要地位。直到1987年以后，以市场为基础的规制工具得到了更为广泛的应用，并在应用的过程中不断完善与改进。

一是排污收费制度。2002年国务院通过了《排污费征收使用管理条例》，其后国家发改委等四部委通过了《排污费征收标准管理办法》以及环保总局、财政部公布的《排污费资金收缴使用管理办法》，这些法规的实施加大了我国排污费征收力度。根据排污收费制度的规定，只要产生污染物，污染物排放单位就要缴纳排污费，这种规定有利于污染企业自觉减少排污量，有利于环境保护。排污费制度的实施，使得我国缴纳排污费的单位显著增加，排污费收入显著增长，从2003年的94.2亿元上升到2010年的188亿元。

二是排污权交易。排污权交易制度最初是20世纪70年代在美国实施的，随后其他OECD国家也开始尝试实施可交易许可证制度，目前这种方法也已被许多发展中国家采用。我国早在20世纪80年代，上海市开始了排污权有偿转让的尝试，1999年国家环保总局在南通市和本溪市又分别进行了SO_2排污权交易试点工作。2000年以后，国家环保总局先后出台了《SO_2排放总量指标分配方案》、《SO_2排污许可证管理办法》、《SO_2排放总量控制监控实施方案》、《SO_2排放权交易管理办法》等一系列政策，目前，我国已有8个省（自治区、直辖市）被国家批准为排污权交易试点省区。排污权交易制度的实施在保证区域环境目标的基础上，利用市场机制调动了排污企业减排的积极性，是以最低成本实现总量控制的较好方法。

三是补贴政策。为了提高企业环境保护的积极性，世界上很多国家都采用了补贴政策。我国从1982年开始实施补贴政策以来，补贴的领域和范围不断扩大。2009年，国家出台了《环境保护、节能节水项目企业所得税优惠项目（试行）》，对企业从事符合条件的公共污水处理、公共垃圾处理、沼气综合开发利用、节能减排技术改造、海水淡化等5类环保项目的所得采取税收优惠政策。2010年，国家颁布了《环境保护、节能节水项目企业所得税优惠目录（试行）》，规定了对符合环保部门规定的环保设施运营资质、通过环保部门总量核查等条件的城镇污水处理、生活垃圾处理等环境保护项目实施企业所得税减免政策。

此外，我国还采取了押金返还制度、环境补偿费等以市场为基础的激励性环境规制本书对其进行归纳总结见下表。

表2-4 我国实施的以市场为基础的激励性环境规制措施

政策工具	实施时间	规制范围
超标排污费	1982年制定	全国
污水排污费	1991年制定	全国
SO_2排放总量控制及排污权交易政策	2002年制定	部分省份
生态环境补偿费	1989年制定	部分省份
矿产资源税和补偿费	1986年制定	全国
治理设施运行保证金	1995年制定	常熟市
补贴	1982年制定	全国

资料来源：根据张嫚：《环境规制约束下的企业行为——循环经济发展模式的微观实施机制》，经济科学出版社，2009年版；金碚：《资源与增长》，经济管理出版社，2009年版；曲振涛，顾恺均：《规制经济学》，复旦大学出版社，2006年版整理获得。

（三）自愿环境规制

自愿环境规制作为国际上逐步流行的新型环境规制措施，在环境管理的实践中得到了越来越广泛和深入的运用。自愿环境规制中使用最广泛的是环境标志，我国环境标志最早是1993年在联合国世界环境与发展大会后，逐步倡导和发展起来的。发展到今天，已经取得了显著的成就，颁布了近80项环境标志标准，涉及1500多家企业，3万多种产品，形成了1000多亿元产值的环境标志产品群体[①]。自愿性环境规制在我国的运用状况见表2-5。

表2-5 我国实施的自愿性环境规制措施

政策工具	实施时间	主要内容	实施情况
环境标志	1993年	对符合环境标志的企业和产品进行认证，授予环境标志。	现已开展的环境标志认证包括环境保护国际履约类、可再生回收利用类、改善区域环境质量类、改善居室环境质量类、保护人体健康类、节约能源资源类和促进节能减排防止气候变暖类共7大类产品种类。涉及企业1500多家，环境标志80多项。
ISO14000	1995年	对质量合格，而且在生产、使用和处理处置过程中符合环境保护要求进行产品认证。	我国严格按照按ISO14020系列标准及ISO 14024《环境管理 环境标志与声明 I型环境标志 原则和程序》标准规定的原则和程序实施，现有89大类产品实行ISO认证。
清洁生产和全过程控制	2002年	2002年我国通过了《中华人民共和国清洁生产促进法》。	对生产经营者的清洁生产要求分为指导性要求、强制性要求和自愿性规定三种类型。对实施清洁生产的企业规定了表彰奖励、资金支持、减免增值税等措施，明确实施清洁生产者可以从多方面获益。
公众参与污染监督；社会和舆论监督	《环境保护法》赋予公民参与监督企业污染防治。	充分保障新闻舆论对环境问题实施监督的权利，支持媒体客观真实地报道环境问题，通过媒体来引导舆论；加强环境新闻宣传和舆论监督推进中国的环境保护事业的发展。

资料来源：根据张嫚：《环境规制约束下的企业行为——循环经济发展模式的微观实施机制》，经济科学出版社，2009年版；金碚：《资源与增长》，经济管理出版社，2009年版；曲振涛，顾恺均：《规制经济学》，复旦大学出版社，2006年版整理获得。

---

① 张嫚.环境规制约束下的企业行为——循环经济发展模式的微观实施机制.经济科学出版社，2009年版。

三、工业污染现状分析

改革开放 30 多年来,我国经济取得了长足的发展,但是这种经济发展是建立在传统的"低成本、高能耗、高排放"和"碳成本"外部化发展战略基础上。上文分析了我国环境规制措施的发展历程,本章将在此基础上分析我国环境规制措施的效果,对我国工业污染的现状展开分析。

工业化进程也为我国环境污染带来了很大的负面影响,目前我国碳排放量规模位居世界第一。中国二氧化硫和消耗臭氧层物质(ODS)排放量居世界第一位;二氧化碳排放量居世界第二位;化学需氧量排放量也居世界前列[①]。我国废水排放量从 2001 年的 433 亿吨,上升到 2009 年的 589.7 亿吨;SO_2 排放量从 2001 年的 1947.8 万吨,上升到 2009 年的 2214.4 万吨。

从表 2-6 可以看出,无论是废水、废气还是固体废物,工业污染占比一直维持在较高的水平。正是因为工业污染占我国污染的比重较高,工业污染防治一直是我国环境污染控制的重点。政府制定了"预防为主,防治结合"的方针,采取了"三同时"制度、企业"关停并转"政策、排污申报登记制度等,在实践中也采取了排污收费、排污权交易和排污税等政策措施。一系列政策措施的制定,我国工业污染排放量的增长速度也出现了明显的下降,其中废水、化学需氧量和氨氮排放量等废水及主要污染物的绝对总量也出现了明显的下降,分别从 2005 年的 243.1 亿吨、554.7 万吨和 52.5 万吨,下降到了 2009 年的 234.5 亿吨、439.7 万吨和 27.43 万吨。在废气及主要污染物中 SO_2 排放量从 2005 年的 2168.4 万吨,下降到 2009 年的 1865.9 万吨;烟尘排放量从 2005 年的 948.9 万吨,下降到 2009 年的 604.4 万吨,工业粉尘排放量从 2005 年的 911.2 万吨下降到 2009 年的 523.6 万吨;工业固体废物排放量从 2005 年的 1654.7 万吨下降到 2009 年的 710.5 万吨。只有工业固体废物产生量从 2005 年的 134449 万吨上升到 2009 年的 203943 万吨(见表 2-6)。说明我国采取的一系列环境规制措施,对控制我国环境污染起到了显著作用。

---

① 赵红. 环境规制对中国产业绩效影响的实证研究[D]. 山东大学,2007 年。

表 2-6　中国工业主要污染物排放量及其占全国排放总量的比值

单位：万吨

类别	污染排放量及占比	2000年	2005年	2008年	2009年	2010年	2011年	2012年
废水及主要污染物	废水排放量（亿吨）	194.3	243.1	241.7	234.45	237.5	230.9	221.6
	占比（%）	46.8	46.3	42.3	39.8	38.47	35.03	32.36
	化学需氧量排放量	704.5	554.7	457.6	439.7	434.8	354.8	338.5
	占比（%）	48.8	39.2	34.6	34.4	35.12	14.19	13.97
	氨氮排放量	—	52.5	29.7	27.43	27.3	28.1	26.4
	占比（%）	—	35.05	23.2	22.4	22.69	10.8	10.41
废气及主要污染物	SO_2排放量	1612.5	2168.4	1991.3	1865.9	1864.4	2017.2	1911.7
	占比（%）	80.1	85.1	85.8	84.3	85.32	90.95	90.28
	烟尘排放量	953.3	948.9	670.7	604.4	603.2	1100.9	1029.3
	占比（%）	81.8	80.2	74.4	71.3	72.75		
	工业粉尘排放量	1092	911.2	584.9	523.6	448.7		
工业固体废物	固体废物产生量	81608	134449	190127	203943	241000	322772	329044
	固体废物排放量	3186	1654.7	781.8	710.5	498.2		

数据来源：根据《中国环境统计年鉴》和《中国环境年鉴》整理获得。

其中2011年以后《中国环境统计公报》中奖工业烟尘和粉尘数据合并处理，固体废物排放量指标缺失。

　　为了更好地分析环境规制措施的实施效果，本书分别对我国制定的各项政策措施的执行情况进行分析。一是环境影响评价制度的执行。我国从1998年开始严格实行环境审批制度，要求对环境有影响的企业，其建设项目都必须通过环境评价制度的审批。环境评价制度的实施，使我国新建项目环境评价执行率逐年上升。从实施前1997年的85.4%，上升到2009年的99.8%（见表2-7），对新污染源的控制起到了显著的抑制作用。

　　二是"三同时"制度的实施。所谓"三同时"制度是指环境保护设施的建设必须与主体工程同时设计、同时施工、同时投产使用，保证项目建成后，企业污染物的排放必须符合国家或地方规定的排放标准。

"三同时"制度实施以来，我国"三同时"执行合格率不断提高，从1997年的91.2%，上升到2008年最高的98%；同时建成投运项目数也逐年上升，完成环保验收项目总投资从2002年的33311.9亿元，上升到2008年的141599.2亿元（见表2-7）。

表2-7 中国环境规制措施的执行情况

	2001年	2005年	2008年	2009年	2010年	2011年	2012年
环境影响评价制度执行率	97	99.5	99.9	99.8	99.9	99.9	—
当年建成投运项目数	88541	99083	94412	79391	—	127819	132310
"三同时"执行合格率	96	94.7	98	92.9	98	97.9	97.3
完成环保验收项目总投资（亿元）	—	357804.6	141500.2	—	49853.7	67446.2	98720.9
排污费征收金额（亿元）	62.18	123.16	185.23	—	188.19	189.9	188.9

数据来源：根据《中国环境统计年鉴》和《中国环境年鉴》整理获得。

三是排污收费制度的实施。我国于1982年正式实施了排污收费制度，颁布了《征收排污费暂行办法》。《办法》规定对排放污染物超过标准的企事业单位征收超标排污费，将征收排污费的80%用于企业的污染治理，20%由环保部门使用。2003年颁布的《排污费征收使用管理条例》对《办法》进行了修订，修订的内容主要有：第一，改变了收费的标准，由原来的超标收费改为实行排污即收费与超标收费并行的办法。第二，扩大了收费对象，将个体工商户纳入了排污收费的征收范围。第三，调整了收费体制，将排污收费纳入了经费预算，列入环境保护专项资金进行管理。我国排污收费从1996年的41.0亿元，上升到2008年的185.2亿元。排污收费制度的实施，有效地促进企业减少污染排放的同时，也解决了我国环保资金不足的问题（见表2-7）。

第三节 环境规制指标体系的构建

一、环境规制强度的衡量

本书的核心内容是研究环境规制对制造业国际竞争力的影响分析，

本节主要是对环境规制措施进行量化和测度。由于环境规制措施表明一国的环境保护的重视程度，所采取的措施都是定性的内容，现有的研究多是采用各种替代性指标进行分析，而关于环境保护强度并没有统一的评价指标体系，现有学者的研究主要从以下几个角度量化环境规制强度：

一是采用污染治理设施运行费用来衡量，如赵红（2006）研究中国环境规制对产业绩效影响一文中，将环境规制强度定义为：环境规制强度＝（废气治理设施运行费用＋废水治理设施运行费用）/工业总产值×1000[①]。赵玉焕（2009）采用纺织产业排污费作为环境成本考察了环境规制对我国纺织品贸易的影响。张成（2010）分析环境规制与 TFP 的关系时，将环境规制强度定义为：环境规制强度＝（废气治理设施运行费用＋废水治理设施运行费用）/年平均从业人员[②]。

二是采用治污投资占企业总成本或产值的比重来衡量，比如张成等（2011）采用各省份治理工业污染的总投资与规模以上工业企业的主营成本、工业增加值的比值分别作为度量环境规制强度的指标。王动和王国印（2011）认为衡量环境规制强度必须考虑企业规模的差异，将污染治理成本除以企业总产值以消除这种差异，作者提出了以每千元工业产值的污染治理成本作为环境规制强度的衡量指标[③]。计算公式为：

环境规制强度（千元/元）＝（污染治理成本÷工业产值）×1000。

三是将人均收入水平作为衡量内生环境规制强度的指标。Antweiler et al.（2001）、Main and Wheeler（2003）等认为环境规制强度和收入水平之间的高度相关性；Xu（2000）发现：环境规制指标和 GDP（国内生产总值）及 GNP（国民生产总值）指标的相关系数高达 0.186987 和 0.18553。

四是用环境规制下的污染排放量变化来度量。Cole 和 Elliott（2003a）采用不同污染物的排放强度作为衡量一国环境规制强度的指标。Sancho et al.（2000）和 Domazlicky & Weber（2004）等选择了该指标。

[①] 赵红. 环境规制对中国产业绩效影响的实证研究. 山东大学博士论文，2007 年。

[②] 张成，于同申，郭路. 环境规制影响了中国工业的生产率吗——基于 DEA 与协整分析的实证检验. 经济理论与经济管理，2010（3）。

[③] 王国印，王动. 波特假说、环境规制与企业技术创新——对中东部地区的比较分析. 中国软科学，2011 年第 1 期。

五是采用环境监管指标来衡量。Busse（2004）采用了国际地球科学信息中心网（Centre for International Earth Science Information Network，CIESIN）2003 提供的环境监管指标作为环境规制的代表性指标。陆旸（2009）同样采用了 CIESIN 提供的全球 146 个国家和地区的环境可持续发展指标。

此外，Brunnermeier & Cohen（2003）等采用了环境规制机构对企业排污的检查和监督次数衡量。上述对环境规制强度的衡量都是采用某一个指标进行考察，这些衡量方法各有优劣，但是由于只采用某一个指标，具有较大的局限性，所以赵细康（2003）、傅京燕（2010）等采用综合指数等方法，构建了环境规制强度评价指标体系。为了更加全面、科学地衡量我国环境规制强度，本章在现有研究的基础上构建环境规制强度评价指标体系。

二、环境规制评价指标体系

（一）产业 ERS 评价指标体系

上文研究表明，为了提高企业环境保护意识，国家采取了各种环境规制措施，然而要对这些环境规制措施进行评价，从评价方式来看，有直接评价指标和间接评价指标之分。直接评价指标主要是反映环境保护的国际合作、国内、地区或产业的政策现状、环境保护努力的程度、企业承担的环境成本等。如国家制定的限期治理的目标实现情况、排污许可证制度的落实和实施、排污申报范围和地域的变化、"三同时"制度的执行力、参加的国际环境保护公约数、制定和颁布的国内环境政策及环境标准的数量、环境管理机构和人员的变化、我国的环境保护投资额的变化、排污费涉及的企业单位数、产品类别以及排污收费额的变化等。

间接评价指标主要是污染强度变化、城市环境治理达标情况、公众的环境投诉率的变化、人均国民收入、环境标志、环境 ISO 认证、环境的补贴政策等指标，反映了一国或地区的环境保护过程及其采取的环境保护措施。

由于我国环境统计时间相对较晚，我国的产业环境统计数据内容十分有限，有关环境统计数据主要始于 1991 年，鉴于数据的可获得性，本书设置指标体系时，主要以《中国统计年鉴》和《中国环境年鉴》中公布的产业环境保护数据为基础进行分析。《中国环境年鉴》中的工业企业环境保护数据，主要是从通过调查、统计和汇总全国重点污染企业的排放和处理情况而获得的，主要反映了被调查企业的经济活动水平、污染排放和处理的基本状况。

表2-8 产业ERS环境评价指标体系

一级指标	二级指标	指标名称	一级指标	二级指标	指标名称
污染物排放量	废水	废水排放量	污染排放强度	废水	单位产值废水排放
		化学需氧量排放量			单位产值化学需氧量
		氨氮排放量			单位产值氨氮排放量
	废气	SO_2排放量		废气	单位产值SO_2排放量
		烟尘排放量			单位产值烟尘排放量
		工业粉尘排放量			单位产值工业粉尘排放量
	废渣	固体废物产生量		废渣	单位产值固体废物产生量
		固体废物排放量			单位产值固体废物排放量
污染治理成本	污染治理投资额	污染源治理投资	污染排放达标率	废水	废水排放达标率
		"三同时"环保投资		废气	SO_2排放达标率
	污染治理成本	废水设施运行成本		废渣	固体废物综合利用率
		废气设施运行成本			

资料来源：根据赵细康：《环境保护与产业国际竞争力——理论与实证分析》，中国社会科学科学出版社，2003年版；傅京燕、李丽莎：《环境规制、要素禀赋与产业国际竞争力的实证研究——基于中国制造业的面板数据》，管理世界，2010（10）整理获得。

（二）产业ERS评价指标标准化

由于产业的性质不同，不同产业的污染排放强度存在着较大的差异。某些产业可能污染处理率相同，但是所投入的环境保护投资额存在较大的差异，因此，统计年鉴上许多指标在不同产业之间缺乏可比性，必须对相关指标进行标准化处理。目前，可用指标标准化的方法很多，而每种方法各有优缺点。本节简单地介绍现有的标准化方法：

1. 极差变换法

设有 n 个决策指标 f_j ($1 \leqslant j \leqslant n$)，$m$ 个待评价方案 α_i ($1 \leqslant i \leqslant m$)，$m$ 个方案的 n 个指标值构成的矩阵：$X = (x_{ij})_{m \times n}$ 称为决策矩阵，$Y = (y_{ij})_{m \times n}$ 为极差变换标准化矩阵。当指标是正向指标时，

$$y_{ij} = \frac{x_{ij} - \min_{1 \leqslant i \leqslant m} x_{ij}}{\max_{1 \leqslant i \leqslant m} x_{ij} - \min_{1 \leqslant i \leqslant m} x_{ij}} (1 \leqslant i \leqslant m, 1 \leqslant j \leqslant n) \quad (2-1)$$

当指标是逆向指标时，

$$y_{ij} = \frac{\max\limits_{1 \leqslant i \leqslant m} x_{ij} - x_{ij}}{\max\limits_{1 \leqslant i \leqslant m} x_{ij} - \min\limits_{1 \leqslant i \leqslant m} x_{ij}} (1 \leqslant i \leqslant m, 1 \leqslant j \leqslant n) \quad (2-2)$$

通过极差变换以后，无论决策矩阵 X 中的指标是正数还是负数，无论是正向指标还是逆向指标，标准化后所有的指标均满足 $0 \leqslant y_{ij} \leqslant 1$，最大值为 1，最小值为 0。但是，极差变换法也存在一定的不足，主要是忽略了决策矩阵中指标值的差异性，通过极差变换法变换后的指标值无法客观地反映原始指标间的相互关系。

2. 线性比例变换法

在决策矩阵中，如果指标是正向指标，取 $x_j^* = \max\limits_{1 \leqslant i \leqslant m} x_{ij} \neq 0$，此时，

$$y_{ij} = \frac{x_{ij}}{x_j^*}, (1 \leqslant i \leqslant m, 1 \leqslant j \leqslant n) \quad (2-3)$$

当指标为逆向指标时，$x_j^* = \min\limits_{1 \leqslant i \leqslant m} x_{ij} \neq 0$，此时，

$$y_{ij} = \frac{x_j^*}{x_{ij}}, (1 \leqslant i \leqslant m, 1 \leqslant j \leqslant n) \quad (2-4)$$

$Y = (y_{ij})_{m \times n}$ 为线性比例变换标准化矩阵。经过线性比例变换，不管是正、逆向指标，均被化为正向指标，而且考虑到指标值的差异性。但是，线性比例变换法要求所有 $x_{ij} \geqslant 0$，这就限制了其应用。同时，线性比例法对于逆向指标进行标准化处理时，实际上是进行了非线性变换，变换后的指标值无法客观地反映原始指标间的相互关系。

3. 向量归一化法

在决策矩阵 $X = (x_{ij})_{m \times n}$ 中，令

$$y_{ij} = \frac{x_{ij}}{\sqrt{\sum\limits_{i=1}^{m} x_{ij}^2}} (1 \leqslant i \leqslant m, 1 \leqslant j \leqslant n) \quad (2-5)$$

$Y = (y_{ij})_{m \times n}$ 为向量归一化标准化矩阵。向量归一化方法同样也考虑了指标值的差异性，正、逆向指标的方向没有发生变化，但是这也给指标体系的评价带来一定的困难。此外，而且，如果存在指标值 $x_{ij} \leqslant 0$，经标准化处理后 $y_{ij} \leqslant 0$，对于某些评价法如熵值法并不适用。

4. 标准样本变换法

在决策矩阵 $X = (x_{ij})_{m \times n}$ 中，令

$$y_{ij} = \frac{x_{ij} - \overline{x_j}}{S_j} \quad (1 \leqslant i \leqslant m, \ 1 \leqslant j \leqslant n) \quad (2-6)$$

其中样本均值 $\overline{x_j} = \frac{1}{m} \sum_{i=1}^{m} x_{ij}$；

样本均方差 $S_j = \sqrt{\frac{1}{m-1} \sum_{i=1}^{m} (x_{ij} - \overline{x_j})^2}$

$Y = (y_{ij})_{m \times n}$ 为标准样本变换矩阵。经过标准样本变换，标准化矩阵的样本均值为 0，方差为 1。若 x_{ij} 比均值大，经标准化处理后 $y_{ij} \geqslant 0$；若 x_{ij} 比均值小，经标准化处理后 $y_{ij} \leqslant 0$；并且经过标准化处理后，正、逆向指标的方向没有发生变化。但是标准样本变换法也存在着一定不足，其并未区分正逆向指标；并且如果 x_{ij} 比均值小，那么经标准化处理后 $y_{ij} \leqslant 0$，对于某些评价法如熵值法并不适用。

由于标准化方法各有优缺点，因此本书对环境规制指标体系标准化的过程中，综合利用上述不同的指标方法，首先对各指标进行极差变换，并在此基础上对指标进行权重赋值。具体的处理如下：

$$UE_{ij}^s = [UE_{ij} - \min(UE_j)] / [\max(UE_j) - \min(UE_j)] \quad (2-7)$$

其中，UE_{ij} 为指标的原始值，$\max(UE_j)$ 和 $\min(UE_j)$ 分别为各指标在所有行业中的最大值和最小值 UE_{ij}^s 为指标的标准化值。

其次，计算各指标的调整系数（W_j）。由于不同产业的性质差异较大，产业间"三废"的污染排放比重相差较大，即使属于同一行业，不同污染物的排放强度也存在着较大的差异。使用调整系数可以近似地反映出这种污染特性的差异。其取值方法如下：

$$W_j = \frac{E_j}{\sum E_j} \Big/ \frac{O_i}{\sum O_i} = \frac{E_j}{O_i} \times \frac{\sum O_i}{\sum E_j} = \frac{E_j}{O_i} \Big/ \frac{\sum E_j}{\sum O_i} = UE_{ij} / \overline{UE_j} \quad (2-8)$$

其中，W_j 为某产业 i（$i=1, 2, \cdots, m$），污染物 j（$j=1, 2, \cdots, n$）的排放 E_{ij} 占全国同类污染排放总量（$\sum E_{ij}$）的比重（$E_{ij}/\sum E_{ij}$）与某产业 i 的总产值（O_i）占全部工业产值 $\sum O_i$ 的比重（$O_i/\sum O_i$）之比。经转换变为：产业 i 某污染物 j 的单位产值排放（UE_{ij}）与某污染物 j 单位产值排放全国平均水平 $\overline{UE_j}$ 之比。计算出各年份的指标权重后，再计算样本期间的平均值。

最后，通过各单项指标的标准化值和平均权重，计算出各指标的环

境规制与总的环境规制,分别为:

$$S_i = \frac{1}{n}\sum_{j=1}^{q} W_j UE_{ij} ; \quad ERS = \sum_{i=1}^{p} S_i \quad (2-9)$$

三、环境规制强度的测度

上文建立了环境规制评价指标体系,从污染物排放量、污染排放强度、污染治理成本和污染治理达标率不同角度对环境规制强度进行了评价。本书在现有研究的基础上,结合我国统计标准对环境数据的统计情况,构建了综合反映不同产业污染规制的强度及其变化的指标体系。其中,2001年和2002年的环境治理成本指标选取《中国环境年鉴》中的废水治理设施运行费用。① 2003—2009年的数据来源于《中国环境统计年鉴》。具体步骤如下:

一是测算各行业的污染治理成本。通过收集各行业的废水、废气的污染治理成本,并收集各行业的工业产值,计算出各行业的主要污染物单位产值的污染治理成本:

$$UE_{ij} = E_{ij}/O_i \quad (2-10)$$

其中,UE_{ij}为单位产值的污染治理成本,E_{ij}为i行业的主要污染物j的污染治理成本,O_i为各行业的工业产值。

二是对各行业主要污染物单位产值的污染治理成本进行线性标准化。本书采用极差变换法的方法将主要污染物单位产值的污染治理成本按0—1的取值范围进行线性标准化:

$$UE_{ij}^s = \frac{UE_{ij} - \min(UE_j)}{\max(UE_j) - \min(UE_j)} \quad (2-11)$$

其中,UE_{ij}为单位产值的污染治理成本;$\max(UE_j)$和$\min(UE_j)$分别为主要污染物j指标在所有行业中的最大值和最小值,UE_{ij}^s为污染排放物j指标的标准化值。

三是对各行业的主要污染物的单位产值的污染治理成本进行加权平均。通过对各行业的主要污染物的单位产值的标准化值进行加权平均,计算出废水、废气污染物的平均得分:

$$AUE_{ij} = \frac{1}{n}\sum_{j=1}^{n} UE_{ij} \quad (2-12)$$

---

① 废水治理设施运行费用是指报告期内企业维持废水治理设施运行所发生的费用,包括能源消耗、设备折旧、设备维修、人员工资、管理费、药剂费以及与设施有关的其他费用等。

通过上述计算得出的各行业单位产值的污染治理成本就是各行业的环境规制强度，通过收集我国的制造业各行业的主要污染物治理成本，通过计算得出，我国制造业各行业的环境规制强度。

第四节 制造业转型升级的指标体系

我国制造业转型升级是促进我国经济发展方式转变，提高我国综合国力的客观要求，尤其是2008年美国金融危机爆发以后，我国传统的低成本、高能耗、高污染的粗放型、外延式的发展方式已经难以为继，迫切需要提高出口产品的技术含量、调整引进外资的产业结构，提升我国制造业的综合竞争力。但是，目前关于制造业转型升级的指标难以衡量，现有的研究制造业转型升级多是从企业的生产率、技术创新等角度进行分析。基于此，本项目从国际竞争力指标体系入手构建制造业转型升级评价指标体系。

一、国际竞争力的基本概念

关于国际竞争力的研究兴起于20世纪80年代，20世纪90年代逐渐成为世界研究的热点问题。迈克尔·波特（1990）提出从国家的层面来考虑时，"竞争力"的唯一意义就是国家生产力，国家与产业竞争力的关系也正是国家如何刺激产业改善和创新的关系。在经济全球化程度不断加深的今天，国际竞争力引起了世界各国的强烈关注。

（一）竞争力的概念界定

竞争力是一个相对复杂的概念，是一种相对指标，它是一种随着竞争而不断变化，又通过竞争而体现的能力，从不同的角度分析，其概念和实质存在着较大的差异。按照其研究对象的不同，可以分为国家竞争力、产业竞争力、企业竞争力。这三者之间既相互独立也存在着包容与互动的影响关系。其中国家竞争力实现的竞争目标包含着企业竞争力和产业竞争力提升中实现的目标，例如技术创新和创造价值的能力，国家竞争力主要包含政府竞争力和市场经济基础所表现出来的竞争力。企业竞争力则是指在竞争性市场中，一个企业所具有的能够持续地比其他企业更有效地向市场提供产品或服务，并获得赢利和自身发展的综合素质[1]。产业竞争力的概念总是涉及一国某一具体产业同其他国家的同一产业之间的比较,所以产业竞争力往往指一国的产业国际竞争力,即一国的某一产业能够比其他国家的同类产业更有效地向市场提供产品或服务的综合素质。

(二) 国际竞争力概述

关于国际竞争力的定义,不同的思想流派的看法大相径庭,但基本含义是一致的,即所谓国际竞争力是一国特定产业通过在国际市场上销售其产品而反映出的生产力。国际竞争力具有以下特征:(1)国际竞争力的主体是一个国家;(2)经济要素在市场中的地位与作用,即竞争的范围是在经济领域,竞争的空间是市场;(3)国际竞争力是包括一个国家诸多方面在内的复杂过程。

二、我国产业国际竞争力研究概述

为了更好地分析环境规制对我国制造业国际竞争力的影响,需要构建符合我国制造业发展现状的评价指标体系。对于地大物博、市场潜力巨大、经济发展势头强劲的我国来说,改革开放30多年来,我国的综合国力不断提高。但是,我国的国际竞争力排名却一直徘徊在28名左右,其主要原因是我国产业竞争力缺乏。正是由于产业竞争力对国际竞争力存在重要影响,其也引起了我国大量学者的研究和关注。

在WFF和IMD国际竞争力研究的基础上,金碚教授主编的《中国工业国际竞争力——理论、方法和实证研究》一书可以说是国内当时第一部系统研究我国产业竞争力问题的专著。该书力图从理论、方法和实证研究的各个主要方面对产业国际竞争力作一个较全面、系统的探讨,以勾勒出这一研究领域的基本轮廓和研究对象的基本特征,研究内容几乎囊括了当时对这一问题研究的所有方面[2]。中国人民大学竞争力和评价研究中心关于我国国际竞争力和产业竞争力的研究,已取得了一系列研究成果,1996年至今发布了《中国国际竞争力发展报告(1996)》、《中国国际竞争力发展报告(1997)——产业结构主题研究》、《中国国际竞争力发展报告(1999)——科技国际竞争力主题研究》、《中国国际竞争力发展报告(2001)——21世纪发展主题研究》、《中国国际竞争

---

[1] 金碚. 竞争力经济学. 广东经济出版社, 2003年版, P20—21。
[2] 金碚. 中国工业竞争力——理论、方法与实证研究. 经济管理出版社, 1997年版。

力发展报告（2003）——区域竞争力主题研究》等，全面发展了国际竞争力的理论、方法、模型和竞争要素的实证分析与对策研究的系统应用，从理论上提出核心竞争力、基础竞争力、环境竞争力指标体系，衡量我国的国际竞争力和产业竞争力。

裴长洪、王镭（2002）在介绍竞争力理论基础上，提出分析产品和产业国际竞争力可以设立两类指标：一类是显示性指标，它说明国际竞争力的结果；另一类是分析性指标，它解释为什么具有国际竞争力的原因。王仁曾（2002）从宏观指标、产业指标、企业指标三个纬度构建了产业国际竞争力的评价指标体系，阐明了汇率以及由汇率衍生出来的宏观指标的公式体系，由生产函数推导出全要素生产率指标，归纳了根据贸易流量计算的竞争力测度指标的公式体系。范纯增、姜虹（2002）采用贸易竞争指数、相对优势指数、国际市场占有率、产业内贸易指数和出口市场集中度构建了我国外贸产业国际竞争力，并对其进行结构分析，指出了其存在的不足及形成的原因。蓝庆新、王述英（2003）构建了产品的出口竞争力、产品的国际市场占有率、产业和企业的利润率和劳动生产率为主的产业国际竞争力指标体系，并以此为分析框架，对我国产业国际竞争力的现状进行了分析，指出了我国产业国际竞争力存在的问题。

张其仔（2003）认为全面的制造业国际竞争力计量应包括静态的市场份额指标和静态的效率指标及动态市场份额指标和动态效率指标，采用"三资"企业为标杆，将我国企业的国际竞争力与"三资"进行比较。赵彦云等（2007）应用综合评价、聚类分析和因子分析方法，通过与主要国家和地区间的国际比较和分析发现，中国制造业的硬实力具有较高的水平，优势体现在低成本和大市场，但也面临挑战；软实力则与发达国家和部分发展中国家相比有很大的差距，有待全面提升和改善。陈立敏、王漩、饶思源（2009）基于产业竞争力的层次观点，初步构造了产业国际竞争力的评价体系，采用生产率、市场份额和利润率三个不同层次的指标，利用中国制造业的数据进行了实证分析，并将其与美国制造业相应种类进行对比研究，以求揭示产业竞争力各层次评价指标之间的相互关系。卫迎春、李凯（2010）反映产业国际竞争力的指标主要有显示性比较优势指数（RCA）、贸易专业化指数（TSC）和国际市场占有率（MS），实证分析了我国制造业国际市场竞争力的发展趋势及其决定因素。

此外，李元（2003）、魏浩（2005）分别从技术创新和贸易结构角度研究我国制造业的国际竞争力；陈立敏，谭立文（2004）探讨了适合我国的国际竞争力评价指标体系；张小蒂和孙景蔚（2006）对国际竞争力的决定模型进行了实证研究。上文研究表明，尽管国际竞争力早已成为经济与管理研究的一个重要领域，大量学者对我国制造业国际竞争力展开了研究，但目前学术界尚未就产业国际竞争力的评价体系和量化指标形成统一意见。

三、我国制造业转型升级评价指标体系

（一）制造业转型升级评价指标设计目标

一个产业作为行业内同类企业或产品的综合，产业竞争力和企业的竞争力在最终表现上是相似的。但是由于同一产业内或同一行业内各个企业的规模、盈利水平、生产的产品、技术水平以及产品价格和质量存在着较大的差别，因此对制造业国际竞争力的分析和评价，必须从产业的角度，对制造业国际竞争力的决定和影响因素进行分析。因此，制造业国际竞争力评价指标的设计必须要综合考虑相关的因素，指标体系的设计应该实现以下目标：

一是指标体系的设计要体现产业之间的关联性。要衡量制造业国际竞争力，必须从整体的角度评价产业体系的竞争力，不能对不同企业的竞争力关系进行简单的累加，选取能够反映制造业整体竞争力的指标。

二是指标体系设计要反映竞争力的形成、变化的过程。制造业国际竞争力的形成是一个动态的过程，而且随着一国经济的发展，其制造业国际竞争力也会不断变化。因此，指标体系的设计，必须在剖析影响因素的基础上，反映制造业竞争力形成、变化的过程。

三是指标体系的设计要注重制造业的创新能力。2008年世界金融危机的爆发，对我国传统的经济发展模式敲响了警钟，在新的经济形势下，创新型经济的发展对我国经济可持续发展的重要性不断提高。企业作为创新的主力军，要衡量一国制造业国际竞争力，必须考虑其创新能力。

（二）制造业转型升级评价指标体系设计原则

指标体系的设置不但考虑指标体系的构建，还要考虑指标之间的相互联系及其可获得性。因此，科学、合理地评价我国制造业国际竞争力评价指标体系应遵循以下原则：

（1）科学性原则。由于制造业国际竞争力指标体系涉及面广，要区

分不同行业国际竞争力必须尽可能选择总量指标与反映结构、效益的指标相结合,尽可能做到客观、真实的反映制造业国际竞争力的主要影响因素,揭示出一国制造业国际竞争力的形成过程。

(2)系统性原则。从制造业国际竞争力整体出发,在选定评价指标体系时,不仅注意指标体系的层次性,还要注意制造业国际竞争力影响因素之间的关系,还注意到系统平衡和竞争力因素自身内部的系统结构,尽力使评价指标体系符合本研究模型的内在逻辑关系。

(3)可行性原则。尽管指标涉及的因素越多,越能完整、全面地反映我国制造业国际竞争力的真实状况,但是由于数据的可获得性和不同行业之间的可比性,从评价指标体系的可操作性、可比性上考虑。在指标的设计中,要尽可能与现有的统计范畴、统计口径和推算方法一致,以减少主观臆断的误差。

(4)可比性原则。在评价指标体系中应尽量采用可比性较强的相对量指标和区间具有共性特征的可比指标。同时,必须明确评价指标体系中每个指标的涵义、统计口径和范围,以确保时空上的可比。

(三)制造业转型升级评价指标体系

根据现有的研究结论,产业竞争力是由四个层次的内容组成的,从下而上依次是竞争力的来源——产业环境,竞争力的实质——生产率,竞争力的表现——市场份额,竞争力的结果——产业利润率(陈立敏等2008,2010)。这四个层次间存在着环环相扣的逻辑循环关系,因此,本书在具体指标体系的构建过程中,充分考虑到指标之间的相互关系,借鉴现有的研究和考虑数据的可获得性和可比性,以瑞士洛桑国际管理发展学院(IMD)的指标和数据为基础,结合我国统计年鉴,将我国制造业国际竞争力评价指标体系分为三个层次,分别是市场份额、资源聚集能力、创新能力。每一层次下又设置了一系列子指标,具体见表2-9。

1. **市场份额测定制造业国际竞争力**

市场份额主要是指一个行业、企业或产品销售额在整个市场上占有的份额或比重。一个国家的某种产业、企业或某种产品的市场份额增加,表明该国对该产品或行业的国际影响力不断上升,则该种产业、企业或产品的国际竞争力也相应增强了。

一是国际市场占有率。国际市场占有率反映了一个国家或地区的出口商品在国际市场占有的份额或比重,如果该比重上升,则表明国际竞争力增强，反之，则表明国际竞争力减弱。具体计算公式为：

$$MS_{ij}=\frac{X_{ij}}{X_{wj}} \quad (2-13)$$

其中，MS_{ij} 表示 i 国 j 类产品的国际市场占有率；X_{ij} 表示 i 国 j 类产品的出口额；X_{wj} 表示世界 j 类产品的出口额。

表 2-9 制造业国际竞争力评级指标体系

一级指标	二级指标	三级指标
制造业国际竞争力	市场份额	国际市场占有率指数
		显示性比较优势指数
		出口优势变差指数
		净出口指数
		贸易竞争指数
		贸易专业化指数
	投资资源的聚集能力（FDI）	FDI
		人均制造业出口额
		资本生产率
		利润率
		劳动力成本
		劳动密集度指数
	创新能力	专利数
		制造业技术创新能力（R&D）
		制造业劳动生产率
		制造业高技术产品的比重
		劳动力技能（高级技术工人占比）

二是显示性比较优势指数。显示性比较优势指数又简称 RCA 指数，是由美国经济学家 Bela Balassa 于 1965 年提出的具有较高经济学分析价值的国际竞争力测度指标，又称为相对出口绩效指数。现实性比较优势指数是指一个国家某类产品占其出口总值的份额与世界同类产品出口额占世界出口总额的比率。计算方法如下：

$$RCA=\frac{EV_{ij}}{\sum_{i=1}^{m}EV_{ij}} / \frac{\sum_{j=1}^{n}EV_{ij}}{\sum_{i=1}^{m}\sum_{j=1}^{n}EV_{ij}} \quad (2-14)$$

其中，EV_{ij} 代表 i 国 j 类产品的出口规模。分子代表 i 国 j 类产品的出口规模占 j 类产品世界总出口规模的比重；分母为 i 国出口总额占世界总出口额的比重。根据现有的分析，当 RCA 指数大于 1 时，表明 i 国第 j 类产品具有显示性比较优势；当 RCA 指数大于 2.5 时，表明 i 国第 j 类产品在国际市场上具有极强的国际竞争力；如 RCA 指数大于 1 小于 2.5，表明 i 国第 j 类产品具有较强的国际竞争力；如果 RCA 指数小于 0.8，则表明该国该产品的国际竞争力较弱。

三是净出口指数。净出口指数是运用一个国家或地区某类产品的出口总额与进口总额之差衡量一国从国际贸易中取得的净收入。当净出口指数大于 0，则表明该类产品在国际市场上有竞争优势；净出口指数值小于 0，表明该类产品在国际市场上缺乏竞争力。用公式表示为：

$$NE_{ij} = X_{ij} - M_{ij} \qquad (2-15)$$

其中，NE_{ij} 表示 i 国 j 类产品的净出口指数；X_{ij} 表示 i 国 j 类产品的出口额；M_{ij} 表示 i 国 j 类产品的进口额。

四是贸易特化指数。贸易特化系数测算了一国贸易逆差占贸易规模的比重。一种产品的贸易特化系数的计算公式为：

$$TSC_i = (X_i - M_i)/(X_i + M_i) \qquad (2-16)$$

其中，X_i、M_i 分别代表 i 产品的出口额和进口额。当贸易特化系数接近 1 时，表明产品的国际竞争力较强；当贸易特化系数接近 -1 时，表明产品的国际竞争力较弱。

2. 投资资源的聚集能力测定制造业国际竞争力

一国投资资源的聚集能力是衡量一国对外先进技术的吸收能力，获得技能和技术等的重要指标。因为 FDI 是一国或地区制造业产业竞争力提升过程中获得技能、知识和技术的重要途径。我国作为发展中国家，在发展初期，由于资本的缺乏，需要大量引进外资。外资的进入，不但弥补了我国资金的不足，同时还带来了先进的技术和管理理念。因而，外资企业的进入，有力地推动了我国制造业国际竞争力的提升。但是外资企业在投资区位的选择，会综合考虑一国的吸收能力、基础设施建设、人力资源等[1]。本书以 FDI 作为衡量我国投资资源聚集能力的重要指标。

一是制造业劳动生产率。制造业劳动生产率是指衡量制造业生产活

---

[1] 周长富，马景漫，杨阳. 吸收能力抑制了我国 FDI 的技术溢出效应吗？——基于区域面板数据的分析［J］. 南京财经大学学报，2011（6）.

动中投入与产出关系的数量指标。本书利用我国统计局公布的工业分部门全员劳动生产率数据衡量我国制造业的劳动生产率。如果劳动生产率越高，说明同样的投入将产生更多的产出，则国际竞争力越强，反之亦然。

二是利润率。利润率是反映企业和产品在国际竞争中的企业获得的剩余价值与全部投入资本的比率。利润率指标对于衡量一个企业是否具有竞争力具有重要意义。

三是劳动力成本。国际分工经历了从产业间到产业内再到要素分工为主的深化发展阶段，不管是哪种分工，都是建立在一国的比较优势基础上形成的。竞争力又取决于要素的状况（人力资本、自然资源等），其中单位劳动成本是最重要的要素。因此，本书引入单位劳动成本作为衡量我国制造业国际竞争力的指标，以劳动力工资水平反映单位劳动成本。

四是劳动密集度指数。劳动密集度主要是指某种产品的资本投入与劳动投入之比与该国所有商品的资本劳动比之比。用公式可以表示为：

$$LI_i = (C_i/L_i)/(C_t/L_t) \qquad (2-17)$$

其中，LI_i 表示 i 产品的劳动密集指数，C_i 表示第 i 种产品的资本投入量，L_i 为表示 i 产品的劳动投入量；C_t 表示该国所有产品的资本投入量，L_t 表示该国所有产品的劳动投入量。LI_i 越高，表示 i 产品的资本密集度越高。反之，LI_i 越低，表示 i 产品的劳动密集度越高。

3. 创新能力测定制造业国际竞争力

一是制造业技术创新能力。技术创新对经济社会发展的引领与支撑作用不断增强制造业国际竞争力的提升必须加大研发投入的力度，通过自身的技术创新努力，培育核心技术。本书采取 R&D 支出作为衡量我国创新活动的重要指标。

二是市场集中度。贸易集中度指数要反映的是一国某产业出口的产品或市场的集中程度。产品和市场越集中就越不利于规避风险，也越不利于参与国际竞争。贸易集中度指数可以分为产品集中度指数和市场集中度指数，其计算公式为：

$$CR_n = \sum_{i=1}^{n} X_i / \sum_{i=1}^{N} X_i \text{（通常 } n=4 \text{ 或者 } n=10） \qquad (2-18)$$

其中，CR_n 表示一国某产业前 n 位的出口产品的产品集中度；X_i 表示一国某产业中第 i 种产品的出口额。N 表示某产业的出口总额。

三是制造业高技术产品的比重。制造业高技术产品的含量反映了一国制造业的技术层次和产业升级的状况。一国或地区制造业竞争力的提升不仅表现为规模的扩大，其技术水平的高低更能反映一国或地区制造业在国际市场上的竞争能力。本书选取高技术产品的占比作为衡量我国制造业国际竞争力技术水平的指标。

四是人力资本。人力资本是指通过教育、培训、保健、劳动力迁移、就业信息等获得的凝结在劳动者身上的技能、学识、健康状况和水平的总和。在知识经济时代，一国或地区的人力资本水平决定了一国对先进技术和管理水平的接受能力。对人力资本进行投资，对我国制造业国际竞争力的形成具有更高的贡献率。本书选取中高级专业技术人员比重作为人力资本的替代指标，衡量我国制造业国际竞争力。

第五节　环境规制对制造业转型升级影响的机理分析

关于环境规制对产业国际竞争力的影响，不同的学者从各个角度进行分析，本书对现有的研究进行归纳，从宏观和微观两个角度对其影响机制展开分析（见图 2-2）。

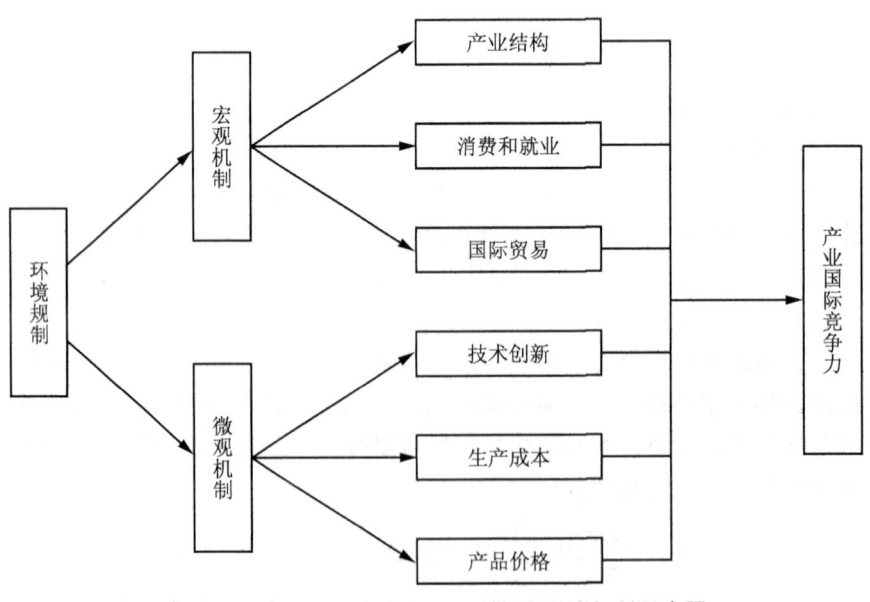

图 2-2　环境规制对产业国际竞争力影响机制示意图

一、环境规制对制造业转型升级的宏观影响分析

（一）环境规制对产业结构的影响

环境规制对产业结构的影响主要通过两个渠道，一是对相关产业产出变化的直接影响；二是通过产业关联效应对其他产业产生的间接影响。

一方面，环境规制对产业产出的直接影响，主要是指一些污染密集型产业受到环境规制措施的影响较大。在封闭型经济中，如果一国采取较严格的环境规制措施，将会导致生产者将环境规制成本转嫁到消费者身上，从而提高产品的价格，降低对该产品的需求，从而减少该产品的产出。在开放型经济中，如果世界各国所采取的环境规制措施存在较大的差异，那么污染型产业将从环境规制措施较严格的国家转移至监管相对宽松的国家。可能会导致环境规制措施较宽松的贫困国家专业从事污染密集型产品的生产；而环境规制措施严厉的富裕国家则专业从事洁净产品的生产。污染产业的转移将会改变移出国和移入国的产业结构。

另一方面，环境规制也会通过关联效应引起产业结构的变化。一个产业产品价格的变化，将会通过传导机制，以中间投入品对其他产业产生影响。通常，产业关联度越高，对其他产业的影响将越明显。Sibert、Eichberger、Gronych 和 Pethig（1980）使用了一种 2×2 的两部门、两要素封闭经济模型，证明了环境规制措施将促进资本密集部门产出的增长。郑玉歆（1999）利用中国社会科学院数量经济与技术经济研究所与澳大利亚莫纳什大学政策研究中心共同开发 CGE 模型—PRCGEM 模拟分析了征收碳税和实行 CO_2 减排对中国经济以及产业产出的影响（见表 2-10）。

表 2-10　征收碳税对中国产业的短期影响　　　　单位：%

征收碳税，其他税收不变				征收碳税，减少其他税收，政府收入不变			
产出下降最大的五个部门		产出下降最小的五个部门		产出下降最大的五个部门		产出下降最小的五个部门	
部门	下降幅度	部门	下降幅度	部门	下降幅度	部门	下降幅度
采煤	-10.68	行政	0.00	采煤	-10.63	食品	0.24
天然气	-6.23	建筑	-0.014	天然气	-6.00	电力	0.12
炼焦	-2.29	餐饮	-0.02	炼焦	-2.10	农业	0.02
纺织	-1.37	文教	-0.15	石油加工	0.86	餐饮	0.018
服装	-1.33	修理	-0.16	金属采矿	0.74	电子	0.013

资料来源：郑玉歆等：《中国 CGE 模型的政策分析》，社会科学文献出版社 1999 年版，P143。

（二）环境规制对消费和就业的影响

环境规制对消费和就业的影响，主要是通过对国民收入的影响表现出来的。一方面，在封闭经济中，如果环境规制措施减少了污染，且该种污染是作为中间投入品而不是末端的污染物消减，那么环境规制措施的实施将会使得生产部门的产出增加。产出的增加会提高整体国民收入水平，带动整体消费水平的上升；同时，产出的增加将增加对劳动力的需求，从而改善就业状况。另一方面，在开放经济中，环境规制措施将会导致环境成本内部化，对企业和产业的国际竞争力构成冲击，使得一国的产品在国内和国际市场的竞争力下降，市场需求下降，因此使国内收入水平下降。国内收入水平的下降，将降低一国的整体消费水平，对就业也会构成冲击。关于环境规制对国民收入的影响，从全球范围看，到 2025—2050 年，在基准排放水平的基础上减排 50%，将使 GNP 减少 1%—3%。部分学者进一步指出，GNP 减少 1%—3%，从绝对量来看也许是大的，但从相对量来看，则意味着未来 10 年平均增长率只下降 0.1%。如果考虑到溢出效应或次生效益，环境规制对 GNP 的影响将进一步降低。

（三）环境规制对贸易的影响

大卫·李嘉图的比较优势理论中提出，两国之间的贸易模式和比较优势是由这两个国家之间进行贸易的商品的相对价格决定的。在古典贸易理论中，把自然资源和气候作为影响一国劳动生产率的变量。要素禀赋理论（H—O 模型）将自然资源投入简化为土地，然后以劳动和土地作为生产要素进行分析。按照古典国际贸易理论，如果一国实施环境规制措施，会导致该国相关产业的生产成本上升，那么污染密集型产业的价格将会改变，从而会影响劳动的国际分工和生产要素的配置。关于环境规制对贸易的影响，主要的理论基础是不同的环境规制措施所引发的污染藏纳场。

Copeland 和 Taylor（2009）[①] 考察了污染藏纳场的传导途径，论证了污染排放政策的差异如何成为推动国际贸易发生的主要因素。他们提出了污染藏纳场模型的两个假设：一是污染监管上的差异是决定成本和产业集聚地的关键性因素；二是环境保护是正常商品，世界收入分配的

---

① 布莱恩·科普兰，斯科特·泰勒. 贸易与环境——理论及实证. 上海人民出版社，2009 年版，P53—P62.

不平衡导致了各国污染监管政策出现差异。本书在 Copeland 和 Taylor（2009）研究的基础上，考察刚性污染排放强度对贸易模式的影响。

本书考察南北贸易模式，假设各经济体系所面临的世界市场价格是确定的。在分析过程中，本书做了以下假设：

（1）世界可以划分为两个地区，这两个地区的国家共同决定世界市场价格，且这些国家拥有相同的要素禀赋、消费偏好以及生产技术。

（2）产品消费过程中不会产生污染；

（3）经济体系是 2×2 模式，即生产两种具有不同的污染强度的产品 X 和 Y，产品 X 在生产过程中产生污染，而产品 Y 则不产生污染。有两种基本生产要素，资本（K）和劳动力（L），要素的边际报酬分别为 r 和 w。

（4）X 为资本密集型产品，Y 为劳动密集型产品。以产品 Y 为基准计价单位，$P_y=1$，产品 X 国内市场相对价格为 p。

（5）生产产品 X 的产业在生产产品 X 过程中，同时排放污染物 Z。但是，污染排放是可以治理的；

（6）污染排放税恒定不变；两个地区之间的环境规制措施严格程度存在较大差异，经济发达的北方地区污染排放税为 τ；南方国家由于经济欠发达，环境规制措施相对宽松，污染排放税为 τ^*，且 $\tau > \tau^*$。

根据上述的假设，可以得到产品 X 与污染排放物 Z 的联立生产技术函数为：

$$X = (1-\theta)F(K, L) \qquad (2-19)$$

$$Z = \varphi(\theta)F(K, L) \qquad (2-20)$$

$$\varphi(\theta) = (1-\theta)^{1/\alpha} \qquad (2-21)$$

其中，$0 \leqslant \theta \leqslant 1$，$\theta$ 表示生产投入要素 θ 比率的部分投入污染治理，$\theta=0$，说明不存在污染治理；θ 越高，污染排放越少；F 是递增且线性同次的凹函数；$\varphi(\theta)$ 为污染治理函数。其中 $0<\alpha<1$，$\varphi(0)=1$，$\varphi(1)=0$ 且 $d\varphi/d\theta<0$。利用（2-19）、（2-20）和（2-21）式可以得到：

$$X = Z^\alpha [F(K, L)]^{1-\alpha} \qquad (2-22)$$

由于 $\theta \geqslant 0$，必有 $Z \leqslant F$，因此，上式成立。

产品 Y 的生产函数为：

$$Y = H(K_y, L_y) \qquad (2-23)$$

根据生产函数，企业为了实现成本最小化，会选择适当地投入劳动和资本,根据成本最小化理论,可以推导得出污染排放强度 $e=\alpha p/\tau$,根据假设(6),可以得到 $e<e^*$。

本书接着利用相对供给和相对需求理论来分析环境规制对南北的贸易所产生的影响。根据上文的生产函数,可以得到效用函数:

$$V(p, I, z)=v[I/\beta(p)]-h(z) \tag{2-24}$$

由于假设各国对产品的偏好相同,且都是位次同次的,则对 X 的需求可以表示为 $b_x(p)I$,对 Y 的需求可以表示为 $b_y(p)I$,I 是各地区的国民收入。由于 b_x 随着 p 的上升而下降,而 b_y 随着 p 的上升而上升,X 相对 Y 的需求必定独立于国民收入,可以表示为:

$$RD(p)=\frac{b_x(p)}{b_y(p)} \tag{2-25}$$

相对需求随着 p 的上升而下降,即 $RD'(p)<0$,相对需求曲线见图 2-3 中的 RD 曲线。

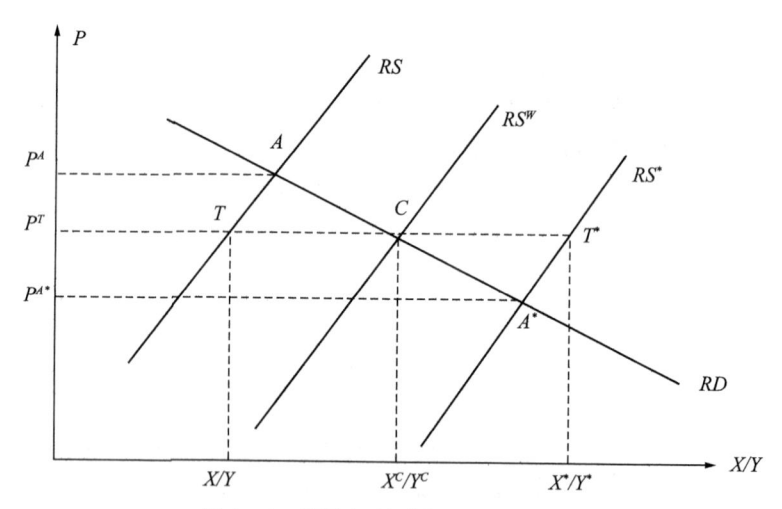

图 2-3 环境规制对南北贸易的影响

推导出需求曲线,按照同样的方法推导南北地区的相对供给曲线,可以用要素禀赋、X 的相对价格以及污染排放强度 e 的函数:

$$\begin{cases} X=X(p, e, K, L) \\ Y=Y(p, e, K, L) \end{cases} \tag{2-26}$$

由于规模效应不变,上述供给函数可以转换成 K/L 的函数:

$$\begin{cases} X=LX(p, e, K/L, 1) \\ Y=LY(p, e, K/L, 1) \end{cases} \tag{2-27}$$

将（2-27）式的 X 和 Y 产品的表达式相除就可以得到 X 相对 Y 的相对供给曲线，以 RS 表示：

$$RS(p, e, K/L) = \frac{X(p, e, K/L, 1)}{Y(p, e, K/L, 1)} \qquad (2-28)$$

相对供给随着 p 的上升而上升，见图 2-3 的 RS 曲线；由于南北地区具有完全相同的要素禀赋，因此 K/L 的比率相同。但是北方的污染排放政策更加严格，所以由（2-28）式可以求出 e 的导数有：

$$\frac{\partial RS}{\partial e} > 0 \qquad (2-29)$$

所以，污染排放强度 e 的上升将刺激 X 产业扩张而导致 Y 产业收缩，在产品价格给定的情况下，污染排放更严格的国家所生产的 X 相对更低[1]。由图 2-3 中的交叉点 A 及 A^* 可以看出，北方国家 X 产品的相对价格要高于南方国家。

由于北方国家的污染排放税更高，污染性产品的产出因而相对较低，X 产品供给的相对稀缺性反过来必定使得其相对价格更高。因此，南方国家在污染性产业上具有比较优势，而北方国家则在洁净性产业上具有比较优势。在自由贸易条件下，当贸易达到均衡条件时，世界市场的相对需求必然等于相对供给，在图 2-3 中，北方国家的均衡产出将沿着相对供给曲线由 A 下降到 T 点。对于南方国家而言，其变化方向刚好相反，X 的相对价格由 P^{A^*} 上升到 P^T，污染产业进一步扩张，并抑制了洁净性产业的生产。南方国家的污染性产业的产出上升，而洁净性产品的产出下降。因此，自由贸易导致南方国家的产出结构开始向污染性产品专业化方向发展，即污染藏纳场的国际贸易模式[2]。

二、环境规制对制造业转型升级的微观影响分析

（一）环境规制对生产成本的影响

规制的理论基础即外部性理论，政府通过采取政策措施，使生产企业产生的外部费用，进入他们的生产决策中，由他们自己承担，来弥补社会成本与私人成本之间的差额。本书以庇古税来分析采取环境规制措

---

[1] 由于 p 不变，所以 τ 越高的南方国家，e 越小，相对 X 产业扩张的规模脚下，所以所生产的 X 相对更低。

[2] 张为付，周长富，马野青. 资本积累和劳动力转移驱动下开放型经济发展的环境效应. 南开经济研究，2011 年第 4 期。

施对企业生产成本的影响。

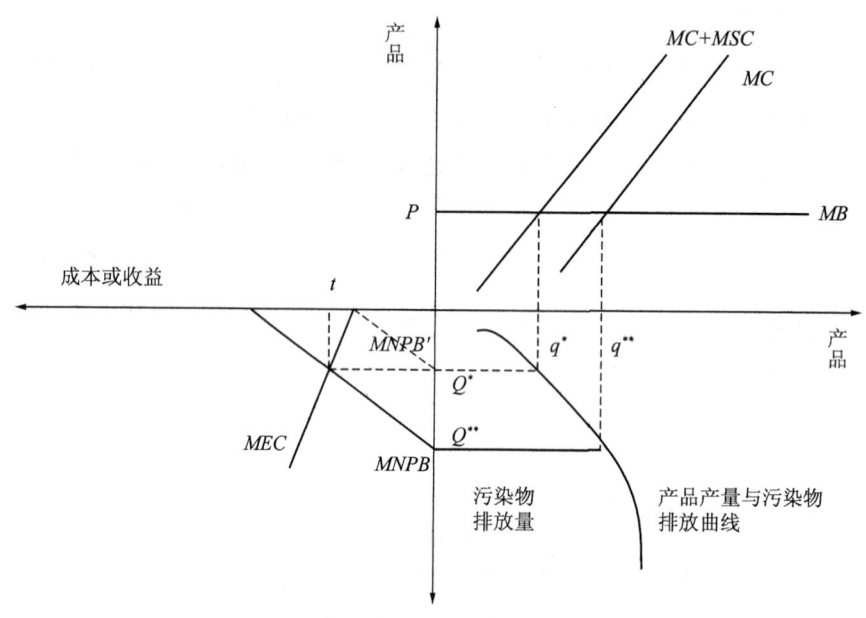

图 2-4 环境规制对企业生产成本的影响

在图 2-4 中，$MNPB$ 代表企业的边际私人纯收益曲线，MEC 代表边际外部成本曲线，MC 为企业的边际成本曲线，MB 为企业的边际收益，MSC 为企业的边际社会成本。企业作为利益最大化的追求者，其会在边际成本等于边际收益时确定最优产量规模，其产量为 q^{**}，污染物的排放量为 Q^{**}，在这个排放水平下 $MNPB > MEC$，对整个社会来讲，社会效率为负。如果企业在生产过程中除了考虑自身的边际成本外还考察社会的边际成本 MSC，此时 MC 曲线将左移至 $MC + MSC$，即企业的供给量将减少，在这种条件下，企业的最有产量下降到 q^*，污染物的排放量为 Q^*。但是如果企业不是主动考虑外部社会成本的话，而是由政府采取环境规制措施征收排污费（庇古税），此时企业的边际成本曲线才会从 MC 左移至 $MC + MSC$，同时，企业的边际私人纯收益曲线也由 $MNPB$ 移至 $MNPB'$，其移动幅度为 t，t 就是政府采取的环境规制措施对企业生产成本的影响，即庇古税率。

上文分析表明，在既定的技术水平下和生产要素充分就业的情况下，若一国采取环境规制措施，则在给定要素条件下，企业必须将部分要素用于污染治理。所以，产出规模的扩大一方面将导致环境质量下降；另一方面，产出规模的扩大将会导致用于污染治理的要素减少，从而影响企业的生产。

（二）环境规制对技术创新的影响

环境规制作为政府政策的一部分，是政府对企业行为进行管制的一种方式，它对技术创新的影响，类似于政府政策对企业技术创新的影响。关于政府政策对技术创新的影响，一直是学者们关注的重要问题，对两者的关系也一直存在着较大的争议。从20世纪70年代开始，就陆续有经济学者针对美国等发达国家政府管制对技术创新的影响进行分析。一方面，认为技术创新活动是在政府的管制下诱导出来的，政府的管制使得企业对技术创新产生了需求，从而对企业的技术创新产生了一种外在的推动力量。另一方面，也有部分学者通过研究认为，政府管制可能会对企业的技术创新产生一定的抑制作用。比如部分学者以美国的环境规制措施对技术创新的影响作为研究对象，研究表明，美国的环境规制措施的实施，使美国的劳动生产率下降了大约1%。因此，政府政策对企业技术创新的影响肯定是存在的，主要是考虑其影响效应和影响的大小。究其影响机制，本书认为主要有以下几个方面：一是政府政策对企业生产成本的影响。企业的存在是以利润最大化为目标，随着政府政策的制定，企业会选择最有利于自己的生产方式，来扩大其利润。如果政策的制定有利于企业的技术创新，那么企业将受利润最大化动机的驱使，企业的创新意识以及技术积累的追求将更为强烈。上文分析中，随着排污费的征收，企业将降低生产规模，但是企业也可能采取污染减排技术，达到减少污染物排放的目的。二是政府政策的制定对消费者消费行为的影响。消费者处于社会大环境下，政府政策的制定难免不对消费者的消费模式产生影响，消费模式的影响又会通过传导机制进一步反作用于生产者的生产者行为，使得生产者为了满足消费者的消费需求，从而会进行技术创新来改进生产工艺，提高其生产效率。三是政府政策的制定，在对企业的生产行为产生影响的同时，技术创新需要企业投入大量的人力、物力和财力，而且企业技术创新的回收期相对较长，这对一些中小企业将形成较大的冲击，一些中小企业有可能会走上低端的"山寨"的生产模式，反而不利于企业的技术创新。在此，本书简要地介绍政府政策对企业技术创新的影响，下文将围绕环境规制与技术创新展开具体分析。

上文的分析表明，环境规制一方面会影响我国产业的比较优势；同时也会对我国企业的生产成本和企业的技术创兴产生影响。一方面，环境规制措施的制定要求企业进行环境治理，较高的环境标准所需要的环境治理投入的增加必然导致企业的生产成本提高，竞争力下降。另一方面环境规制导致企业生产成本的提高，在短期内会影响我国企业的出口竞争力。但是从长远来看，环境规制有利于促进我国贸易增长方式的转变，使我国贸易增长方式由资源密集型向资源节约型转变；有利于促进企业技术创新，新的出口产业或产品出口竞争优势的形成。

第三章

资本积累和劳动力转移驱动下开放型经济发展的环境效应

2009年哥本哈根世界气候大会和2010年坎昆世界气候大会的召开，使气候问题成为世界各国共同关注的话题。在关注气候问题的同时，关于"全球化"的争论也由来已久、名目繁多，但将全球化置于世界气候和环境问题语境下，讨论开放经济的环境效应问题，目前已经成为热点。根据环境保护主义者的观点，国际贸易促进经济活动规模的扩大，但经济活动本身必然会对环境造成破坏，所以国际贸易必然会对环境造成破坏。为此，国内外经济学者对国际贸易与环境之间的关系从不同的视角展开了大量有益的研究，并得出了一系列重要的结论（如 Copeland and Taylor（1994）；Grossman and Krueger（1993）；Hilton 和 Levinson（1998）；Marzio Galeotti et. Al.（2006）；Cole（1997）；Holtz-Eakin and Selden（1995）；Martin Wagner（2008）；He and Richard（2009）；许广月和宋德勇（2010）；陈诗一（2009、2010）；蔡昉（2008）；韩玉军和陆旸（2007、2010）等）。由于经济发展与环境之间的关系细微而复杂，Grossman and Krueger（1993）在研究北美自由贸易协定对环境污染的潜在影响时，将可能导致环境污染发生变化的根本性因素分解为规模效应、结构效应和技术效应。这一分解对研究经济增长的环境效应是极为有益的，因为贸易自由化和要素禀赋的积累都可能提高经济运行效率，导致经济规模的增加，但对产品结构的影响却可能完全不同。经济增长源动力理论也揭示了不同要素积累形式会产生不同的结构效应，结构效应会对污染排放产生重大影响。而要素禀赋假设正是国际贸易的基础性假设，它把国家间要素特性上的差异与国际贸易模式联系在一起。自由贸易正是充分利用一国的比较优势，刺激一国具有比较优势产品的生产，从而导致结构效应显现。由于结构效应的存在，假设洁净性要素或污染型要素增长在不同时期推动经济增长，那么一国由贸易发展促进经济增长所带来的环境效应将会产生较大的差异。如果一国在洁净性产业上具有比较优势，而且，污染排放强度维持不变，则洁净性产业随着贸易自由化的深入而扩张，那么贸易自由化对环境有利,因为贸易自由化使得该国减少了污染型产品的生产,反之亦然。因此,结构效应是决定贸易自由化对环境影响程度的关键性因素,其方向最终取决于本国的比较优势。

改革开放以来,我国经济取得了快速的发展,我国的城乡二元经济结构特征也非常明显。伴随着工业化进程的推进,我国资本积累的增加和农村劳动力向城市的转移,我国二氧化碳排放也急剧增加。而中国工业的高速增长依赖于重要要素的大量倾斜投入,以改革开放期间为例,工业总产值年均增长达11.2%,工业资本存量年均增长9.2%,工业能耗和二氧化碳(CO_2)排放年均增长分别达到6%和6.3%,而工业部门所吸纳劳动力的增长率只有1.9%。[①] 其中,劳动力转移人数从1990年的11776万人上升到2009年的36660万人;固定资产净值从1990年的4517.0亿元上升到2009年的224598.8亿元;国内生产总值从1990年的18718.3亿元,上升到2010年的397983亿元。与此同时,中国燃料燃烧所产生的二氧化碳排放量从1990年的22.11亿吨上升到2009年的72.19亿吨。因此,国内学者对劳动力转移、资本形成与经济增长的关系进行了有益的探索(沈坤荣和唐文健,2006;张广婷、江静和陈勇,2010等)。同时,根据陈诗一(2009、2010)、李小平和卢现祥(2010)等的研究表明,绝大多数污染密集型产业同时也是资本密集型产业。那么,贸易自由化和要素禀赋积累的增加所产生的环境效应对不同国家、不同行业存在较大的差异吗?我国作为劳动力资源丰富的国家,在劳动力密集型产品的生产上具有较大的比较优势,开放型经济发展有利于我国环境保护吗?国际贸易如何影响我国不同行业的碳排放?

基于现有的研究基础,本书试图分析资本积累和劳动力转移驱动下开放型经济发展的环境效应,运用定量分析方法研究国际贸易对我国不同行业的影响效应,回答上述问题。本书的结构安排如下:第二部分对资本积累和劳动力要素禀赋增加的环境效应进行理论分析,为下文的计量模型构建提供理论依据;第三部分构建计量模型,介绍了数据处理方法和过程;第四部分对数据进行描述性统计分析和回归分析,并对结果进行解释;第五部分是本书的研究结论。

---

① 陈诗一. 能源消耗、二氧化碳排放与中国工业的可持续发展[J]. 经济研究,2009,(04).

第一节　理论模型

经济发展体现为规模增加、结构优化和技术提升，但这三个因素又是经济发展的原因，这三个因素对环境的影响也各不相同。一方面，要素禀赋积累的增加可能促进经济效率的提高，扩大经济规模的同时，导致经济结构的变化，从而影响环境；另一方面，技术水平的提高，在扩大经济规模，促进经济发展时，可能导致政府采取更严格的环境保护政策。本书将对不同因素的环境效应进行理论分析。

本书的理论分析是在 Copeland 和 Taylor（2009）[1] 的基础上展开的，主要分为两个步骤，首先，根据 Grossman and Krueger（1993）在研究北美自由贸易协定对环境污染的潜在影响时，将可能导致环境污染发生变化的根本性因素分解为规模效应、结构效应和技术效应的方法，考察了经济增长的环境效应。其次，在经济增长的环境效应分解的基础上，分别考察资本积累和劳动力增加的环境结构效应。

一、经济增长的环境效应

本书考察一个小国开放经济体系，该经济体系所面临的世界市场价格是确定的。在分析过程中，本书做了以下假设：

（1）任何企业产生的污染都会对消费者产生损害，但并不影响其他企业的生产效率；

（2）产品消费过程中不会产生污染；

（3）经济体系是 2×2 模式，即生产两种具有不同的污染强度的产品 X 和 Y，产品 X 在生产过程中产生污染，而产品 Y 则不产生污染。有两种基本生产要素，资本（K）和劳动力（L），要素的边际报酬分别为 r 和 w。

（4）X 为资本密集型产品，Y 为劳动密集型产品。以产品 Y 为基准计价单位，$P_y=1$，产品 X 国内市场相对价格为 p。

（5）生产产品 X 的产业在生产产品 X 过程中，同时排放污染物 Z。但是，污染排放是可以治理的；

（6）污染排放税恒定不变；

---

[1] 布莱恩·科普兰，斯科特·泰勒尔. 贸易与环境——理论及实证 [M]. 上海人民出版社，2009 年版，P53—P62.

(7) 为了更好地分析结构效应,假设污染排放强度维持不变,而只考虑资本规模的变化。

根据上述的假设,可以得到产品 X 与污染排放物 Z 的联立生产技术函数为:

$$X = (1-\theta)F(K, L) \qquad (3-1)$$

$$Z = \varphi(\theta)F(K, L) \qquad (3-2)$$

$$\varphi(\theta) = (1-\theta)^{1/\alpha} \qquad (3-3)$$

其中,$0 \leqslant \theta \leqslant 1$,$\theta$ 表示生产投入要素 θ 比率的部分投入污染治理,$\theta = 0$,说明不存在污染治理;θ 越高,污染排放越少;F 是递增且线性同次的凹函数;$\varphi(\theta)$ 为污染治理函数。其中 $0 < \alpha < 1$,$\varphi(0) = 1$,$\varphi(1) = 0$,且 $\mathrm{d}\varphi/\mathrm{d}\theta < 0$。利用 (3-1)、(3-2) 和 (3-3) 式可以得到:

$$X = Z^{\alpha}[F(K, L)]^{1-\alpha} \qquad (3-4)$$

由于 $\theta \geqslant 0$,必有 $Z \leqslant F$,因此,上式成立。

产品 Y 的生产函数为:

$$Y = H(K_y, L_y) \qquad (3-5)$$

本书选择在世界价格水平下净产出的值作为度量经济规模的标准,经济规模 S 的函数式如下:

$$S = P^0 X + Y \qquad (3-6)$$

其中,P^0 表示没有出现任何扰动因素之前 X 产品的世界相对价格水平。通过整理分析,可以得到污染排放和经济规模的关系式:

$$Z = e\varphi_x S/P^0 \qquad (3-7)$$

其中 $e = Z/X$ 表示污染排放强度;$\varphi_x = P^0 X/S$ 表示污染性产业在整个经济体系中所占的比重。

为了简化分析,可以选择 X 产品的度量单位,使得 $P^0 = 1$,对 (3-7) 式两边同时取对数,并求导可以将导致环境污染发生变化的根本性因素分解为规模效应、结构效应和技术效应:

$$\hat{Z} = \hat{S} + \hat{\varphi}_x + \hat{e} \qquad (3-8)$$

其中第一项度量的是规模效应,第二项度量的是结构效应,最后一项度量的是技术效应。本书主要分析要素积累增加的环境污染结构效应,因此下文主要对结构效应展开分析。

二、资本积累的环境效应分析

按照上文对环境效应的分解,首先对 (3-7) 式取对数,然后对 K

求导，则环境污染效应可以分解为：

$$\frac{\mathrm{d}Z}{\mathrm{d}K} = \frac{\frac{\mathrm{d}X}{\mathrm{d}K} + \frac{\mathrm{d}Y}{\mathrm{d}K}}{S} + \frac{\frac{\mathrm{d}(X/S)}{\mathrm{d}K}}{\varphi_x} + \frac{\frac{\mathrm{d}e}{\mathrm{d}K}}{e} \tag{3-9}$$

（3-9）式右边第一项表示规模效应；第二项表示结构效应；第三项表示技术效应。因为假设污染排放税恒定不变，则技术效应不存在，即最后一项 $\mathrm{d}e/\mathrm{d}K = 0$。

对第一项规模效应进行分析，首先假设国民收入为 $G = P^0 X + Y$，可以将 G 表示为资本、劳动等的函数为：

$$G(P^0, 1, K, L, Z) = \max_{(X, Y)} \{P^0 X + Y: (X, Y) \in T(K, L, Z)\} \tag{3-10}$$

函数 G 表示在一定技术条件下不同污染排放和要素禀赋水平时开放经济的国民收入大小。$T(K, L, Z)$ 为具有规模经济不变的两维凸生产可能性集合。

将（3-10）式对 K 求偏导可以得到：

$$\frac{\partial G(P^0, 1, K, L, Z)}{\partial K} = r \tag{3-11}$$

其中 r 为资本的边际报酬。利用前文的生产函数，当两部门企业都追求利润最大化时，每个企业都会选择最优的要素投入以最大化其利润水平，可以得到：

$$P^0(1-\alpha)\frac{\mathrm{d}X}{\mathrm{d}K} + \frac{\mathrm{d}Y}{\mathrm{d}K} = \frac{\mathrm{d}G(P^0, 1, K, L, Z)}{\mathrm{d}K} = r > 0 \tag{3-12}$$

整理（3-12）式，可以得到：

$$\frac{\mathrm{d}X}{\mathrm{d}K} + \frac{\mathrm{d}Y}{\mathrm{d}K} = r + [P^0 - P^0(1-\alpha)]\frac{\mathrm{d}X}{\mathrm{d}K} = r + \alpha\frac{\mathrm{d}X}{\mathrm{d}K} > 0 \tag{3-13}$$

由于 $r > 0$，由雷布津斯基定理①可知 $\frac{\mathrm{d}X}{\mathrm{d}K} > 0$。

右边第二项代表结构效应，由 $X/S = 1/(1+Y/X)$，以及雷布津

---

① 雷布津斯基定理是指在要素和商品价格不变的情况下，一种生产要素的数量增加而另一种要素的数量保持不变，其结果是密集地使用前者进行生产的产品数量将增加，而密集使用后者进行生产的产品数量将绝对减少。

斯基定理，资本积累的增加将会导致 Y 产业（劳动密集型产业）萎缩而 X 产业扩张，d（Y/X）/dK<0，因此资本积累增加所带来的结构效应将导致污染排放增加，即：

$$\frac{\frac{d(X/S)}{dK}}{\varphi_x} > 0 \qquad (3-14)$$

因此，通过上述的分析可以得出一个重要结论：随着资本积累的增加将引起产品结构的变化（资本密集型产品的生产增加，劳动密集型产品的生产的减少），必然导致污染排放的增加。

三、劳动力增加的环境效应分析

与上文分析类似，运用（10）式对劳动力要素 L 求偏导可以得到：

$$\frac{\partial G(P^0, 1, K, L, Z)}{\partial L} = \omega \qquad (3-15)$$

其中 ω 为劳动的边际报酬。同样，利用前文的生产函数，当两部门企业都追求利润最大化时，每个企业都会选择最优的要素投入以最大化其利润水平，可以得到：

$$P^0(1-\alpha)\frac{dX}{dL} + \frac{dY}{dL} = \frac{dG(P^0, 1, K, L, Z)}{dL} = \omega > 0 \qquad (3-16)$$

整理（3-16）式，可以得到：

$$\frac{dX}{dL} + \frac{dY}{dL} = \omega + [P^0 - P^0(1-\alpha)]\frac{dX}{dL} = \omega + \alpha\frac{dX}{dL} \qquad (3-17)$$

由于 $\omega>0$，由雷布津斯基定理可知 $\frac{dX}{dL} < 0$。因此，劳动力要素增加的规模效应并不确定，有可能导致污染排放总规模的上升；也有可能导致污染排放总规模的下降。

进一步分析劳动力要素增加的结构效应，由 X/S=1/（1+Y/X），以及雷布津斯基定理，劳动力要素的增加将会导致 Y 产业（劳动密集型产业）扩张而 X 产业萎缩，d（Y/X）/dL>0，因此劳动力要素增加所带来的结构效应将导致污染排放减少，即：

$$\frac{\frac{d(X/S)}{dL}}{\varphi_x} < 0 \qquad (3-18)$$

因此，上述分析得出的一个重要结论：虽然劳动力要素禀赋的增加导致的规模效应并不确定,但是劳动力要素禀赋增加将引起产品结构的变化(劳动密集型产品的生产增加,资本密集型产品的生产的减少),必然导致污染排放的减少。正如前文所述,如果人力资源的增加推动了人均国民收入的上升,那么,污染可能随着人均国民收入的上升而出现下降。但是,对于同一经济体系而言,如果是有形资本的增加推动了经济增长,那么环境污染可能随着人均国民收入的增加而加重。这对我国开放型经济发展与环境保护具有重要的理论意义。

第二节　计量模型和数据来源

理论分析表明,经济增长的源动力(资本积累、劳动力增加、技术进步)的不同,对环境污染产生的影响存在较大的差异。那么,在现实经济增长中,要素禀赋投入的不同,是否也对环境产生不同的影响,其影响大小如何?本书试图构建计量模型,考察不同因素对环境污染具有何种影响,并量化之。

一、计量模型设定

在上文理论分析的基础上,构建相应的计量模型以分析行业规模、固定资产投资、劳动力规模、出口规模、外商直接投资、劳动力转移等解释变量对污染排放总量和出口污染密集度的影响。考虑到计量分析的可行性和数据的可获得性,本书采取如下对数模型:

$$Z_{i,t} = \alpha_0 + \alpha_1 Z_{i,t-1} + \alpha_2 k_{i,t} + \alpha_3 l_{i,t} + \alpha_4 y_{i,t} + \alpha_5 ex_{i,t} + \alpha_6 fdi_{i,t} + \alpha_7 transfer_{i,t} + \phi_i + \delta_t + \varepsilon_{i,t} \quad (3-19)$$

$$e_{i,t} = \alpha_0 + \alpha_1 e_{i,t-1} + \alpha_2 k_{i,t} + \alpha_3 l_{i,t} + \alpha_4 y_{i,t} + \alpha_5 fdi_{i,t} + \alpha_6 transfer_{i,t} + \phi_i + \delta_t + \varepsilon_{i,t} \quad (3-20)$$

其中下标 i 表示行业, t 表示年份,在分析过程中,为了消除变量的量纲,取所有变量的自然对数进行分析。

方程式(3-19)中 $Z_{i,t}$ 表示 CO_2 的排放量, k 表示每年分行业的国内资本投入; l 为每年分行业的劳动投入量; y 表示每年工业分行业总产值; fdi 表示每年分行业流入的外商直接投资; ex 表示每年分行业出口额; $transfer$ 表示每年分行业劳动力转移规模。

方程(3-20)中的 $e_{i,t}$ 为每年分行业出口污染密集度;其他指标同上。

最后,计量方程右边的 ϕ_i 和 δ_t 分别表示行业固定效应和时期固定效应，$\varepsilon_{i,t}$ 为误差项。

从上文的理论分析可知，当资本积累增加的时候，会导致污染排放的增加；劳动力增加的结构效应为负，规模效应不确定，因此，劳动力要素禀赋增加对碳排放的影响不能预先确定。外商直接投资的引进，带来资本的同时，还会带来先进的技术水平和管理理念，该值越大越有利于减少污染的排放。

二、数据来源

为了和 OECD 的统计口径一致，本书参照李小平、卢现祥方法，对中国工业行业进行了合并，共整理成了 20 个工业行业[①]。它们分别是：采矿业（包括煤炭采选业、石油和天然气开采业、黑色金属矿采选业、有色金属矿采选业）；食品生产、饮料和烟草业（包括农副食品加工业、食品制造业、饮料制造业和烟草制造业）；纺织业；造纸及纸制品；石油加工、炼焦及核燃料加工业；化学工业（包括化学原料及化学制品制造业、化学纤维制造业）；非金属矿物制品业；金属冶炼业（黑色金属冶炼及压延加工业、有色金属冶炼及压延加工业）；金属制品业；机械设备业（包括通用设备制造业和专用设备制造业）；仪器仪表及通讯（仪表仪器及文化、办公用品制造业、通信设备、计算机及其他电子设备制造业）；电气机械及器材制造业；交通运输设备制造业。

在劳动力转移的测算上，"劳动力转移"是指那些"现居住地不是户籍所在地"的人口，即"人户分离"的人口。本书中的人口主要是就劳动人口而言的，考察人口流动更多是从其经济效应入手。

陆学艺（2004）对劳动力转移的测算方法是：劳动力转移人数＝（城镇从业人员数－城镇职工人数）＋（乡村从业人员数－农业就业人数）。显然他将农村转移劳动力去向分解为城镇工业和农村非农产业两个部分，但一个典型化的事实是，乡村经济可能有助于吸纳部分农村剩余劳动力，但是其经济效应有限，与开放型经济发展关联不大，且收缩迹象明显。所以，本书研究中的劳动力转移仅考虑城镇转移一种形式。

---

① 本书在具体的数据处理过程中，由于医药制造业，木材加工业，橡胶、塑料制品业，电力、燃气的生产供应业，其他制造业，部分指标数据的缺失，因此本书并未将这些行业纳入分析。黑色金属冶炼及压延加工业和有色金属冶炼及压延加工业合并为金属冶炼业；仪器仪表及文化、办公用品制造业和通信设备、电子计算机及其他电子设备制造业合并为仪器仪表及通讯业共13个行业进行分析。

在数据的采集上，由于数据的可获得性，本书使用年度数据，样本期为2001—2008年，数据来源于《中国统计年鉴》。

分行业劳动力转移的数据，根据各行业从业人员增加值占全国从业人员增加值的比重，再乘以全国劳动力转移计算获得。

本书工业产值的数据选取工业总产值指标，主要基于以下考虑：

一是二氧化碳排放量的产生是在工业生产过程中所产生的，因此工业总产值可以更好地衡量某行业生产过程中的碳排放；

二是由于2004年和2008年工业增加值数据并未进行统计，本书试图按照"工业增加值＝工业总产值－工业中间投入＋本期应交增值税"对2004年和2008年的工业增加值进行计算，但是计算出来的某些行业数值与统计数据存在一定差异；

三是本书采取价格指数对各年的工业总产值进行处理，本书采用2000年不变价格的工业总产值进行回归分析。

各行业出口额数据根据中经网按H—S分类出口额的统计数据整理获得；其他数据来自历年《中国工业经济统计年鉴》。

由于2005年《中国工业统计年鉴》的缺失，2004年的数据来源于2004年《中国经济普查年鉴》，本书对2004年的数据进行如下处理：一是在《中国经济普查年鉴》中只有固定资产原价数据。因此，本书采取折旧法，在2004年固定资产原价的基础上，折算后获得固定资产净值的数据。二是从业人员数统计的是年平均从业人员数据，与其他年份的统计数据存在较大的差异，本书采取插值法，重新计算2004年的从业人员数据。

第三节 实证分析

为了分析工业制造业不同行业的要素禀赋增加对环境影响的差异性，本书首先按照资本劳动比的大小，将工业行业分为劳动密集型和资本密集型；其次，分别对工业行业、劳动密集型行业和资本密集型行业开放型经济发展的环境结构效应进行分析。

根据工业行业的资本劳动比的大小（见表3-1），将所分析的13个工业行业分为两类。一类是资本密集型行业：采矿业；造纸及纸制品；石油加工、炼焦及核燃料加工业；化学工业；金属冶炼业；交通运输设备制造业。另一类为劳动密集型行业：食品生产、饮料和烟草业；纺织业；非金属矿物制品业；金属制品业；机械设备业；仪器仪表及通讯；电气机械及器材制造业。

表3-1 各行业资本劳动比

	类型	2001	2002	2003	2004	2005	2006	2007	2008
采矿业	资本	12.06	12.01	12.91	13.48	13.99	16.40	19.58	22.15
食品生产、饮料和烟草业	劳动	15.61	9.86	10.24	10.92	11.06	11.85	12.74	13.80
纺织业	劳动	7.95	5.35	5.91	6.17	6.38	6.88	7.57	8.35
造纸及纸制品	资本	19.33	11.32	12.80	14.52	16.60	17.54	19.18	20.41
石油加工及炼焦业	资本	38.54	38.79	35.65	33.16	37.44	42.66	45.48	47.97
化学工业	资本	17.83	14.27	15.22	16.77	18.39	21.27	22.74	22.12
非金属矿物制品业	劳动	12.59	7.43	8.15	11.44	10.43	11.61	12.60	14.48
金属冶炼	资本	18.83	56.30	18.12	20.31	23.06	27.73	31.37	35.67
金属制品业	劳动	10.15	5.33	5.52	5.92	6.01	6.40	7.13	8.24
机械设备业	劳动	6.88	5.67	6.06	8.26	6.94	7.68	8.44	10.07
交通运输设备制造业	资本	10.90	9.14	9.64	11.58	11.87	13.07	14.41	16.19
电气机械及器材制造业	劳动	10.77	6.51	6.39	7.35	6.50	6.82	7.25	8.26
仪器仪表及通讯	劳动	11.94	9.17	9.13	9.18	9.43	9.52	9.85	10.14

根据各行业的资本劳动比，比较各行业的出口污染密集度，可以发现我国资本密集型产业的出口污染密集度均相对较高，其中出口污染密集度最高的是金属冶炼业，其次是石油加工和冶炼业；而劳动密集型产业的出口污染密集度要远低于资本密集型，并呈现不断下降的趋势。

一、描述性统计

表3-2给出了各主要变量的统计性描述。从表3-2的数据可以看出，劳动密集型行业和资本密集型行业的出口碳排放强度相差较大，劳动密集型行业出口碳排放强度的均值为97.6554吨CO_2/万元，而资本密集型行业的平均值为560.866吨CO_2/万元；其次，数据表明相对于劳动密集型行业，资本密集型行业具有较高的碳排放规模、资本规模。最后，劳动密集型产业的产值规模、外资引进规模、劳动力规模、出口规模和劳动力转移规模均大于资本密集型行业。这说明我国在参与国际分工中，大量的劳动力转移形成的劳动力禀赋优势，是促进我国劳动力

密集型产业发展的原因；同时，出口贸易和环境保护是并行不悖的。

表 3-2 主要变量的统计性描述

变量	劳动密集型行业				资本密集型行业			
	均值	标准差	最大值	最小值	均值	标准差	最大值	最小值
z	10.8175	12.06	9.56	0.67503	11.0696	13.22	8.89	0.9976
y	9.44768	10.8	7.96	0.70010	9.36188	11.09	7.5	0.8315
e	97.6554	389.4	10.26	118.248	560.866	3082.07	89.23	738.36
k	8.09679	9.03	6.81	0.56016	8.46313	9.79	7.07	0.6877
fdi	6.87214	8.61	5.85	0.64329	5.94063	7.77	4.31	1.0654
l	5.96125	6.69	4.49	0.45909	5.48792	6.59	4.02	0.7924
ex	6.89250	8.72	4.44	1.10025	5.32646	7.57	3.11	1.1042
$transfer$	7.23875	9.1	9.1	1.78960	5.80042	8.55	8.55	3.0389

二、回归结果分析

与时间序列模型相似，若面板数据中存在单位根，则其可能是一个随机游走序列，各类统计检验都将失效，只有在面板数据平稳或者具有协整关系时，模型的回归结果才是有效的，本书首先对变量进行单位根检验，利用 Eviews 6.0 对（5）式和（6）式进行参数估计，选择可行广义最小二乘方法（Effective Generalized Least Square，EGLS），按照截面进行加权（Cross-Section Weights），模型形式的设定依据 F 检验确定，得到的结果如表 3-3 和表 3-4 所示。

（一）以工业能源消耗规模为因变量的回归结果

首先对以工业各行业能源消耗规模为因变量的方程进行回归分析。分析过程中，考虑到开放型经济发展对能源消耗总量的影响，本书在传统的 $C—D$ 函数的基础上，逐个引进其他解释变量。表 3-3 给出了引进不同变量的回归分析结果。从方程的回归结果看出，随着变量的不断增加，方程的拟合优度不断提高，且绝大部分变量都通过了 t 检验，$D—W$ 也排除了自相关的假设，说明方程拟合的较好。首先，从模型的回归结果来看，前期的 CO_2 排放规模和当期的 CO_2 排放规模正相关，这说明工业 CO_2 排放规模是一个连续、累积的动态调整过程。其次，工业制造业的回归结果表明，与上文的理论分析相一致，行业规模和资本投入与工业能耗总量呈正相关关系，且行业规模每上升一个百分比，CO_2

排放量增加 0.93 个百分比；资本投入每上升一个百分比，工业能耗增加 0.45 个百分比。同时，出口规模的不断扩大也进一步增加了 CO_2 排放规模，但是出口并不是 CO_2 排放规模扩大的主要原因，其影响相对较小。再次，劳动投入与工业能耗总量呈负相关的关系，劳动投入每上升一个单位，引起工业 CO_2 排放总量减少 0.32 个单位。说明劳动投入的增加符合雷布津斯基定理，促进了清洁型产业的发展，降低了环境污染。最后，在保持资本和劳动投入等变量的情况下，纳入开放型经济指标 FDI 和劳动力转移变量，回归结果显示，FDI 在 1% 的置信水平下对工业能耗总量有显著负面作用。这说明外资的大量进入，带来了先进的技术和管理理念，在促进经济增长的同时，有利于促进我国的环境保护。而劳动力转移指标的统计性检验并不显著，说明劳动力转移导致的经济增长与资本积累增加所造成的环境影响存在较大的差异，劳动力转移推动经济发展的同时，并没有加剧环境的破坏。

表 3-3 以工业能源消耗规模为因变量的回归结果

解释变量	工业制造业		劳动密集型行业		资本密集型行业	
	混合效应	混合效应	固定效应	固定效应	混合效应	混合效应
Lnz_{it-1}	0.07*** (2.85)	0.06** (2.24)	0.01 (0.68)	0.01 (0.70)	0.02 (1.39)	0.02*** (1.55)
Lny	0.93*** (8.41)	1.06*** (6.21)	0.86*** (21.94)	0.86*** (19.42)	1.03** (11.05)	1.13*** (12.52)
Lnk	0.45*** (5.20)	0.39*** (2.86)	0.15*** (2.44)	0.14** (2.12)	0.68*** (6.55)	0.34*** (2.95)
Lnl	−0.32*** (−4.83)	−0.32*** (−2.98)	0.05** (1.70)	0.05** (1.63)	−0.35*** (−4.99)	−0.29*** (−4.18)
$Lnex$	0.05* (1.26)	0.03 (1.43)	0.07*** (3.26)	0.07*** (3.14)	−0.10** (−2.37)	−0.05* (−1.35)
$Lnfdi$	—	−0.15*** (−2.76)	—	0.02 (0.39)	—	−0.11** (−3.62)
$Lntransfer$	—	0.04 (0.71)	—	−0.01 (−0.05)	—	−0.01 (−0.61)
R^2	0.85	0.86	0.99	0.99	0.97	0.98
$D-W$	0.17	0.15	1.37	1.42	0.44	0.46
样本	106	106	56	56	48	48

注：括号内是各个变量 t 检验值；*表示在 10% 的置信水平下显著；**表示在 5% 的置信水平下显著；***表示在 1% 的置信水平下显著。

分行业的回归结果表明,在劳动密集型行业中,行业规模、资本投入、劳动力规模和出口规模等变量,与工业行业 CO_2 排放规模的扩大正相关。其中,行业规模的影响最大。引入 FDI 和劳动力转移变量后,FDI 的引进扩大了劳动密集型行业的 CO_2 排放规模。可能的原因是,一方面,FDI 的引进主要集中在劳动密集型行业(上文描述性统计也显示劳动密集型行业的 FDI 规模大于资本密集型行业的规模)。另一方面,外资的进入为了充分利用了我国廉价的劳动力资源,将大量的制造业转移到我国,使我国成为"世界工厂",扩大了我国劳动密集型行业的生产规模,对环境污染产生了规模效应。同样,劳动力转移变量的统计结果并不显著。在资本密集型行业中,行业规模、资本投入与资本密集型行业的 CO_2 排放规模正相关。随着资本投入的增加,推动了资本密集型行业的发展,加剧了对环境的破坏。值得注意的是,在生产过程中劳动力的投入与 CO_2 排放规模负相关,这说明生产过程中劳动力的使用有利于环境保护。引入 FDI 变量后,资本密集型行业的 FDI 与工业 CO_2 排放规模负相关,说明外资的引进带来了先进的技术水平,有利于资本密集型行业的节能减排。

(二)以出口污染密集度为因变量的回归结果

上文分析表明,资本、劳动、FDI、出口规模等变量对工业能耗规模具有显著的相关性。但是工业能耗规模的提高,不能简单地得出开放型经济的发展对环境保护具有破坏作用,需要从出口污染密集度角度继续进行深入分析。本书接着以出口污染密集度为因变量,分析我国资本积累、劳动力转移驱动的开放型经济发展对出口污染密集度的影响。

表 3-4 列出了以出口污染密集度为因变量的回归结果,与上文回归分析的步骤相似,也是逐个引入不同的变量,检验方程的拟合情况。与表 3 的分析结论相一致,前期的出口污染密集度和当期的出口污染密集度正相关,这说明出口污染密集度也是一个连续、累积的调整过程。表 4 的分析结果表明,首先,所有行业的资本投入的增加对出口污染密集度的上升都是正相关,这说明资本投入对出口污染密集度的影响是负面的。资本投入每增加一个百分比,出口污染密集度提高一个百分点以上。这说明资本投入的增加是出口污染密集度提高的主要原因。其次,生产过程中劳动力规模的增加有利于出口污染密集度的下降,这说明我国的开放型经济发展符合雷布津斯基定理的推论,即劳动力的增加将导致洁净产业的产出增加,从而降低排放规模,有利于节能减排。最后,

劳动力转移对出口污染密集度的影响同样不显著，这说明劳动力转移并未加剧我国的环境污染。

表 3-4 以出口污染密集度为因变量的回归结果

解释变量	全体样本		劳动密集型行业		资本密集型行业	
	随机效应	随机效应	混合效应	混合效应	混合效应	混合效应
e_{it-1}	0.17*** (7.14)	0.17** (7.04)	0.44*** (4.71)	0.32*** (4.09)	0.40*** (4.81)	0.35*** (4.38)
Lny	−0.39*** (−3.85)	−0.46*** (−4.42)	0.22 (0.82)	−1.75*** (−4.03)	−0.29 (−1.15)	0.01 (0.05)
Lnk	1.34*** (8.60)	1.49*** (9.49)	1.29*** (2.81)	1.85** (4.78)	1.21*** (2.95)	1.04** (2.55)
Lnl	−0.80*** (−7.84)	−0.86*** (−8.26)	−1.73*** (−3.31)	−1.64** (−3.87)	−0.75*** (−3.09)	−0.66** (−2.67)
$Lnfdi$	—	−0.51*** (−6.13)	—	2.10*** (5.33)	—	−0.29** (−2.74)
$Lntransfer$		−0.01 (−0.32)		−0.06 (−1.09)		0.03 (0.89)
R^2	0.41	0.44	0.54	0.71	0.63	0.69
$D-W$	0.59	0.65	0.56	0.74	0.51	0.48
样本	106	106	56	56	48	48

注：括号内是各个变量 t 检验值；*表示在10%的置信水平下显著；**表示在5%的置信水平下显著；***表示在1%的置信水平下显著。

虽然以出口污染密集度为因变量的模型中，所有变量的回归结果大体相同；但是不同的行业仍然存在一定差异。一方面，在工业行业和劳动密集型行业，行业规模的扩大有利于降低出口污染密集度，而资本密集型行业的行业规模与出口污染密集度的关系并不显著。这说明我国工业制造业中劳动密集型行业的占比较高；同时，随着我国对环境保护越来越重视，出口商品中的碳含量呈现不断下降的趋势。另一方面，外资的引进对不同行业的影响差异较大。在劳动密集型行业中，未引入FDI和劳动力转移变量时，行业规模对出口污染密集度的影响并不显著；当引入FDI和劳动力转移变量后，行业规模、FDI与出口污染密集度正相关，这进一步说明外资的引进对我国劳动密集型产业的影响，规模效应较显著。而在资本密集型行业中，外资的进入降低了其出口污染密集度，说明外资的引进有利于提高资本密集型行业的生产技术水平，其技术效应更加显著。

第四节 主要结论和政策启示

本书采用理论和实证相结合的分析方法,研究了资本积累和劳动力转移推动的开放型经济发展对我国环境的影响,并在此基础上分析了国际贸易等因素对我国工业行业 CO_2 排放量的影响,我们得出了几个主要结论。第一,资本投入的不断增加是我国碳排放规模上升的主要原因。绝大多数污染密集型产业同时也是资本密集型产业,因此,无论是以工业行业 CO_2 排放规模为因变量,还是以出口污染密集度为因变量,资本投入的增加都不利于环境保护。因此,我国在加大资本投入的同时,需要制定行之有效的环境保护政策。第二,我国劳动力的增加并没有导致污染排放规模的扩大。环境结构效应的方向最终取决于本国的比较优势,由于我国在劳动力资源方面具有比较优势,劳动力转移在促进劳动密集型产业的扩张的同时,扩大了我国的出口规模,但并没有造成我国 CO_2 排放规模的扩大。第三,外资的引进,对不同行业的影响存在较大的差异。外资的大量引进促进了劳动力密集型行业规模的扩大,在劳动力密集型行业的规模效应较显著;而在资本密集型行业,外资的引进带来了先进的技术水平,技术效应更加显著,有利于资本密集型行业的节能减排。第四,开放型经济发展与环境保护是并行不悖的。根据雷布津斯基定理,由于我国具备劳动力资源的比较优势,有利于促进我国清洁型产业的发展,产品结构的变化将导致污染排放的下降。

总的来看,虽然资本积累和劳动力增加,推动了我国开放型经济的发展;但是我国开放型经济发展并不是导致环境污染的主要原因,也不需要为了减少二氧化碳的排放而去限制国际贸易等国际经济活动。一方面,我国在促进产业结构升级的过程中,仍然要利用我国劳动力的比较优势,参与国际分工。将开放型经济发展模式转型与环境保护相结合,积极参与国际经济活动,提高贸易开放度,促进开放型经济模式转型,通过引进环保型的外资,有意识地引导外资流向高新技术产业和服务业。另一方面,可以借助江苏省等发达地区的经验,为了在全球经济交往中实现全球温室气体减排的目标,在加大引进外资,提高出口产品技术结构的同时,需要实现从"中国制造"向"中国创造"的转变;从承接"生产外包"向承接"服务外包"的转变;提高我国出口产品的国际竞争优势,鼓励外资企业到我国发展高端产业。最后,由于资本投入的增加是我国碳排放规模不断扩大的主要原因。因此，我国在增加资本投入的过程中，需要引导资本投入到低消耗、低污染、高效率的生产部门；在招商引资的过程中，实现由"招商引资"向"招商选资"转变，引进发达国家和地区的清洁技术水平，通过引进环保型的外资，有意识地引导外资流向高新技术产业和服务业。同时，需要与其他国家联手协作，制定更加严格的环保法律法规等规制措施，构建一个更公平、合理的国际经济环境；国内需要制定系统、全面的地区性的资源节约与环境保护管理体系，促进企业提高环保技术水平。

第四章

我国碳排放轨迹呈现库兹涅茨倒 U 型吗？

20 世纪 90 年代，许多发展中地区的实际收入水平出现了高速增长，失业率也达到了历史最低点；但与此同时，人类在处理气候变化、资源保护方面却没有取得任何进展，世界大部分地区的环境污染、能源消耗和二氧化碳排放问题变得日益严重，同时，世界收入分布的不平等也日益加剧。环境学家提出，经济增长促进了实际收入水平的增长，但这种经济增长并无实质意义，因为它最终会导致环境质量持续下降。但是，经济增长与环境污染之间的关系并非想象中那么简单。如果人们对环境质量的要求随着实际收入的增加而提高了，那么，随着一国人均收入水平的不断提高，环境污染政策将会变得更加严厉。因此，经济发展与环境保护之间的关系确实有些令人感到扑朔迷离。在那篇广为人们所引用的关于北美自由贸易区得失的论文中，Grossman and Krueger (1993) 提出了环境与实际收入水平之间的"环境库兹涅茨曲线"（Environment Kuznets Curve，EKC）。本书通过收集全球 140 个国家的人均国民收入和 CO_2 排放数据，利用非参数拟合的方法，得到人均收入和碳排放强度的"EKC 曲线"（见图 4-1）。图 4-1 中横轴代表全球不同国家的人均收入水平（单位千美元），纵轴代表全球不同国家的碳排放强度（单位 GDP 能耗）。从图 4-1 可以看出，图形呈现比较明显的倒 U 型。世界发达国家在工业化过程中碳排放轨迹排放强度、人均收入水平呈现"贫困清洁—发展污染—发达清洁"这样一个倒 U 型的形状。

正因为经济发展与环境之间这种复杂的关系，随着环境问题受到越来越多国家的重视，在《京都议定书》、"巴厘岛路线图"和《哥本哈根协议》后，低碳经济已经成为国民经济发展的重要理念和目标，低碳与减排成为各国经济发展必须面对的重要外部约束，也是各国参与国际分工战略调整的外部强制力量。在此背景下，各国政府已开始制定和落实发展低碳经济的相关政策。目前，我国总体上处于工业化中期、市场化攻坚期、国际化的深水期、城市化的加速期，导致碳排放规模不断增

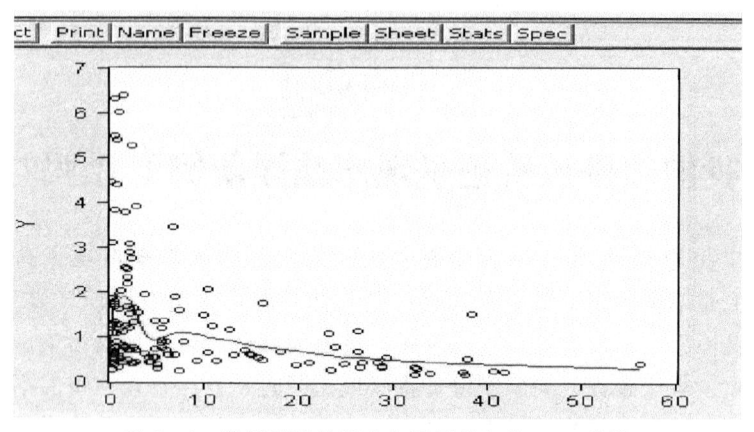

图 4-1　世界碳排放强度与国民收入的 EKC 曲线
资料来源：根据 IEA（2010）研究报告整理获得

加，碳排放规模已位居世界首位。面对低碳经济的外部约束，以劳动力、资金的大量投入为特征，以资源的占用、环境的破坏为代价，传统的粗放式参与国际分工的战略已经不可持续，基于全球气候变化、可持续发展、生态环境保护、转变经济发展方式等外部发展环境的变化，已成为我国面临的一个重要课题。在我国深化改革开放、加快转变经济发展方式的攻坚时期，面对日趋强化的资源环境约束，必须增强危机意识，树立绿色、低碳发展理念，以节能减排为重点，健全激励和约束机制，加快构建资源节约、环境友好的生产方式和消费模式，增强可持续发展能力。

　　为了更深入地分析我国、各区域环境库兹涅茨曲线的存在性，分析我国不同省市的人均国民收入与环境污染之间的实证关系，促进我国国民经济又快又好的发展。本书收集了我国 2008 年不同省（直辖市、自治区）的碳排放强度和实际人均收入水平的横截面数据，以人均 GDP 为横轴，以碳排放强度为纵轴进行分析（见图 4-2）。从图 4-2 可以看出，由于我国各省（直辖市、自治区）的经济发展状况存在较大的差异，各地区的碳排放强度也参差不齐，我国不同区域的碳排放强度与人均收入水平呈现倒 U 型。

　　由于我国不同区域的碳排放强度和人均收入水平呈倒 U 型关系。因此，对我国不同区域的碳排放进行测算，研究不同区域的碳排放 EKC 曲线是否存在，为我国实现 2020 年的碳减排目标，提供理论指导政策支持十分必要和紧迫。本书在 Copeland 和 Taylor（2009）模型的

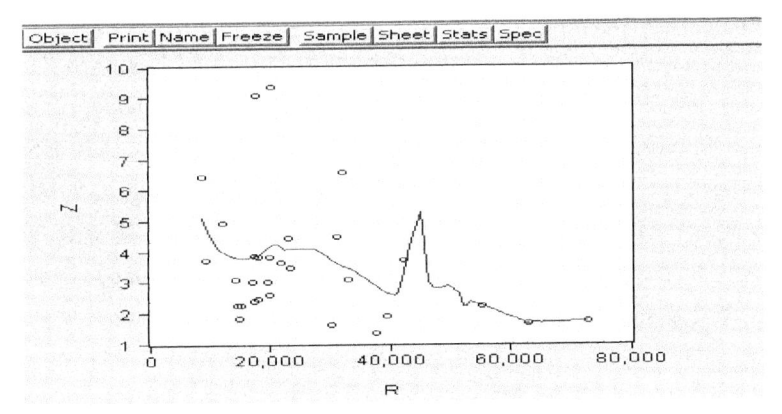

图 4-2　中国各省（自治区、直辖市）碳排放 EKC 曲线（2008）

基础上，建立了碳排放库兹涅茨曲线的理论模型，利用《IPCC 国家温室气体清单指南》中所提供的基准方法，测算了全国 31 个省、直辖市和自治区的碳排放量，选用 1997—2008 年的面板数据，采用可行广义最小二乘方法，试图回答两个问题：（1）不同区域的碳排放是否存在较大的差异？我国、东部、中部和西部的碳排放库兹涅茨曲线存在吗？（2）不同区域是否达到了碳排放的拐点阶段？达到拐点时的实际人均收入水平所需要的时间。本书接下来的结构安排如下：第二部分回顾了国内外环境库兹涅茨曲线的研究现状；第三部分构建理论模型和实证模型，分析实际人均收入水平和二氧化碳排放强度的关系；第四部分实证分析我国、不同区域的环境库兹涅茨曲线的存在性，并测算了拐点实际收入水平和实现的时间路径；第五部分是根据上文的分析得出研究结论，提出政策建议。

第一节　文献综述

环境问题的重要性引起了国内外大量学者的关注，对环境污染与经济增长之间关系的讨论多采用环境库兹涅茨曲线，这也是分析二氧化碳排放与经济增长关系的主要方法。Grossman 和 Krueger（1993）对北美自由贸易区得失的论文中，提出随着实际收入水平的上升，空气质量首先出现恶化。但是，一旦年人均国民收入超过 5000 美元，空气质量就开始改善。环境与实际收入水平之间这种关系被称作为"环境库兹涅茨曲线"（Environment Kuznets Curve，EKC）。Grossman 和 Krueger

（1993）的研究成果引发了大量的并且持续不衰的关于国民收入与环境污染之间实证关系的研究。早期的研究包括 Hilton 和 Levinson（1998）获得了一些关于 EKC 的极具说服力的证据。Marzio Galeotti et. al.（2006）对 EKC 进行了稳健性检验，发现 OECD 国家也存在 EKC 曲线。Cole（1997）利用全球的数据估计拐点处所对应的人均收入为 25100 美元；Holtz-Eakin 和 Selden（1995）计算的拐点处所对应的人均收入为 35428—80000 美元之间。Galeotti 和 Lanza（2006）研究发现人均二氧化碳排放与人均收入呈倒 U 型，得出的拐点处所对应的人均收入为 13260 美元。而另外一些学者通过研究却得出了相反的结论。Harbaugh，Levinson 和 Wilson（2002）利用新的数据和其他函数形式对 Grossman and Krueger（1993）原始结论的敏感性进行了验证，但得出的结论具有较大的差异。Moomaw 和 Unruh（1997）、Friedl 和 Getzner（2003）、Martinez-Zarzoso 等（2004）却发现两者呈 N 型。Lantz 和 Feng（2006）发现人均 GDP 和二氧化碳排放量不相关。Martin Wagner（2008）、He 和 Richard（2009）等研究得出人均二氧化碳排放与人均收入呈单调递增的关系，并且不存在拐点。此外还有很多学者从不同角度解释了环境 EKC 曲线的存在性。比如 John 和 Pecchenino（1994）、Stokey（1998）从污染治理而形成的门槛效应角度解释了环境 EKC 曲线的存在性，并提出了"污染治理门槛模型"。Andreoni 和 Levinson（2001）从污染治理生产技术的规模收益递增的角度，解释其实证研究所发现的 EKC 现象。

国内学者也对 EKC 进行了有意义的探究。陆虹（2000）建立了人均二氧化碳和人均 GDP 之间的状态空间模型，发现二者不是简单呈现为倒 U 型关系。付加锋、高庆先、师华定（2008）基于生产和消费视角，认为无论是从生产视角还是从消费视角，单位 GDP 的 CO_2 排放量都具有显著的倒"U"形状。韩玉军、陆旸（2007）对不同国家分组后的研究表明，不同组别国家的二氧化碳库兹涅茨曲线差异很大，分别呈现倒 U、线性等关系。蔡昉等（2008）通过拟合 EKC、估计排放水平从升到降的拐点，考察了中国经济内在的节能减排要求。刘扬、陈劭锋（2009）基于 IPAT 方程，发现存在碳排放强度、人均碳排放和碳排放总量三个倒 U 型曲线。林伯强、蒋竺均（2009）利用传统的环境库兹涅茨模型模拟与在二氧化碳排放预测的基础上预测两种方法，对中国的二氧化碳库兹涅茨曲线做了对比研究和预测。许广月、宋德勇（2010）

选用 1990—2007 年中国省域人均碳排放量和实际收入水平的面板数据，提出中国及其东部地区和中部地区存在人均碳排放环境库兹涅茨曲线，但是西部地区不存在该曲线。

国内现有的关于二氧化碳排放量和人均收入水平的 EKC 曲线，多是采用人均二氧化碳排放量，而采用人均二氧化碳排放量并不能说明一个地区的环境污染或者环境治理水平，国际上关于这方面的研究多是采用二氧化碳排放强度这个指标，采取碳排放强度这一指标可以更好地分析各省市经济发展的能源消耗。因此本书在现有研究的基础上，采用碳排放强度指标，试图分析中国的碳排放强度和实际人均收入呈现什么样的关系？从不同区域来看，是否存在经济发展与碳排放强度的倒 U 型呢？最后对计算结果进行分析，判断中国处于什么阶段，碳排放强度下降还需要多长时间？

第二节　环境库兹涅茨曲线的理论分析与实证数据采集

正如前文所述，经济的发展促进了人们实际收入水平的提高，如果人们对环境质量的要求随着实际收入的增加而提高，那么实际收入水平的增长可能是有利于环境改善的。随着实际收入水平的上升，空气质量首先出现恶化，一旦人均收入水平达到某个顶点，空气质量就会出现改善。那么隐藏在环境与人均国民收入背后导致 EKC 出现的内在根本原因是什么？关于环境与经济增长的理论联系，Copeland 和 Taylor（2009）的研究提出了四种理论解释。一是"经济增长的源动力"是 EKC 出现的原因。经济增长的源动力包括人力资源的增加和有形资本积累的增加。他们提出即使环境污染政策缺乏灵活性，不会因为实际收入水平的变化而出现变化，仅仅是经济发展过程中推动经济增长的源动力发生了改变，也可能导致 EKC 出现。二是环境污染政策能够强有力地响应国民收入的变化。如果环境污染政策有效而且能够及时响应，那么边际损害的收入弹性就是决定经济增长对环境影响程度的关键性因素。如果边际损害的收入弹性随着收入的上升而上升，那么环境污染程度可能在开始阶段出现上升，并随着中性增长的进行而出现下降，导致 EKC 出现。三是"门槛论"。Stokey（1998）等提出在低收入水平条件下，环境污染政策对收入的响应受到了限制，环境污染在开始阶段随着经济的增长而恶化，因为此时环境污染政策尚未形成或者从污染治理中所获得边际收益太低。一旦收入水平超过"门槛"水平，环境政策对收入的响应变得强有力，促进了环境污染水平的下降。四是 Andreoni 和 Levinson（2001）提出污染治理规模收益递增导致的 EKC。由于生产规模的增加本身创造了技术效应，即使环境污染税始终维持恒定不变，规模收益递增也意味着产出规模与生产技术的洁净性之间存在某种相关关系。为了更好地解释和说明环境库兹涅茨曲线，本书在 Copeland 和 Taylor（2009）构建的模型基础上，构建了环境库兹涅茨曲线的理论模型。

一、理论模型

为了简化起见，且消除结构性效应的影响，本书采用一种商品的模型，假设经济体系完全专业化生产污染型产品 X。假设产业 X 在生产过程中同时产出两种产品，产品 X 和污染排放物 Z。但是，污染排放是可以治理的。因此，污染排放强度是可选择的变量。产品 X 与污染排放物 Z 的联生产技术函数为：

$$X = (1-\theta)F(K, L) \quad (4-1)$$

$$Z = \varphi(\theta)F(K, L) \quad (4-2)$$

其中，$0 \leqslant \theta \leqslant 1$，$\theta$ 表示生产投入要素 θ 比率的部分投入污染治理，$\theta = 0$，说明不存在污染治理；θ 越高，污染排放越少；F 是递增且线性同次的凹函数；$\varphi(\theta)$ 为污染治理函数：

$$\varphi(\theta) = (1-\theta)^{1/\alpha} \quad (4-3)$$

其中，$0 < \alpha < 1$，$\varphi(0) = 1$，$\varphi(1) = 0$，且 $d\phi/d\varphi < 0$。利用（1）、（2）和（3）式，我们可以得到：

$$X = Z^\alpha [F(K, L)]^{1-\alpha} \quad (4-4)$$

由于 $\theta \geqslant 0$，必有 $Z \leqslant F$，因此，上式成立。进一步假设效用函数（V）消费部分的子效用函数为标准的绝对风险厌恶效用函数，与 V 对应的间接效用函数为：

$$V(P, I, Z) = C_1 - C_2 e^{-R/\delta} - \gamma Z \quad (4-5)$$

其中，$\delta > 0$，$R = I/\beta(P)$ 表示实际收入水平，I 表示人均国民收入，β 表示价格指数，P 为污染产品的国内市场价格。为了简化，假设污染排放的边际负效用恒定不变。通过上文的分析，国民收入函数可以表示为：

$$I = P\lambda Z^\alpha F(K, L)^{1-\alpha} \quad (4-6)$$

其中，λ为转换系数，则污染排放边际产品的值就是逆污染排放需求函数，其表达式如下：
$$\tau^D = \partial I/\partial Z = \alpha P \lambda Z^{\alpha-1} F(K, L)^{1-\alpha} = \alpha I/Z \quad (4-7)$$

由（4-7）式可以看出污染排放需求曲线是一条向下的斜线，并且随着收入的上升而向外移动。通过效用函数，可以得到污染排放供给曲线：
$$\tau^S = -V_Z/V_I = \frac{\gamma \beta(P) \delta}{C_2} e^{R/\delta} \quad (4-8)$$

由于前文假设污染排放的边际负效用恒定不变，在任意给定的实际收入水平 R 下，污染供给曲线是一条扁平线。但是随着 Z 的上升，I 和 R 将随之上升。联立（4-7）和（4-8）式，可以得到污染排放水平和收入水平之间的基本关系式：
$$Z = \frac{\alpha C_2}{\gamma \delta} R e^{-R/\delta} \quad (4-9)$$

至此，得到的（4-9）式就是简单的环境库兹涅茨曲线的闭析解。环境库兹涅茨曲线的斜率可以表示为：
$$\frac{dZ}{dR} = \frac{Z(\delta - R)}{R\delta} \quad (4-10)$$

当收入水平较低（$R<\delta$），曲线向上倾斜且斜率为正；当收入水平较高（$R>\delta$），曲线向下倾斜且斜率为负，曲线在 $R=\delta$ 时达到顶点。

理论分析表明，随着经济的增长，在收入水平较低的阶段，污染排放首先是随着人均收入水平的上升而上升，因为满足人们物质需要的重要性要远远超过环境保护的重要性。但是随着收入的上升，人们对环境质量等的需求不断声声，愿意牺牲更多的消费来进行环境保护。

二、实证模型

在上文分析的基础上，本书参考国内外学者研究环境库兹涅茨曲线的实证模型，考虑到计量分析的可行性和数据的可获得性，设定碳排放环境库兹涅茨曲线的对数线性模型为：
$$LnZ_{it} = \alpha + \beta_1 LnR_{it} + \beta_2 (LnR_{it})^2 + \phi_i + \delta_t + \varepsilon_{i,t} \quad (4-11)$$

其中，下标 i 表示地区，t 表示年份。方程式（4-11）中 $Z_{i,t}$ 表示单位 GDP 的 CO_2 排放量，R 表示每年各省（自治区、直辖市）的人均国民收入；β_1 和 β_2 分别表示 LnR_{it} 和 $(LnR_{it})^2$ 的系数；计量方程右边的 ϕ_i 和 δ_t 分别表示地区固定效应和时期固定效应，$\varepsilon_{i,t}$ 为误差项。当 β_1

$=0$，$\beta_2 \neq 0$ 时，Z 与 R 呈线性关系；当 $\beta_1 > 0$，$\beta_2 < 0$ 时，Z 与 R 呈倒"U"型曲线关系；当 $\beta_1 < 0$，$\beta_2 > 0$ 时，Z 与 R 呈正"U"型曲线关系；当 $\beta_1 = 0$，$\beta_2 = 0$ 时，表示环境污染不受经济水平的影响，即 Z 与 R 两者之间没有关系。

三、数据来源

根据国家统计局的分类方法，将中国划分为东部、中部和西部地区[①]。由于西藏相关数据的缺失，本书的样本数据中也就不包括西藏地区。考虑到重庆区划是从1997年开始，所以本书的样本期间取1997—2008年，书中所有的基础数据来源于1995—2009年的《中国统计年鉴》、《新中国五十五年统计资料汇编》和1995—2008年的《中国能源统计年鉴》。为了更好地分析我国人均国民收入与碳排放强度之间的EKC曲线是否存在？本书对人均收入变量进行了如下处理：一是采用了中国统计年鉴公布的名义人均收入水平；二是计算获得1978年不变价计算的实际人均收入水平；三是计算获得1990年不变价计算的实际人均收入水平。

由于国内目前尚未对碳排放量进行统计，必须对我国的碳排放量进行估算。现有的关于二氧化碳排放量的计算方法主要有以下几种：（1）李小平、卢现祥（2010）从产出的角度，用工业或农业的增加值乘以单位产值的二氧化碳完全排放系数求得。（2）运用卡亚公式（Kaya Formula），碳排放量＝人口×人均GDP×单位GDP能耗×单位能耗碳排放量。（3）从化石燃料的消耗量角度出发，采用的是《IPCC国家温室气体清单指南》中能源部分所提供的基准方法，对二氧化碳排放量进行测算。这三种方法各有优劣，从产出的角度计算二氧化碳排放量，可以测算出不同行业二氧化碳排放量。但是由于国家并不是每年都提供投入产出表，所以计算出来的排放系数可能无法反映二氧化碳排放量的实际情况。运用卡亚公式对二氧化碳排放量的测算与《IPCC国家温室气体清单指南》中能源部分所提供的基准方法基本类似，这两种方法的计算相对比较简单。但是具体的数据比较难以获取。因此，本书比较了这三

[①] 其中，东部地区包括辽宁、河北、北京、天津、山东、江苏、上海、浙江、福建、广东、海南11个省（市），中部地区包括吉林、黑龙江、山西、安徽、江西、河南、湖南、湖北8个省（区），西部地区包括内蒙古、陕西、青海、宁夏、新疆、四川、重庆、甘肃、贵州、云南和广西11省（区）。

种不同的方法，《IPCC 国家温室气体清单指南》中能源部分所提供的基准方法相对更加合理、科学。

因此，根据国家能源统计年鉴提供的数据，为了合理、科学地分析全国和不同省（直辖市、自治区）的二氧化碳排放量，本书采用《IPCC 国家温室气体清单指南》中所提供的基准方法，从化石燃料的消耗量角度出发，对全国各省（自治区、直辖市）的二氧化碳排放总量进行测算。根据我国具体情况以及可搜集到的资料数据，本书运用全国各省（自治区、直辖市）的能源数据考察煤炭、焦炭、原油、汽油、柴油、天然气以及燃料油等 7 种主要燃料的 CO_2 排放量。通过搜集到的每种燃料年度消耗量，再乘以该能源的 CO_2 转换系数（见附录），最后加总得出全国各省（自治区、直辖市）年度二氧化碳排放量。此外，由于统计数据的缺失，我们对缺失数据的年份统一按照能源统计年鉴中该区域该年度能源消费量（实物量）计算。按照各类能源折算标准煤的系数，将标准煤折算为原煤，折算系数为：0.7143 公斤标煤/公斤，得出 CO_2 排放量，然后通过 CO_2 排放量与 GDP 之比得到碳排放强度。本书能源统计数据，来自历年的《能源统计年鉴》；人均收入水平是根据历年《中国统计年鉴》整理获得。

第三节 我国经济发展与碳排放关系的实证分析

与时间序列模型相似，若面板数据中存在单位根，则其可能是一个随机游走序列，各类统计检验都将失效，只有在面板数据平稳和具有协整关系时，模型的回归结果才是有效的。为此本节采用 Eviews 6.0 首先对面板数据进行单位根检验，然后采用最小二乘参数估计的方法进行分析。

一、单位根检验

面板数据的单位根检验方法与普通的单序列的单位根检验方法虽然很类似，但两者又不完全相同，根据滞后项参数的不同限制，面板数据的单位根检验方法划分为两类。一类是相同根情形下的单位根检验；另一类是不同根情形下的单位根检验。本书通过对面板数据进行单位根检验，得到检验结果表 4-1。

表 4-1 单位根检验结果

		LnZ_{it}	LnR_{it}	$(LnR_{it})^2$
全国	LLC 检验	−7.33872*** (0.0000)	−9.20312*** (0.0000)	−9.3768*** (0.0000)
	IPS 检验	−4.74398*** (0.0000)	−2.50760*** (0.0061)	−2.48901*** (0.0064)
东部	LLC 检验	−4.32246*** (0.0000)	−3.32180*** (0.0004)	−2.56080*** (0.0052)
	IPS 检验	−3.74838*** (0.0001)	−1.91771*** (0.0004)	−1.7922*** (0.0073)
中部	LLC 检验	−6.69216*** (0.0000)	−5.74292*** (0.0000)	−4.96897*** (0.0000)
	IPS 检验	−1.98179** (0.0238)	−2.16948** (0.0150)	−1.64126* (0.0504)
西部	LLC 检验	−3.56671*** (0.0002)	−7.61439*** (0.0000)	−7.64536*** (0.0000)
	IPS 检验	−1.71893** (0.0428)	−1.73306** (0.0415)	−1.89459** (0.0291)

注：括号内是各个变量 t 检验值；*表示在10%的置信水平下显著；**表示在5%的置信水平下显著；***表示在1%的置信水平下显著。

表 4-1 中 LLC 检验结果显示，全国、东部、中部和西部的 LnZ_{it} 序列在 1% 和 5% 的显著性水平下拒绝原假设，接受不存在单位根的假设。IPS 检验的结果也拒绝原假设，LnZ_{it} 序列不存在单位根，是平稳的时间序列。同理，LnR_{it} 和 $(LnR_{it})^2$ 序列 LLC 和 IPS 的检验结果在 1% 和 5% 的显著性水平下也均拒绝原假设，序列均不存在单位根，是平稳的时间序列。因此，表 4-1 的检验结果表明，各变量均不存在单位根，是平稳的时间序列，因此可进一步进行回归分析。

二、回归结果分析

利用 EViews 6.0 提供的面板数据回归模型对式（4-11）进行参数估计，选择可行广义最小二乘方法（Effective Generalized Least Square, EGLS），且按照截面进行加权（Cross-Section Weights），模型形式的设定依据 F 检验和 R^2 确定，得到的结果如表 4-2 所示。

表 4-2　回归结果

解释变量	模型Ⅰ 全国 （固定效应）	模型Ⅱ 东部 （固定效应）	模型Ⅲ 中部 （固定效应）	模型Ⅳ 西部 （固定效应）
LnR_{it}	2.428857** (2.894157)	10.31678*** (6.229941)	3.801657* (1.623772)	−2.588797 (−1.23571)
$(LnR_{it})^2$	−0.153245*** (−3.655038)	−0.620031*** (−6.733813)	−0.243857* (−1.879676)	0.17827 (0.993078)
C	−5.310939** (−1.785776)	−32.80569*** (−5.601669)	−15.37851 (−1.282641)	12.07238 (1.644000)
R^2	0.871685	0.551199	0.876319	0.806948
$D.W$ 统计量	0.666153	0.515987	0.382194	0.929950
F	71.87757	79.21628	67.70438	41.45118
样本数	360	132	96	132
Hausman 检验	$m=9.105595$ $P=0.0105$	$m=14.309152$ $P=0.0008$	$m=38.806816$ $P=0.0000$	$m=13.24674$ $P=0.0053$
拐点	$e^{8.11}=3313.05$	$e^{8.32}=4105.17$	$e^{7.92}=2751.75$	$e^{7.26}=1423.52$

注：括号内是各个变量 t 检验值；*表示在10%的置信水平下显著；**表示在5%的置信水平下显著；***表示在1%的置信水平下显著。

在模型Ⅰ中，本书利用全国31个省（直辖市、自治区）的横截面样本数据，分析我国是否存在碳排放 EKC 曲线。在具体的分析过程中，分别利用名义人均收入、1978年不变价的实际人均收入水平和1990年不变价的实际人均收入水平作为解释变量进行分析。根据面板数据模型的 F 统计量和 Hausman 检验，基于随机效应和固定效应的 Hausman 检验，统计量 $m=9.105595$，$P=0.0105$ 在5%的显著性水平下，Hausman 检验拒绝了零假设，本书应选择固定效应模型进行分析。结果表明，当运用名义人均收入的数据时，方程回归结果并不显著，且我国目前并不存在环境 EKC 曲线。而采用1978年不变价和1990年不变价的实际人均收入水平时，我国均存在碳排放 EKC 曲线。然后，根据方程的拟合优度大小，选择1978年不变价实际人均收入水平时，R^2 系数达到0.551199，大于1990年不变价为解释变量的拟合优度。因此，本书选择了1978年不变价的实际收入水平作为解释变量，检验我国碳排放 EKC 曲线，具体结果见表4-2。在全国面板数据中，LnR_{it} 的系数为2.428857，通过了5%的显著性水平检验；$(LnR_{it})^2$ 的系数为−0.153245，在1%水平下通过显著性检验。所以，全国的面板数据结果表明，我国存在碳排放库兹涅茨曲线。

模型Ⅱ、模型Ⅲ和模型Ⅳ分别检验了我国东部、中部和西部碳排放强度和人均收入水平的关系。与模型Ⅰ的分析方法类似，本书也分别采用名义人均收入、1978年不变价和1990年不变价的实际人均收入作为解释变量，检验不同地区的碳排放 EKC 曲线的存在性。模型的选择同上，具体不再赘述。分析表明，采用 1978 年不变价的实际人均收入水平作为自变量，三个区域的回归结果均更加显著。但是，三者也存在较大的差异。其中，东部地区的 LnR_{it} 的系数为 10.31678，$(LnR_{it})^2$ 的系数为 -0.620031，均通过了 1% 的显著性水平检验。所以，东部地区的碳排放存在环境库兹涅茨曲线。中部地区中，LnR_{it} 的系数为 3.801657，$(LnR_{it})^2$ 的系数为 -0.243857，均通过了 10% 的显著性水平检验。所以，在中部地区的碳排放强度也存在环境库兹涅茨曲线。西部地区中，LnR_{it} 的系数为 -2.614597，$(LnR_{it})^2$ 的系数为 0.17827。在西部地区中，由于 LnR_{it} 的系数为负，$(LnR_{it})^2$ 为正，且均未通过显著性检验。所以，在西部地区的碳排放强度并不存在环境库兹涅茨曲线，西部地区的环境曲线呈现正 U 型。究其原因，本书认为东部地区经济发展基础较好，工业制造业发展速度较快，对能源需求量较大；随着经济的不断发展，对环境保护的重视程度越来越高，东部发达省（市）采取了一系列环境治理的措施，因此东部地区目前已经达到 EKC 拐点阶段。中部地区在中部崛起战略的推动下，固定投资大幅度增加，推动了工业制造业的高速增长，能源消费也不断增长；西部地区经济发展较为落后，工业制造业企业较少，对能源的需求不高，碳排放还未达到拐点阶段。

三、碳排放拐点的时间路径分析

在上文分析的基础上，根据抛物线性质和拐点理论，求出我国以及东部、中部和西部地区各个省域达到拐点时的实际人均 GDP 水平，并由此判断实现经济增长和碳排放强度下降的双赢发展所需时间（见表4-3）。从全国样本数据来看，我国实际人均 GDP 水平为 3313.05 元时，碳排放强度达到最大值，而后不断减少。按照 1978—2008 年实际人均 GDP 的年均增长速度计算，经过约 13 年的时间，即在 2032 年，碳排放强度处于拐点处，而后其绝对量逐渐下降。同理，考虑东部、中部和西部地区的异质性，可以计算各个地区中各个省（直辖市、自治区）碳排放强度达到拐点时所需要的年数（见表4-3）。

表4-3 我国及其各省域达到碳排放拐点的时间表

	东部										
	上海	北京	天津	浙江	江苏	广东	山东	辽宁	福建	河北	海南
实际人均GDP年均增速*（%）	1.1	3.7	4.8	4.7	5.3	3.3	5.5	3.3	2.4	3.9	3.7
达到拐点需要的年数	—	—	—	4.5	6.5	8.1	7.3	13.8	20.5	19.5	22.5
达到拐点的年份	—	—	—	2013	2015	2016	2015	2022	2028	2028	2031

	中部								
	全国	吉林	黑龙江	山西	湖北	河南	湖南	江西	安徽
实际人均GDP年均增速*（%）	5.55	4.9	1.6	6.1	2.7	5.3	4.0	3.8	2.3
达到拐点需要的年数	24	6.9	25.9	8.2	18.8	9.9	15.9	21.3	35.2
达到拐点的年份	2032	2015	2034	2016	2026	2018	2024	2030	2043

	西部									
	内蒙古	新疆	陕西	重庆	宁夏	青海	四川	广西	甘肃	云南	贵州
实际人均GDP年均增速*（%）	9.8	2.7	0.04	4.5	5.4	4.9	3.9	3.9	4.5	2.0	4.3
达到拐点需要的年数	—	—	—	—	—	2.6	3.3	7.7	15.2	15.5	
达到拐点的年份	—	—	—	—	—	2011	2012	2016	2024	2024	

注：实际人均GDP增速是指以1978年不变价计算的人均GDP增速；"—"表示该地区已经达到了拐点的实际人均收入水平。

本书的检验结果与林伯强等（2009）、许广月和宋德勇（2010）研究结论基本一致，全国、东部和中部地区均存在碳排放EKC曲线，西部地区并不存在环境EKC曲线。但是在人均收入水平的拐点的结论上存在较大的差异，见表4-4。

表4-4 全国和各区域的拐点值

	全国	东部	中部	西部
本书结论（1978）	3313.05（2032）	4105.17	2751.78	1423.52
本书结论（现价）	39622	40063	24035	13730
许广月等（2010）	59874（2027）	73130	54176	6002
林伯强等（2009）	37170（2020）	—	—	—

注：括号中的数字表示达到拐点的年份。

造成研究结果差异可能的原因有以下两个方面：一是本书采取的是

碳排放强度，而许广月、宋德勇（2010）和林柏强、蒋兰均（2009）所采用的指标均是人均碳排放量；二是本书采用的名义人均收入、1978不变价和1990年不变价的实际人均收入作为解释变量，分别考察我国及不同区域的环境EKC曲线。通过分析最终选择1978年的不变价作为解释变量。而许广月、宋德勇（2010）采用的是1990年的不变价面板数据；林柏强、蒋兰均（2009）采用的是2000年的不变价时间序列数据。如果将本书采用的实际人均收入折算成现价，那么当我国人均收入达到39622元时，将达到EKC曲线的拐点，这一结论和林柏强等（2009）的结论基本一致，林柏强等（2009）采用的是1990年的不变价计算得出全国达到拐点需要12年的时间，本书采用1978年不变价达到39622元需要的年份则更长，大概需要24年的时间，即2032年达到拐点。如果考虑政府政策对降低碳排放强度的影响，随着我国经济发展方式的转变、产业结构、能源消费结构和出口贸易结构的调整，高效率清洁技术的使用，我国的碳强度将不断降低，我国及其东部和中部地区人均碳排放拐点完全可以提前到来。

第四节 主要结论和政策启示

一、主要结论

本书利用我国、不同区域的碳排放强度和实际人均收入水平指标，研究了我国、不同区域的碳排放EKC曲线问题。上文分析表明，人均收入水平与碳排放强度的关系具有一定的时间效应。在不同的经济发展阶段和不同区域，两者之间的关系具有较大的差异。

（1）全国、东部、中部和西部地区的面板数据研究表明：首先，在我国、东部和中部地区实际人均GDP与碳排放强度存在倒U型关系；西部地区实际人均GDP与碳排放程度存在着正U型关系。全国的面板数据分析结果表明，在1978年不变价的实际人均收入水平达到3313.05元前，随着实际人均收入水平的提高，碳排放强度不断上升；达到拐点后随着人均收入水平的上升，碳排放强度不断下降，可以实现环境与经济发展双赢。按照修正的改革开放以来的经济增长速度，我国到2032年达到碳排放EKC曲线的拐点；如果考虑到政府政策对降低碳排放强度的影响，达到拐点的时间可以提前到来。其次，不同区域的环境库兹涅茨曲线表明，经济发展的不同阶段上，实际人均 GDP 与碳排放强度有不同的关系。在经济发展的初级阶段，我国东部和中部地区随着经济增长，温室气体排放逐渐增多，分别达到 4105.17 元和 2751.78 元拐点后，碳排放强度会随着实际人均收入水平的不断上升而下降。而西部地区中，在初始阶段随着经济增长，碳排放会减少。达到拐点（1423.52 元）后，经济发展到了一定的阶段时，大量基础设施投资导致能源消费的激增，此后产生的碳排放将日益增多。

（2）研究表明，东部地区将率先达到 EKC 的拐点阶段，平均需要 12 年就可以达到人均碳排放的拐点。特别是北京、天津和上海 3 个直辖市，目前已经到达到人均碳排放的拐点处，进入碳排放强度不断减少的阶段。其他省域在 2013—2031 年间将逐步达到碳排放量的拐点，其中海南省达到拐点需要的时间最长为 23 年。对东部地区的经济发展进行研究，可以发现东部地区在外向型经济发展的带动下，经济发展速度较快，经济总量规模较大，对能源的需求量也不断上升，东部地区的碳排放规模也一直较高；进入 21 世纪后，传统的、粗放型的发展模式面临着人口、资源和环境的约束问题。面对新环境和新形势，东部发达省市（如江苏省）从战略上高度重视环境问题，开始了增长方式的转变，积极推进开放型经济发展模式的创新，促进资源节约和环境保护。通过"招商引资"向"招商选资"转变，引导企业进行自主创新，有力地促进了环境保护和产业升级，出口商品的结构也进一步优化，高新技术产品占出口产品的比重不断提高，科技创新能力进一步增强，自主知识产权和品牌建设不断推进，正在实现由国际产业链低端向高端的攀升。特别是在全球进入低碳经济时代以后，各省市促进节能减排措施的出台，碳排放强度已经出现了一定的下降。而海南省由于长期以来不断增加的基础设施建设，能源消耗不断提高，因此其碳排放强度较大。

（3）中部地区的实际人均 GDP 的拐点是 2751.78 元。按照 2008 年中部地区各省（直辖市和自治区）的实际收入水平，绝大多数省份还没有达到拐点的阶段，达到人均碳排放拐点所需要的时间较长，平均需要 18 年。其中，所需时间最长的是安徽省（2043 年），其次是黑龙江（2036 年），所需时间最短的是吉林省（2015 年）。究其原因，中部地区绝大多数省（直辖市和自治区）都是资源大省，在"中部崛起"战略的推动下，基础设施投资大幅度增加，加大了对能源的消费，碳排放不断增加，对经济增长和碳减排形成了刚性约束。随着安徽省"皖江城市带承接产业转移示范区"的建设,对东部沿海地区的产业承接规模不断上升,安徽的碳排放规模将会进一步上升。因此,中部地区在经济发展过程中,需要统筹兼顾,切实采取措施,在促进经济发展的同时,避免给环境带来更大的破坏,实现经济增长和碳排放的脱钩发展。

(4)西部地区的研究结果表明,西部地区的实际人均收入水平和碳排放强度呈正 U 型关系。即随着西部地区的经济发展,碳排放强度随着实际人均收入水平的上升而下降,拐点的收入水平是 1423.52 元,达到拐点后,碳排放强度随着实际人均收入水平的上升而上升。目前西部绝大部分地区已经达到碳排放强度最低的拐点阶段,尚未达到的省份也将在最近几年达到拐点阶段。西部地区的碳排放与人均收入水平呈正 U 型的可能的原因是,由于西部地区经济发展较落后,工业化程度较低,西部经济的发展主要依赖农业和初级产品的生产,相对而言碳排放量较小;随着经济的不断发展,工业化程度不断提高,碳排放强度也开始逐渐上升。值得注意的是,目前已经达到拐点阶段的省份,这些地区随着经济发展,碳排放强度也在不断上升。因此,在促进经济发展的同时,需要切实采取措施加大环境治理的力度,努力实现经济增长和环境保护的双赢。

二、政策启示

本书对全国和不同区域的实际人均收入水平与碳排放强度之间的关系进行深入分析,为我国经济发展方式转型,提供了重要的政策启示。研究表明各个地区的经济发展水平和自然资源禀赋存在着较大的差异,并且各个地区的拐点也参差不齐。因此,需要根据各个区域经济发展的异质性特征,制定适当的协调经济增长与碳排放关系的区域政策。

(1)由于全国绝大多数地区还没达到实际人均收入的拐点,为了促使这些地区尽快达到碳排放强度的拐点,必须在促进经济又快又好发展的同时,实现经济发展方式的转变,降低碳强度,提高碳生产率。一方面,需要坚持走中国特色新型工业化道路,适应市场需求变化,根据科技进步新趋势,发挥我国产业在全球经济中的比较优势,发展结构优化、技术先进、清洁安全、附加值高、吸纳就业能力强的现代产业体系,从而为我国的低碳转型和绿色发展提供良好的经济产业环境和雄厚的经济发展基础。另一方面,需要落实科学发展观,实施环保优先战略,转变传统发展理念,转变经济发展方式,促进资源、环境、经济协调发展。通过结构调整的办法积极地保护环境，通过发展先进生产力，淘汰落后生产力，努力实现增产不增污、增产要减污。根据环境容量和各地的产业特点，加快发展高技术、高效益、低污染、低能耗"两高两低"的工业；扩大发展占用资源少、污染少、附加值较高的现代服务业；分批淘汰技术水平低、能源消耗大、环境污染重的企业。把大幅降低能源消耗强度和二氧化碳排放强度作为约束性指标，有效控制温室气体排放；合理控制能源消费总量，抑制高耗能产业过快增长，提高能源利用效率。

（2）在经济发达的东部地区，大力发展战略性新兴产业，加快发展创新型经济。坚持科技创新与实现产业化相结合，大幅度提升自主创新能力，着力推进原始创新，加快形成新的经济增长点；积极参与国际分工合作，加强引进消化吸收再创新，充分利用全球创新资源；大力增强集成创新和联合攻关，突破一批关键核心技术，掌握相关知识产权，加速创新成果转化，促进产业化进程。创新和转变消费模式，营造良好的市场环境，调动企业主体的积极性，创造更多的就业岗位，更好地满足人民群众日益增长的物质文化需求，促进资源节约型和环境友好型社会建设。开发应用源头减量、循环利用、再制造、零排放和产业链接技术，推广循环经济典型模式。

（3）中部地区由于绝大多数是资源大省，在资源开采的同时，要加大环境保护的力度，推进工业化进程和提高国际化水平。因此，中部地区应该以提高资源产出效率为目标，加强规划指导、财税金融等政策支持，完善法律法规，实行生产者责任延伸制度，推进生产、流通、消费各环节循环经济发展。加快资源循环利用产业发展，加强矿产资源综合利用，鼓励产业废物循环利用，完善再生资源回收体系和垃圾分类回收制度，推进资源再生利用产业化。同时，进一步提高贸易开放度，促进开放型经济模式转型。借助东部发达地区江苏省开放型经济发展模式转型的经验，通过引进环保型的外资，有意识地引导外资流向高新技术产业和服务业，提高中部地区的经济综合竞争力。

（4）西部地区，由于碳排放强度和人均实际收入存在着正"U"型曲线关系，鉴于西部地区的经济发展较落后，必须采取经济发展和环境保护两手抓的方式，吸取发达地区先发展后治理的经验，采取边发展边治理的方式，实现经济与环保同步发展。一方面，加快西部地区的工业化进程，推进工业优化升级，积极发展技术引领型产业，优化发展资源利用型产业；大力调整产业结构和转变经济发展方式，特别要推进兼并重组、淘汰落后产能、落实节能减排和防止重复建设。另一方面，进一步加大基础设施建设，构建和完善适度超前、功能配套、安全高效的现代化基础设施体系。深化改革开放，构建对内对外开放新格局，积极推进对外经济交流与合作，探索边境地区开发和对外开放的新模式。在促进经济发展的同时，也加大生态环境保护力度，西部地区所有新上项目，都要严把产业政策关、环境保护关和资源集约利用关，实现经济与低碳双赢发展的局面。

此外，还需要各级政府强化节能目标责任考核，完善节能法规和标准，健全节能市场化机制和对企业的激励与约束，实施重点节能工程，推广先进节能技术和产品，加快推行合同能源管理，抓好工业、建筑、交通运输等重点领域节能。调整能源消费结构，增加非化石能源比重。建立完善温室气体排放和节能减排统计监测制度，加强气候变化科学研究，加快低碳技术研发和应用，逐步建立碳排放交易市场。坚持共同但有区别的责任原则，积极开展应对全球气候变化国际合作。加大环境保护力度，落实减排目标责任制，强化污染物减排和治理，增加主要污染物总量控制种类；完善环境保护科技和经济政策，建立健全污染者付费制度，建立多元环保投融资机制，大力发展环保产业。

附录：

具体的计算公式如下：

$$碳排放量 = \sum 能源 i 的消费量 \times 能源 i 的排放系数 (i 为能源种类)$$
$$CO_2 排放量 = 化石燃料消耗量 \times CO_2 排放系数$$
$$CO_2 排放系数 = 低位发热量 \times 碳排放因子 \times 碳氧化率 \times 碳转换系数$$

表 4-5 各种能源的碳排放系数

能源种类	碳排放系数（10^4 t/10^4 t）	能源种类	碳排放系数（10^4 t/10^4 t）
原煤	0.7559	燃料油	0.6185
焦炭	0.8550	天然气	0.4483
原油	0.5857	汽油	0.5538
柴油	0.5921	水电、核	0.0

数据来源：IPCC 国家温室气体清单指南

说明：1. 能源的碳排放系数采用 IPCC 碳排放计算指南缺省值；2. 原始数据以 J 为单位，为与统计数据单位一致，将能量单位转化成标准煤，转化系数为 1×10^4 t 标准煤等于 2193×10^5 GJ。

表 4-6 二氧化碳的转换系数

燃料	单位	排放因子（tc/TJ）	碳氧化率（%）	低位发热量（MJ/t, km³）	CO_2 转换系数（10^4 t/10^4 t）
原煤	万吨	25.8	98	20908	1.94
焦炭	万吨	29.5	98	28435	3.01
原油	万吨	20	99	41816	3.04
汽油	万吨	18.9	99	43070	2.95
柴油	万吨	20.2	99	42652	3.13
燃料油	万吨	21.1	99	41816	3.20
天然气	亿立方米	15.3	99.5	38931	2.17

数据来源：IPCC 国家温室气体清单指南；说明：tc 是吨 CO_2；TJ 为热值（净卡路里值），单位为千兆焦耳。MJ 为兆焦耳。

第五章

环境规制对制造业贸易竞争力的影响分析

目前,环境规制对贸易竞争力的影响引起了国际的广泛关注。传统的新古典经济学家认为:环境保护所产生的社会效益必然会以增加厂商的私人成本,降低其竞争力为代价,其中隐含的抵消关系会对一国的经济发展带来负面的影响。根据古典贸易理论,随着经济一体化的推进,贸易壁垒的下降,世界各国环境规制强度的差异对贸易活动必然产生更大的影响。因此,担心污染行业在那些环境管制松弛的发展中国家积聚甚至形成一定国际竞争力的观点不是没有道理的。但是,近几年的实践表明,严格的环保标准不仅不会使企业失去竞争力,而且会促使企业进行技术创新,提高劳动生产率。本书在现有研究的基础上,试图通过分析我国制造业贸易竞争力的现状,构建我国制造业贸易竞争力评价体系,采用国际市场份额、专业化指数和显示性比较优势指数三个指标全面考察了我国制造业贸易竞争力,将制造业行业分为劳动密集型、资本密集型和技术密集型,利用我国制造业行业的面板数据,实证分析环境规制对我国贸易竞争力的影响,为我国开放型经济转型升级政策的制定,提供理论支持。

第一节 文献综述

从20世纪70年代OECD采取环境规制政策措施开始,部分经济学家就开始研究环境和贸易的关系,认为环境规制的政策将会增加企业的生产成本,进而改变贸易模式,最终使得产业向未进行环境规制的国家(地区)转移。学者们基于不同的前提假设、分析方法、研究样本和变量进行分析,并得到了不同的结论。目前国际学术界关于环境规制与贸易竞争力的关系主要有以下两种观点:一是环境规制与贸易竞争力会产生"两难"的格局;二是环境规制与竞争力的提升能实现"双赢"。

一、环境规制与贸易竞争力"两难"格局的研究

一是环境规制与贸易竞争力"两难"格局的研究。Siebert(1977)

扩展了单部门分析模型，研究表明环境规制政策将会改善环境质量，同时也会降低污染密集型产品的产出，降低一国的贸易利得。如果环境规制过于严厉，甚至会改变一国的污染密集型产品的比较优势。McGuire（1982）运用H—O要素禀赋理论证明了Siebert（1977）的结论，McGuire在标准的贸易模型中，将环境变量作为负面技术进步的控制变量引入到生产函数中，导致生产函数中各要素收入进行重新分配。如果环境规制足够严厉，将改变一国污染密集型产品的比较优势。Baumol和Oates（1989）通过构建理论模型，分析了两国都生产相同的可贸易产品的情况下，在生产产品的过程中都会产生污染物这一副产品，在两国环境规制程度存在差异的情况下，实施严格环境规制措施的国家，其污染密集型产品的比较优势将会下降[1]。Carraro和Siniscalco（1992）分析了不同的环境规制措施对污染密集型产业竞争力的影响机制，研究表明，一国的环境规制措施会要求企业采取不同的技术变革，降低企业的盈利水平，而政府可以通过补贴的方式，降低环境规制给企业带来的负面影响。Copeland和Taylor（1994）研究表明，即使各国的环境政策是一致的（不同的国家采用相同的资源税等），环境规制也会使产业出现区域转移的现象。Copeland和Taylor（1995a）进一步研究发现，如果考虑到消费产生的污染，通过贸易将减少发达国家的污染，而增加发展中国家的污染。因此，证明了发达国家的污染产业将会向发展中国家转移[2]。Jaffe（1995）分析了美国环境规制措施对美国贸易赤字的影响，研究表明，环境规制措施提高了企业的成本，降低了其产品在国际市场上的竞争力。Van den Bergh（1997）使用全球贸易模型对21个OECD国家1992年的三种双边贸易流进行了分析，研究表明，如果用总体贸易数据进行分析，环境保护强度与出口之间具有负向关系。

David Hitchens（2001）利用欧盟国家的数据，分析了环境规制对竞争力的影响，研究表明环境规制并没有对竞争力产生直接的影响，但是环境规制是影响企业竞争力的一个重要因素[3]。Cole等（2005）对美国环境规制与竞争力之间的关系进行了实证分析，作者利用了美国的行

---

[1] Baumol, W. J. and W. oates, The Theory of Environmental Policy. Cambridge, England, Cambridge University Press, 1988.

[2] 布莱恩·科普兰，斯科特·泰勒尔. 贸易与环境——理论及实证[M] 上海人民出版社，2009年版，P53—P62.

[3] David Wheeler. Racing to the Bottom? Foreign Investment and Air Pollution in Developing Countries. *The Journal of Environment Development* 2001.

业面板数据,通过分析表明,环境规制对美国产业竞争力的影响并不显著;但是当考虑环境规制变量的内生性后,环境规制对产业竞争力具有负面影响。

二、环境规制与贸易竞争力"双赢"的相关研究

Porter et al. (1991,1995) 的研究指出,合理的环境规制能够刺激被规制企业在变动约束条件下,进一步优化资源配置效率和改进技术水平,刺激出企业的"创新补偿"效应,从而部分乃至全部抵消企业"遵循成本",还能提高企业的生产率和国际竞争力。James A. Tobey (1990) 通过对美国环境规制与污染产品出口之间的关系进行分析,并利用美国制造业和农业的面板数据进行实证分析,研究表明,环境规制对污染产品的出口并不存在显著影响[1]。

国内关于环境规制和贸易竞争力的相关研究起步较晚,较早的研究是强永昌 (2001) 从出口国、进口国和多边环境规制不同角度理论分析了环境规制对比较优势的影响。研究表明,环境规制在短期内会弱化一国出口产品的价格竞争力,对一国贸易产生消极影响;但是,在长期内有利于改善一国的贸易结构。曲如晓 (2001)[2]、傅京燕 (2004)[3] 从技术创新的视角,分析了环境规制对国际竞争力的影响,阐述了环境规制对企业技术创新的影响机制。段琼和姜太平 (2002) 实证分析了环境政策对我国国际贸易竞争力的影响,研究表明,国内环境政策对污染密集型产业和清洁产业的国际贸易竞争力并不存在负面影响[4]。肖红和郭丽娟 (2006) 利用我们 1994—2004 年的行业面板数据,采取比较分析和实证分析相结合的方法,检验了环境保护强度对我国产业国际竞争力的影响,研究表明,环境规制对产业国际竞争力的影响并不显著[5]。傅京燕 (2008) 分析了环境规制对我国贸易模式的影响,使用世界银行的产业污染排放系统 (IPPS) 对我国制造业进行细分,运用显示性比较优

---

[1] James A, Tobey. The Effects of Domestic Environmental Policies on Patterns of World Trade: An Empirical Test. Kyklos, 1990.

[2] 曲如晓. 环境保护与国际竞争力关系的新视角. 中国工业经济, 2001 年第 9 期。

[3] 傅京燕. 论环境管制与产业国际竞争力的协调. 财贸研究, 2004 年第 2 期。

[4] 段琼, 姜太平. 环境标准对国际贸易竞争力的影响——中国工业部门的实证分析,《国际贸易问题》, 2002 年第 12 期。

[5] 肖红, 郭丽娟. 中国环境保护对产业国际竞争力的影响分析. 国际贸易问题, 2006 年第 12 期。

势指数方法，把环境规制因素和要素禀赋因素同时引入到对贸易模式的分析。结果表明，贸易开放使我国的比较优势得以发挥，这表现为更多的专业化于清洁的劳动密集型产业[1]。傅京燕、李丽莎（2010）采取实证分析的方法，对我国制造业 24 个行业环境规制与比较优势之间的关系进行分析，分析表明，环境规制弱化了我国制造业的比较优势[2]。陆旸（2010）采用跨国家的样本数据，对我国污染避难所假说进行检验，通过分析得出，环境规制并没有改变我国污染产业的比较优势；同时对于化工产品等，内生的环境规制措施反而提高了这些产业的比较优势[3]。

三、研究述评

关于环境规制对贸易竞争力的研究虽然已经取得了一系列重要的研究成果，但是环境规制对贸易竞争力的影响的结论仍然莫衷一是，不同的学者采取不同的研究方法和度量指标，得出了不同的结论。国内关于环境规制对贸易竞争力的相关研究仍然较少，已有的研究多是采取废水排放或者废气排放等某一个指标作为环境规制的替代指标。同时，现有的研究多是采用分行业的数据，但是对不同行业的类型较少进行区分，研究得出的结论也呈现较大的差异。本书在此基础上，采用了不同的指标对我国制造业贸易竞争力进行衡量；同时，对行业区分为劳动密集型行业、资本密集型行业和技术密集型行业，分别分析环境规制对这些行业的影响。

第二节 我国制造业贸易竞争力的测度与分析

改革开放以来，我国的对外贸易发展极为迅猛，推动了我国经济的快速增长，年均 GDP 增长率一直维持在 10% 左右。在经济快速增长的同时，我国对外贸易无论从规模上还是结构上，都取得了长足的进步，贸易年均增长率高达 16%。2001 年我国加入 WTO 以后，关税和非关

---

[1] 傅京燕. 环境规制、要素禀赋与我国贸易模式的实证分析. 中国人口、资源与环境，2008 年第 6 期.
[2] 傅京燕，李丽莎. 环境规制、要素禀赋与产业国际竞争力的实证研究——基于中国制造业的面板数据. 管理世界，2010 年第 10 期.
[3] 陆旸. 环境规制影响了污染密集型商品的贸易比较优势吗?. 经济研究，2009 年第 4 期.

税壁垒的降低，国际产业转移和全球经济结构的调整，给我国对外贸易的发展提供了良好的机遇，使我国对外贸易的发展开始了新一轮的稳步增长。2002年我国进出口贸易额首次突破6000亿美元，2010年我国对外贸易额已经上升到29728亿美元。我国对外贸易的规模虽然在不断扩大，出口额在世界出口总额中的位次也由2002年的第五位，上升到2010年的第二位。但是，与发达国家相比，我国对外贸易总体水平仍然比较低，其突出表现是贸易结构仍然比较落后，产品附加值较低，技术含量较低等。因此，分析我国制造业国际竞争力的现状，对于我国环境规制措施的制定和落实是否会影响制造业国际竞争力具有重要的意义。本书首先运用国际市场份额占比、显示性比较优势指数、特化系数等指标对我国制造业国际竞争力进行测度和分析。

本书借鉴陈飞翔（2010）的方法，以2002年中国工业统计数据使用的产业分类为参照，按资本－劳动比、科技活动人员数占总从业人员数比重来区分相应的劳动密集型、资本密集型以及技术密集型行业，并选取了食品加工和制造业等共27个行业作为样本，具体如下：

（1）劳动密集型行业（13个）。分别为食品加工和制造业（包括食品加工业和食品制造业）、纺织业、服装及其他纤维制品制造业、皮革毛皮羽绒及其制品业、木材加工及竹藤棕草制品业、家具制造业、造纸及纸制品业、印刷业记录媒介的复制、文教体育用品制造业、橡胶制品业、塑料制品业、非金属矿物制造业、金属制品业。其中，"食品加工和制造业"数据为"（农副）食品加工业"和"食品制造业"两个行业的数据合并加工而成；2003年以来，服装及其他纤维制品制造业调整为纺织服装、鞋、帽制造业。

（2）资本密集型行业（8个）。包括饮料制造业、烟草加工业、石油加工及炼焦业、化学原料及化学制品制造业、医药制造业、化学纤维制造业、黑色金属冶炼及压延加工业、有色金属冶炼及压延加工业。

（3）技术密集型行业（6个）。包括通用机械制造业、专用设备制造业、交通运输设备制造业、电气机械及器材制造业、电子及通信设备制造业、仪器仪表及文化办公用机械制造业。2003年以来，电子及通信设备制造业数据按通信设备、计算机及其他电子设备制造业来搜集[①]。

---

① 杜宇玮. 国际代工锁定效应及其超越. 南京大学博士论文, 2011年。

一、制造业国际市场占有率

从国际贸易的角度分析，一国某一产业的国际竞争力可以通过"某国某产业的出口值"或"净出口值"指标衡量。因此，很多经济学家在分析国际竞争力时，采用产品的国际市场占有率指标。本书首先通过国际市场占有率指标分析我国制造业的国际竞争力。

赵细康（2003）对我国制造业商品1980—1999年之间的世界市场占有率进行了详细分析。研究表明，在1980—1999年，我国绝大多数工业产品的市场占有率均有不同幅度的提高，其中皮革、毛皮、羽绒及其制品、纺织、金属制品以及食品、烟草及饮料制品等劳动密集型传统产品以及资本密集的水泥制品市场占有率一直位居前列，在1980—1999年期间这些产品在国际市场上具有较强的竞争力。但是化学纤维、机械、电气、电子设备、橡胶制品、黑色金属冶炼及压延制品等资本和技术密集产品以及印刷业记录媒介的复制和皮革、毛皮、羽绒及制品等劳动密集产品的市场占有率在这段期间有了大幅度提高，年均增长幅度均在10%以上。本书则在赵细康（2003）分析的基础上，对我国2000年以后制造业国际市场占有率的变化进行分析，本书考察了制造业27个行业的国际市场占有率的变化。通过对我国2001—2010年的国际市场占有率进行测算发现，在所有行业中，平均国际市场份额最高的行业为纺织服装鞋帽制造业和文教体育用品制造业，均为0.265；其次是通信设备、计算机及其他电子设备制造业，均为0.206。而国际市场份额最低的行业则是医药制造业，平均国际市场份额只有0.0052。本书进一步分不同行业对其国际市场份额进行分析。

（一）劳动密集型行业的国际市场份额现状分析

由于我国人口多，一直受益于人口红利，劳动力成本优势非常明显，所以我国劳动密集型产业的国际竞争力一直较高。从上图也可以看出，我国劳动密集型行业的国际市场份额在2001—2010之间一直处于不断上升的趋势，而且在所有行业中一直维持在较高的水平。其中纺织业的平均国际市场份额为0.157；纺织服装鞋帽制造业的平均国际市场份额为0.265；皮革、毛皮、羽毛（绒）及其制品业的平均国际市场份额为0.199；家具制造业的国际市场份额为0.175；文教体育用品制造业的国际市场份额为0.265。在劳动密集型行业中，国际市场份额较低的行业是食品加工与制造业（0.034）；木材加工及木、竹、藤、棕、草制品业的平均国际市场份额为 0.071；造纸及纸制品业的平均国际市场份额为 0.03；印刷业和记录媒介的复制的平均国际市场份额为 0.034。结合上文的劳动密集型行业的 ERS 现状和国际市场份额变动情况，我们可以发现 ERS 强度较高的行业，其国际市场份额均较低，这说明外资企业和我国出口企业主要是利用我国廉价的劳动力形成的竞争优势，提高其国际市场竞争力，但是有待实证分析进一步论证。

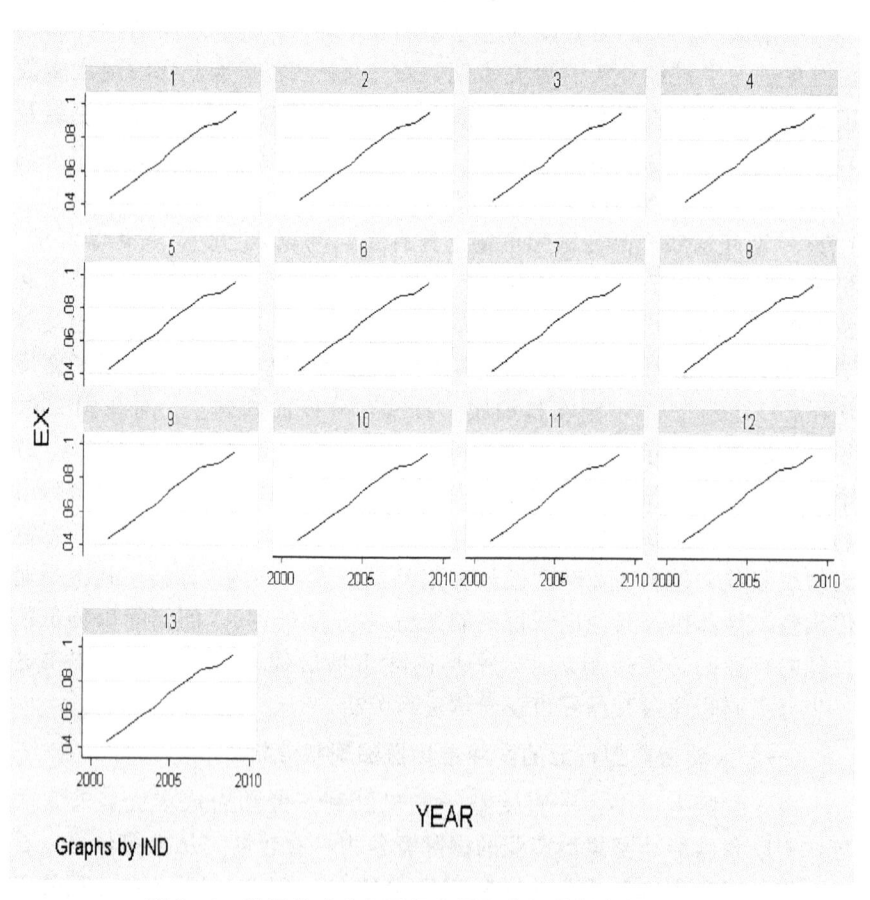

图 5-1 我国劳动密集型行业国际市场份额变化趋势图

其中，数字 1—13 分别代表食品加工和制造业、纺织业、服装及其他纤维制品制造业、木材加工及竹藤棕草制品业、皮革毛皮羽绒及其制品业、家具制造业、造纸及纸制品业、印刷业记录媒介的复制、文教体育用品制造业、橡胶制品业、塑料制品业、非金属矿物制品业、金属制品业 13 个行业。

(二) 资本密集型行业的国际市场份额现状分析

资本密集型行业共有八个行业，资本密集型行业的一个共同特征是其平均国际市场份额都较低，其中最高的是化学纤维制造业，其平均国际市场份额为 0.109；最低的是医药制造业，其平均国际市场份额只有 0.0052。从下图我们可以看出资本密集型行业中，除了化学纤维制造业和化学原料及化学制品制造业呈现不断上升的趋势外，烟草制品业、饮料制造业和医药制造业的国际市场份额的变动一直不是很明显，徘徊在其平均值附近。而黑色金属冶炼及压延加工业和有色金属冶炼及压延加工业在 2008 年前一直呈现上升的趋势，受 2008 年下半年的国际金融危机冲击，这两个行业的国际市场份额出现了大幅下降，进入 2009 年以后又呈现小幅上升的势头。

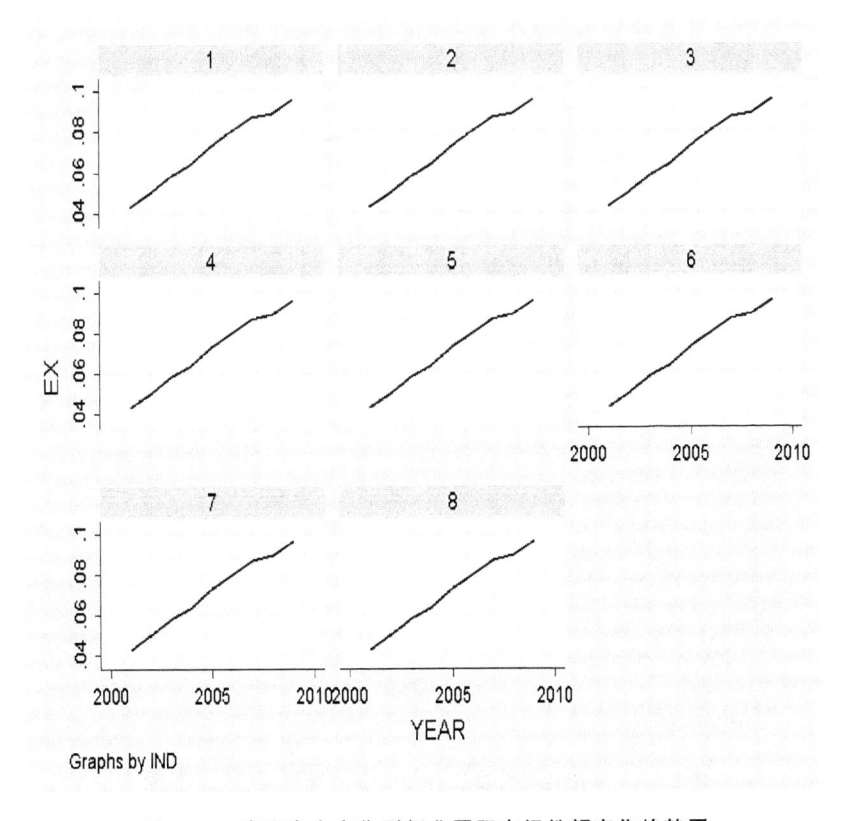

图 5-2 我国资本密集型行业国际市场份额变化趋势图

其中，数字 1—8 分别代表饮料制造业、烟草制品业、石油加工及炼焦业、化学制品业、医药制造业、化学纤维制造业、黑色金属冶炼业、有色金属冶炼业八个行业。

（三）技术密集型行业的国际市场份额现状分析

在技术密集型行业中共有六个行业，技术密集型行业的国际市场份额的上升趋势非常明显，其中平均国际市场份额最高的行业是通信设备、计算机及其他电子设备制造业，为 0.206；但是通信设备、计算机及其他电子设备制造业的国际市场份额在 2001—2008 年之间一直呈现波动式上升的趋势，同样受 2008 年金融危机的冲击较大，在 2008 年出现了急剧下降，但是 2009 年又有了强劲的反弹，这和该行业受外需和外资的加工装配业务的影响较大密不可分。此外，在技术密集型行业中，其他行业的平均国际市场份额一直呈现上升的趋势，说明这几年我国技术密集型行业的国际市场份额不断提升，国际市场竞争力也在不断提高。

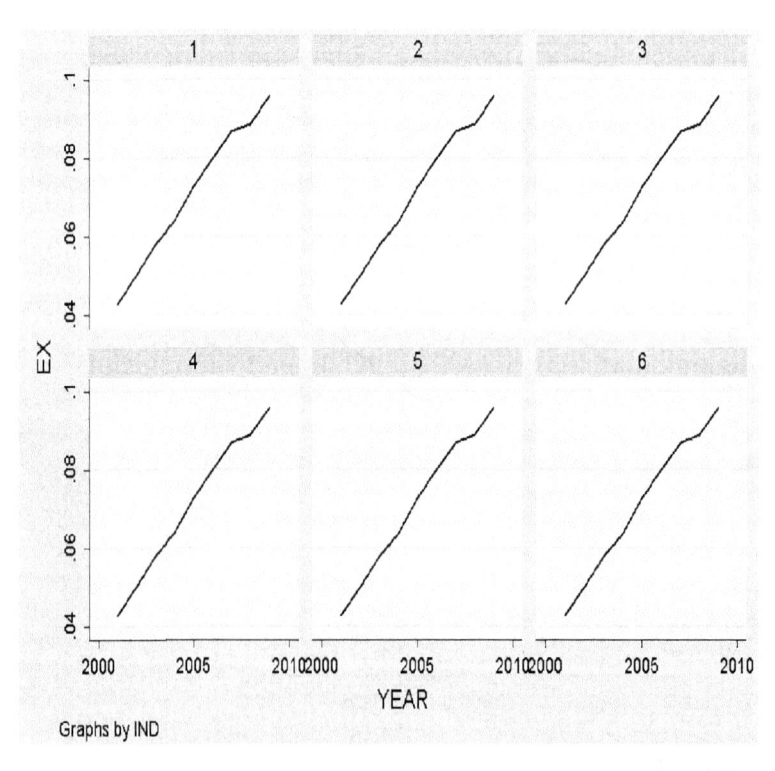

图 5-3 我国技术密集型行业国际市场份额变化趋势图

其中，数字 1—6 分别代表通用设备制造业、专用设备制造业、交通运输设备制造业、电气机械及器材制造业、电子及通信设备制造业、仪器仪表六个行业。

二、贸易专业化指数

前文介绍，贸易专业化指数反映的是某种产品的专业化生产水平，贸易专业化指数越大，专业化水平越高，产品的国际竞争力也就越强。赵细康（2003）分析我国1980—1999年的贸易专业化系数表明，从平均水平看，1980—1999年，我国贸易专业化指数排在前五位的分别是水泥、皮革、毛皮、羽绒及制品、防止、医药和金属制品。贸易专业化指数排名较低的是化学纤维、塑料制品、造纸及纸制品、黑色金属冶炼及压延制品和印刷业记录媒介的复制。由于贸易特化系数介于－1和1之间，从－1到1的上升运动反映了从净进口到净出口的变化过程，某种产品的贸易特化系数越接近1，说明出口额远远超过进口额，该种产品在国际市场上的竞争力就越强；如果贸易特化系数越接近于－1，该种产品在国际市场上的竞争力就越弱。本书通过对我国2001—2010年的贸易专业化指数进行测算发现，在我国27个制造业行业中，从贸易专业化指数可以看出，我国国际竞争力最高的五个行业分别是纺织服装鞋帽制造业（0.95）；家具制造业（0.92）；文教体育用品制造业（0.89）；通信设备、计算机及其他电子设备制造业（0.72）；饮料制造业（0.51）。贸易专业化指数最低的五个行业是石油加工、炼焦及核燃料加工业（－0.58）；塑料制品业（－0.32）；有色金属冶炼及压延加工业（－0.31）；仪器仪表及文化、办公用机械制造业（－0.25）；化学原料及化学制品制造业（－0.24）。

（一）劳动密集型行业的贸易专业化指数现状分析

从图5-4可以看出，在劳动密集型行业中，文教体育用品制造业，纺织服装鞋帽制造业，家具制造业三个行业的贸易专业化指数从2001—2010年之间一直维持在1的水平，说明这三个行业的国际竞争力较强。皮革、毛皮、羽毛（绒）及其制品业，非金属矿物制品业，印刷业和记录媒介的复制三个行业的贸易专业化指数一直比较稳定在0.2—0.6之间。在劳动密集型行业中，贸易专业化指数最低的行业是塑料制品业，一直处于－0.4左右，橡胶制品业的贸易专业专业化指数也一直处于0以下，说明这两个行业的国际竞争力较弱。木材加工及木、竹、藤、棕、草制品业的贸易专业化指数则呈先扬后抑的趋势，在2001—2006年之间一直呈上升的趋势，2006—2010年则呈下降的趋势。同时，在劳动密集型的13个行业中，增长幅度最大的行业是造纸及纸制品业，从 2001 年的－0.4 上升到 2010 年的 0.4，年均增长率 10％左右，说明造纸及纸制品业的国际竞争力不断提高。

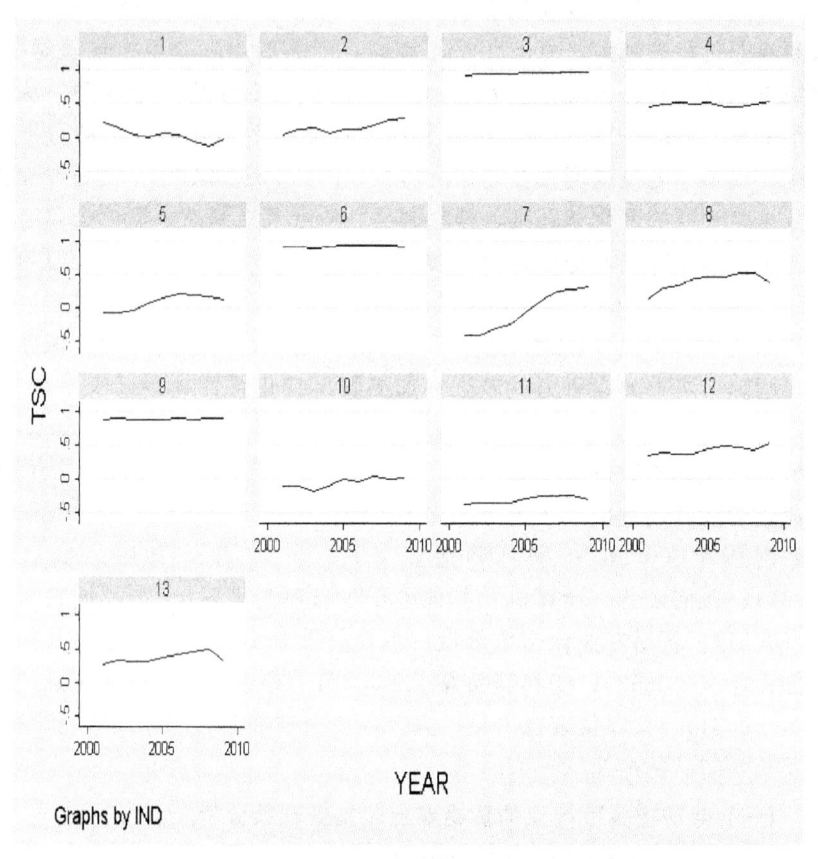

图 5-4　我国劳动密集型行业贸易专业化指数变化趋势图

其中，数字 1—13 分别代表食品加工和制造业、纺织业、服装及其他纤维制品制造业、木材加工及竹藤棕草制品业、皮革毛皮羽绒及其制品业、家具制造业、造纸及纸制品业、印刷业记录媒介的复制、文教体育用品制造业、橡胶制品业、塑料制品业、非金属矿物制品业、金属制品业十三个行业。

（二）资本密集型行业的贸易专业化指数现状分析

资本密集型行业中，除了化学纤维制造业在 2001—2010 年间呈上升趋势外，其他行业的贸易专业化指数在 2001—2010 年间都呈下降的趋势。其中，饮料制造业的贸易专业化指数从 2001 年的 0.8 下降到 2010 年的 0.2 左右；石油加工、炼焦及核燃料加工业从 2001 年的－0.4 下降到 2010 年的－0.8；有色金属行业的贸易专业化指数也呈下降的趋势。这说明我国资本密集型行业的国际竞争力仍然较弱,且最近几年还在不断弱化。

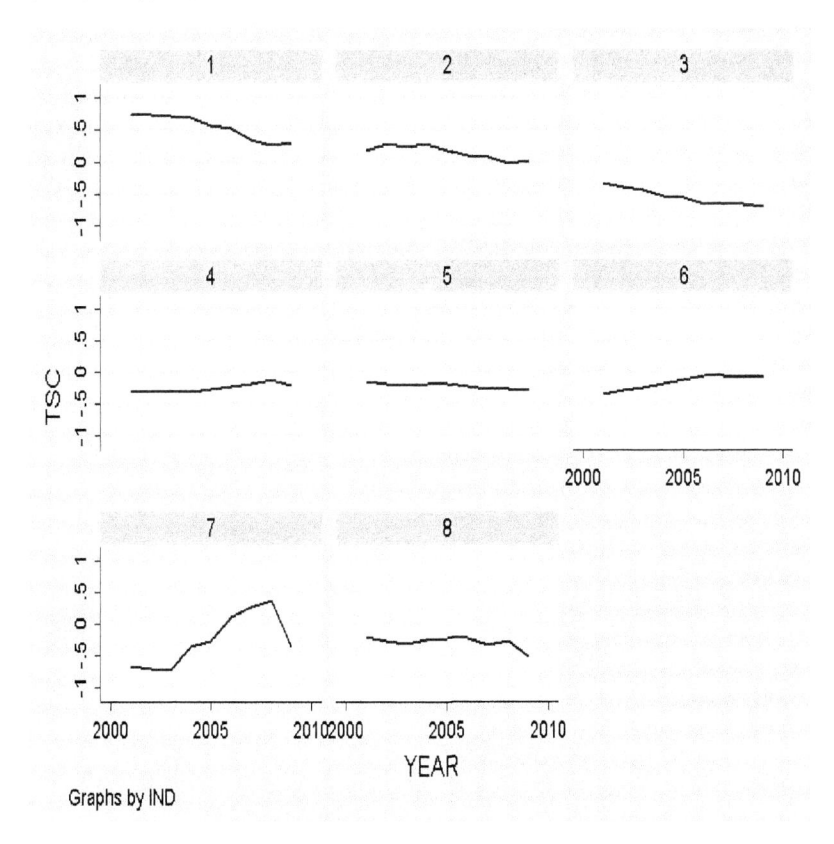

图 5-5 我国资本密集型行业贸易专业化指数变化趋势图

其中,数字1—8分别代表饮料制造业、烟草制品业、石油加工及炼焦业、化学制品业、医药制造业、化学纤维制造业、黑色金属冶炼业、有色金属冶炼业八个行业。

(三)技术密集型行业的贸易专业化指数现状分析

技术密集型行业的贸易专业化趋势图可以看出,我国技术密集型行业除了通信设备、计算机及其他电子设备制造业的贸易专业化指数较高,接近1的水平外,其他行业的贸易专业化指数仍较低,说明我国技术密集型行业的国际竞争力总体仍较弱。其中通信设备、计算机及其他电子设备制造业在2004年之后,呈现下降的趋势,且受2008年的金融危机冲击也出现了大幅下降;专业设备制造业的贸易专业化指数上升幅度较大,从2001年的-0.4上升到2010年的0.6左右;通用设备制造业的贸易专业化指数也从 2001 年的 -0.1 上升到 2010 年的 0.3 左右。其他行业的贸易专业化指数则一直比较稳定，竞争力均较差。

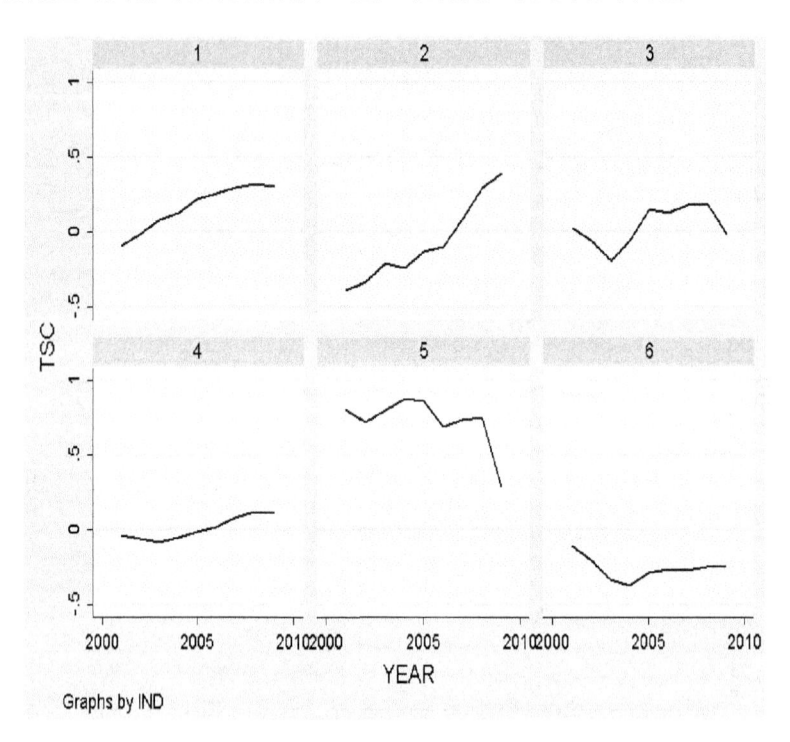

图 5-6　我国技术密集型行业贸易专业化指数变化趋势图

其中，数字 1—6 分别代表通用设备制造业、专用设备制造业、交通运输设备制造业、电气机械及器材制造业、电子及通信设备制造业、仪器仪表六个行业。

三、显示性比较优势指数

显示性比较优势指数是大量经济学者作为衡量一国国际竞争力的重要指标。赵细康（2003）通过对我国制造业的显示性比较优势进行测算表明，在 1980—1999 年之间，中国传统出口优势产品的纺织服装和皮革、毛皮、羽绒及制品的平均 RCA 大于 2.5，且皮革、毛皮、羽绒及制品的 RCA 一直保持强劲增长。根据上文的分析，如果 RCA 指数大于 1，则说明 i 国第 j 类产品具有显示性比较优势；如 RCA 指数大于 2.5，表明 i 国第 j 类产品在国际市场上具有极强的国际竞争力；如 RCA 指数大于 1 小于 2.5，表明 i 国第 j 类产品具有较强的国际竞争力；如果 RCA 指数小于 0.8，则表明该国该产品的国际竞争力较弱。

通过对我国 2001—2010 年的显示性比较优势指数进行测算发现，我国制造业中共有三个行业的平均 RCA 指数大于 2.5，分别是纺织服装鞋帽制造业（3.57）；文教体育用品制造业（3.63）；通信设备、计算机及其他电子设备制造业（2.95）。而 RCA 指数最低的行业是医药制造业，只有 0.07。食品加工与制造业（0.48）；造纸及纸制品业（0.38）；印刷业和记录媒介的复制（0.43）；塑料制品业（0.68）；橡胶制品业（0.72）；饮料制造业（0.27）；烟草制品业（0.30）；石油加工、炼焦及核燃料加工业（0.21）；化学原料及化学制品制造业（0.64）；黑色金属冶炼及压延加工业（0.66）；专用设备制造业（0.50）；交通运输设备制造业（0.24）。这说明这些行业的国际竞争力仍然较弱。

（一）劳动密集型行业的显示性比较优势指数现状分析

从劳动密集型行业的显示性比较优势指数变化趋势图可以看出，我

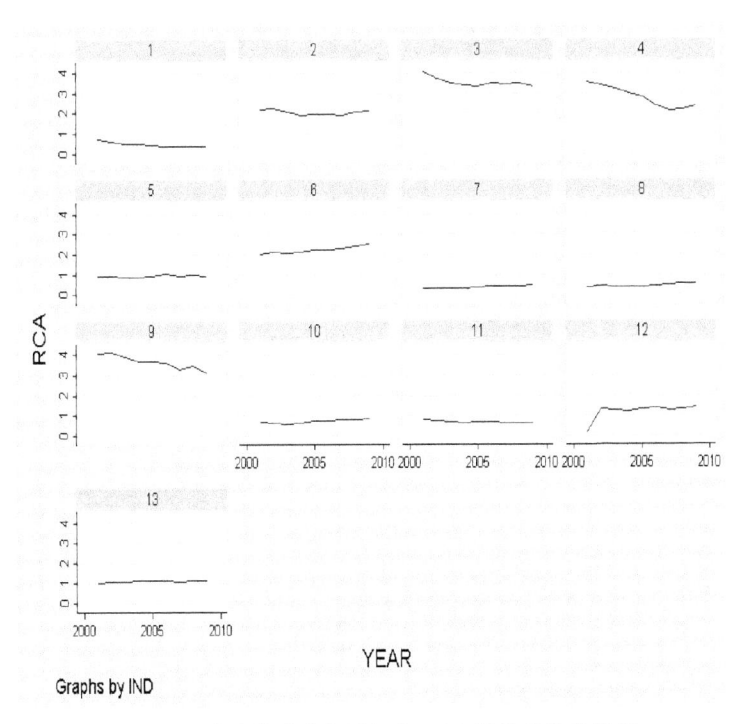

图 5-7 我国劳动密集型行业 RCA 指数变化趋势图

其中，数字 1—13 分别代表食品加工和制造业、纺织业、服装及其他纤维制品制造业、木材加工及竹藤棕草制品业、皮革毛皮羽绒及其制品业、家具制造业、造纸及纸制品业、印刷业记录媒介的复制、文教体育用品制造业、橡胶制品业、塑料制品业、非金属矿物制品业、金属制品业 13 个行业。

国劳动密集型行业中所有行业的显示性比较优势指数均呈上升的趋势，在2010年共有五个行业的RCA大于2.5，分别是纺织业（2.59）；纺织服装鞋帽制造业（3.88）；皮革、毛皮、羽毛（绒）及其制品业（2.58）；文教体育用品制造业（3.39）；家具制造业（2.94）。说明这些行业的国际竞争力较强。但是仍然有很多劳动密集型行业的RCA较低，食品加工与制造业2010年的RCA指数为0.48；造纸及纸制品业2010年的RCA指数为0.54；印刷业和记录媒介的复制2010年的RCA指数为0.56，说明这些行业的竞争力仍然有较大的提升空间。

（二）资本密集型行业的显示性比较优势指数现状分析

我国资本密集型行业中RCA指数的变化呈现了不同的特征，其中烟草制品业、饮料制造业、石油加工、炼焦及核燃料加工业和医药制造业的RCA一直处于0.5以下，且从2001年开始一直呈现下降的趋势，说明这些行业的国际竞争力较弱。而黑色金属冶炼及压延加工业和化学

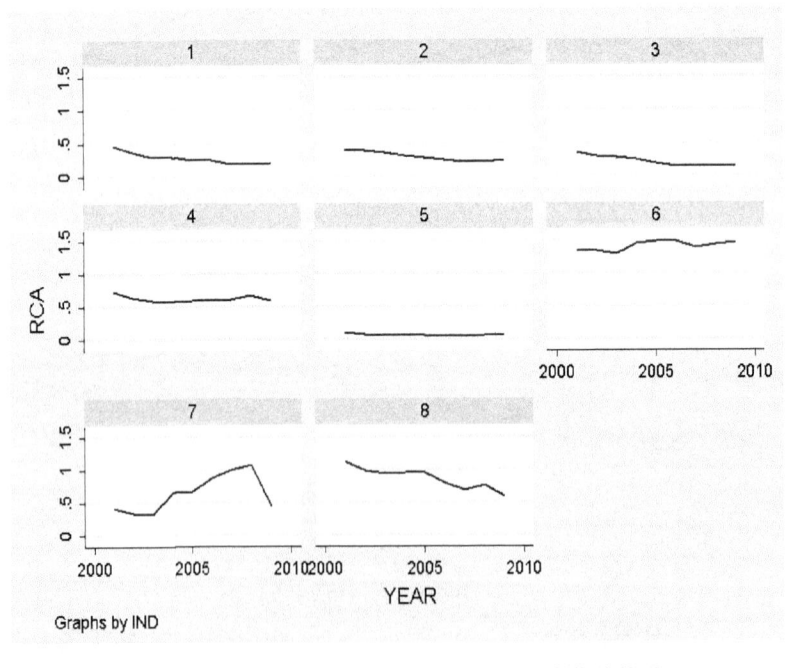

图 5-8　我国资本密集型行业 RCA 指数变化趋势图

其中，数字1—8分别代表饮料制造业、烟草制品业、石油加工及炼焦业、化学制品业、医药制造业、化学纤维制造业、黑色金属冶炼业、有色金属冶炼业八个行业。

纤维制造业一直处于稳中上升的趋势，且化学纤维制造业的国际竞争力相对较强，一直维持在 1.4 以上。此外，有色金属冶炼及压延加工业的 RCA 指数从 1.2 下降到 2010 年的 0.8 左右，说明有色金属冶炼及压延加工业的国际竞争力一直在下降。

(三) 技术密集型行业的显示性比较优势指数现状分析

在技术密集型行业中，除了通信设备、计算机及其他电子设备制造业的 RCA 指数一直在下降外，其他行业的 RCA 指数一直处于上升的过程。其中通用设备制造业，专用设备制造业，电气机械及器材制造业，仪器仪表及文化、办公用机械制造业的 RCA 指数均从 2001 年的 1 以下，上升到 2010 年的 1 以上，其中电气机械及器材制造业的 RCA 指数上升到 2 左右，说明在最近几年，这些行业的国际竞争力有了大幅的提升。但是交通运输设备制造业的 RCA 仍然较低，一直处于 0.5 以下，

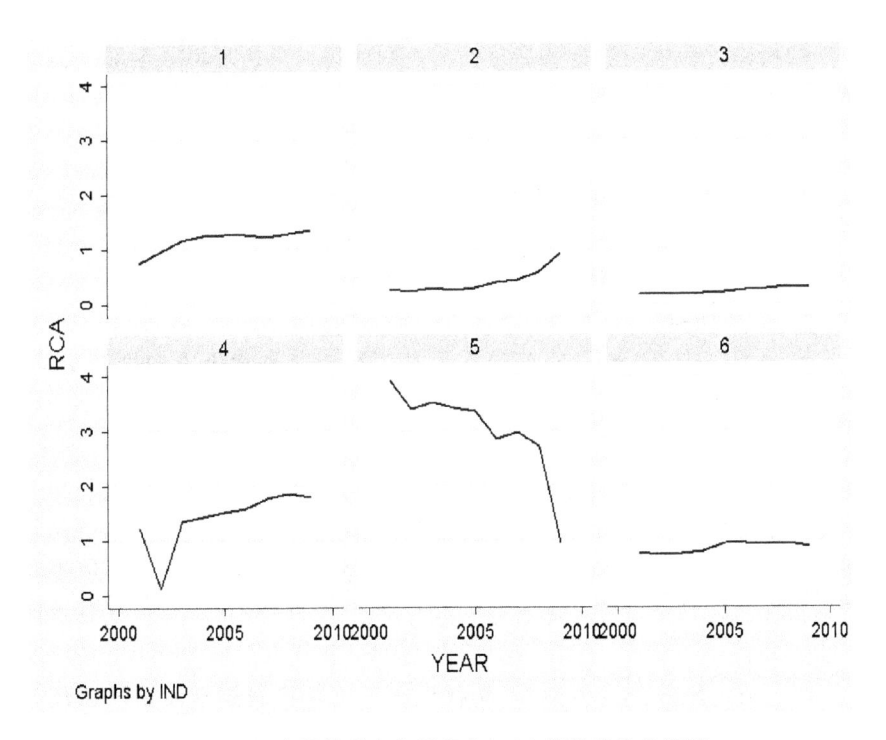

图 5-9 我国技术密集型行业 RCA 指数变化趋势图

其中，数字 1—6 分别代表通用设备制造业、专用设备制造业、交通运输设备制造业、电气机械及器材制造业、电子及通信设备制造业、仪器仪表六个行业。

说明我国交通运输设备业的竞争力较弱。此外，通信设备、计算机及其他电子设备制造业的 RCA 指数一直呈下降的趋势，从 2001 年的 4.0 左右下降到 2010 年的 2.3 左右，2009 年最低下降到 0.9 左右，说明我国通信设备、计算机及其他电子设备制造业的 RCA 指数一直在不断下降，国际竞争力也一直在减弱。

第三节 环境规制对贸易竞争力影响的实证分析

一、模型构建与指标的选择

（一）计量模型

由于一国贸易竞争力不但会受到环境规制的影响，还会受 FDI、一国的劳动力成本、国内的基础设施建设等因素的影响，因此本书在计量模型的构建过程中引进这些变量作为控制变量，分析环境规制对我国贸易竞争力的影响，构建回归模型：

$$TC_{i,t} = \beta_0 + \beta_1 ERS_{i,t} + \psi X + u_i + \varepsilon_{i,t} \qquad (5-1)$$

其中 $TC_{i,t}$ 表示 i 行业 t 期的贸易竞争力，本书分别用国际市场份额（MS）、贸易专业化指数（TSC）和显示性比较优势指数（TCA）三个指标来衡量，具体测算过程见上文。

（二）指标选取

在公式（5-1）中，X 变量作为其他影响贸易竞争力的控制变量，主要有以下指标构成：

（1）环境规制指标（ERS）。前文的分析表明，按照古典贸易理论，如果一国实施严格的环境规制，逼迫企业进行污染治理，从而提高相关产业的生产成本，那么产品的价格也会相应上升，进而影响一国产品的贸易竞争力。因此，本书采用前文计算获得的 ERS 指标作为环境规制衡量指标。因此，随着环境治理成本的不断上升，意味着环境规制程度不断上升。

（2）FDI 规模。20 世纪 90 年代以来，国际投资迅速发展，已经超过传统的国际贸易，成为推动经济全球化的最重要力量。张二震和马野青（2004）提出，当代国际贸易和国际直接投资之间呈现了高度融合、相互依赖、共生发展、合为一体的趋势。具体表现为贸易流向和投资流向的高度一致性、时间上的同步性，而且表现为国际贸易和国际直接投资互补共存、互动发展的格局①。因此，本书将 FDI 作为影响我国制造业贸易竞争力的一个重要变量纳入到模型中。

（3）劳动生产率（L）。劳动生产率是衡量一个企业单位劳动产出重要指标。劳动生产率越高，意味着企业可以投入较少的劳动力，得到更多的有效产出。根据亚当·斯密和大卫·李嘉图的古典贸易理论，如果一国在某种产品的生产商具有比较优势或绝对优势，那么该国可以通过出口该产品参与国际分工。而劳动生产率作为衡量一国绝对优势和比较优势的重要指标②。因此，本书选取行业产值与行业从业人员的比例这一相对指标，作为影响我国制造业贸易竞争力的重要变量。

（4）工资水平（WAGE）。根据 H－O 的要素禀赋理论，各国资源禀赋即生产要素供给情况的不同，是国际分工和国际贸易产生的重要原因。我国参与国际分工的过程中，正是充分享受了人口红利带来的收益，贸易规模大幅上升。因此，本书选取工资水平作为要素成本的一个重要指标，衡量要素禀赋对我国贸易竞争力的影响。

（5）固定资产投资（IN）。在 H－O 的要素禀赋理论中，将劳动力和资本作为两个重要的生产要素。而关于资本的衡量，我国学者们采取了不同的指标，比如傅京燕（2010）采用了非工资份额占增加值的比例衡量物质资本；本书参照谢建国（2009）的研究，推算 2001—2009 年各行业的固定资产存量：

$$K(t)=K(t-1)(1-\sigma)+I(t)$$

其中，σ 为折旧率，取 5%。

（6）企业规模（SIZE）。随着战后国际贸易发展的现实使传统的比较优势和要素禀赋理论越来越难以解释一些国际贸易现象。赫尔普曼和克鲁格曼 1985 年在《市场结构和对外贸易》一书中提出，市场结构从完全竞争变为不完全竞争，规模报酬递增时，规模经济就取代要素禀赋的差异成为推动国际贸易的重要原因③。因此，本书选取企业规模这一指标作为市场结构的替代变量，衡量其对贸易竞争力的影响。本书采用工业产值与企业数量之比作为替代指标。

（7）创新研发强度（RD）。创新要素是一种重要的高级生产要素，

---

① 张二震，马野青等. 贸易投资一体化与中国的战略. 人民出版社，2004 年版.
② 张二震，马野青. 国际贸易学. 南京大学出版社，1998 年版.
③ 埃尔赫南·赫尔普曼，保罗·克鲁格曼著. 市场结构和对外贸易. 尹翔硕，尹翔康译. 上海人民出版社，2009 年版.

其可获得性与精致程度决定了竞争优势的质量及持续升级的可能性。1996年美国经济学家弗农在其《产品周期中的国际投资与国际贸易》中，提出一国的国际贸易与产品的生命周期息息相关，其中在不同时期产品的技术含量差异较大，且贸易国的比较利益也随产品的技术水平而动态转移。因此，在当今国际分工不断深入的背景下，产品在全球范围内的垂直专业化分工，会受一国的技术创新能力的影响。本书选取创新研发投入占某行业销售额的比例作为衡量制造业企业的技术创新能力的指标，分析其对制造业贸易竞争力的影响。

（三）数据来源

国际市场份额（MS）、贸易专业化指数（TSC）和显示性比较优势指数（TCA）三个指标是根据我国统计局进出口数据联合国贸发会议（UNCATD）的COMTRADE数据库中2001—20010年间的贸易数据计算而得。其中，我国分行业数据是根据收集到HS编码转换成SITC编码，具体处理过程见下表。

表 5-1 我国制造业编码对应的 HS 海关两位编码

制造业编码	HS两位海关编码	制造业编码	HS两位海关编码	制造业编码	HS两位海关编码
农副食品加工业	02, 03, 04, 07, 11, 15, 17, 20,	医药制造业	30	木材加工及木、竹、藤、棕、草制品业	44, 45, 46
食品制造业	17, 19, 21, 23	化学纤维制造业	47, 54, 55	家具制造业	94
饮料制造业	09, 22	橡胶制品业	40	造纸及纸制品业	48
烟草制品业	24	塑料制品业	39	印刷业和记录媒介的复制	49
纺织业	50, 51, 52, 56, 60	非金属矿物制品业	13, 25, 68, 69, 70	文教体育用品制造业	95, 96
纺织服装鞋帽制造业	61, 62, 63, 64, 65	黑色金属冶炼及压延加工业	72	专用设备制造业	88, 89
皮革、毛皮、羽毛（绒）及其制品业	41, 42, 43, 67	有色金属冶炼及压延加工业	28, 74, 75, 78, 80, 81	交通运输设备制造业	87
石油加工、炼焦及核燃料加工业	27	金属制品业	76, 82, 83	电气机械及器材制造业	85

续表

制造业编码	HS两位海关编码	制造业编码	HS两位海关编码	制造业编码	HS两位海关编码
化学原料及化学制品制造业	28，29，31，32，33，34，38，39	通用设备制造业	84	通信设备、计算机及其他电子设备制造业	86
仪器仪表及文化、办公用机械制造业	90，91，92				

数据来源：根据李文溥、郑建清、林金霞：《制造业劳动报酬水平与产业竞争力变动趋势探析》，经济学动态，2011（8）整理。

R&D经费数据来源于各年份《中国科技统计年鉴》，其他数据均根据各年《中国工业经济统计年鉴》和国研网工业统计数据库整理计算获得。

二、以国际市场份额为因变量的影响分析

（一）单位根检验

按照正规程序，面板数据模型在回归前需检验数据的平稳性。因此为了避免伪回归，确保估计结果的有效性，我们必须对各面板序列的平稳性进行检验，而检验数据平稳性最常用的办法就是单位根检验。

表5-2 劳动密集型行业单位根检验结果

检验方法	LLC	Breitung	IPS	ADF-Fisher	PP-Fisher
MS	−18.833	1.006	−2.044	49.457	69.194
	0.000	0.843	0.021	0.004	0.000
ERS	−7.47311	—	−2.49834	52.3194	66.5516
	0.0000		0.0062	0.0016	0.0000
FDI	−4.51546	—	−0.43862	29.6526	35.3792
	0.0000		0.3305	0.2823	0.1037
L	−9.8641	−2.99202	−1.18835	46.6925	107.204
	0.0000	0.0014	0.1173	0.0076	0.0000
WAGE	−8.01872	−2.17998	−0.53612	33.9989	79.7777
	0.0000	0.0146	0.2959	0.1351	0.0000

续 表

检验方法	LLC	Breitung	IPS	ADF-Fisher	PP-Fisher
SIZE	-10.8899	2.79241	-1.08061	44.4827	55.9838
	0.0000	0.9974	0.1399	0.0134	0.0006
RD	-5.95557	—	-3.10409	55.3760	75.2128
	0.0000	—	0.0010	0.0007	0.0000
IN	-4.2499	2.01951	-0.16346	29.4535	80.6725
	0.0000	0.9783	0.4351	0.2909	0.0000

通过对劳动密集型行业的变量进行单位检验（见表5-2）可以发现，劳动密集型行业所有变量通过了绝大部分的单位根检验，拒绝了存在单位根的原假设，因此，我们认为上述变量均是平稳的，不存在单位根。

表5-3 资本密集型行业单位根检验结果

检验方法	LLC	Breitung	IPS	ADF-Fisher	PP-Fisher
MS	-5.3991		-1.6707	28.5966	35.0137
	0.0000		0.0474	0.0268	0.0040
ERS	-8.57403	-3.10251	-0.83166	29.3217	57.7087
	0.0000	0.0010	0.2028	0.0219	0.0000
FDI	-39.6756	-0.33283	-3.99469	36.6223	35.8628
	0.0000	0.3696	0.0000	0.0024	0.0030
L	-6.90213	-2.70422	-0.52299	23.7133	36.5654
	0.0000	0.0034	0.3005	0.0960	0.0024
WAGE	-19.9951	-1.91028	-1.43685	32.3739	43.3124
	0.0000	0.0280	0.0754	0.0089	0.0003
SIZE	-5.50778		-2.70683	39.2634	53.7525
	0.0000		0.0034	0.0010	0.0000
RD	-2.53794		-1.63891	27.1145	37.6227
	0.0056		0.0506	0.0402	0.0017

续 表

检验方法	LLC	Breitung	IPS	ADF-Fisher	PP-Fisher
IN	−5.81847			47.4644	50.7745
	0.0000			0.0001	0.0000

对资本密集型行业的变量进行单位根检验，我们发现，资本密集型行业中除了 FDI、MS 和 R&D 三个指标是平稳序列外，其他指标均为不平稳序列。其中，ERS～I（1）为一阶平稳序列；WAGE 和 IN 为二阶平稳序列 I（2）。根据协整检验的要求，经分析，资本密集型变量符合协整检验的要求。

表 5－4　技术密集型行业单位根检验结果

检验方法	LLC	Breitung	IPS	ADF-Fisher	PP-Fisher
MS	−5.051		0.23846	22.9587	19.7198
	0.000		0.5942	0.0281	0.0726
ERS	−2.75455			18.1146	27.1391
	0.0029			0.1123	0.0074
FDI	−3.14138			21.9094	21.8656
	0.0008			0.0385	0.0391
L	−5.82839		−2.90635	34.5152	65.3944
	0.0000		0.0018	0.0006	0.0000
WAGE	−3.99609		−1.72219	27.3492	37.1826
	0.0000		0.0425	0.0069	0.0002
SIZE	−4.56865	−0.51338	−0.57379	20.0685	28.7859
	0.0000	0.3038	0.2831	0.0658	0.0042
RD	−3.39841		−1.77544	22.8007	27.7121
	0.0003		0.0379	0.0295	0.0061
IN	−11.7771	−0.27769	−1.62863	31.9541	48.4148
	0.0000	0.3906	0.0517	0.0014	0.0000

对技术密集型行业的变量进行单位根检验，我们发现，技术密集型行业中除了 FDI 和 IN 两个指标不是平稳序列外，其他指标均为平稳序列。其中，FDI～I（1）为二阶平稳序列；IN 为二阶平稳序列 I（2）。

根据协整检验的要求,在模型分析中,我们对 FDI 变量进行差分后,对技术密集型模型进行协整检验。

(二) 协整检验

上文分析表明,所有变量均是平稳的,符合协整检验的条件,通过对变量进行协整检验,从检验结果可以看出,我国劳动密集型、资本密集型和技术密集型行业的环境规制与国际市场份额以及控制变量的面板数据之间存在协整关系,可以对原方程进行回归分析。

(三) 回归分析

对面板数据进行回归分析,首先要确定影响形式,即要选择面板数据模型的形式,面板数据模型形式共有三种,分别是固定效应、随机效应和混合效应。根据以上检验步骤,分别得到劳动密集型、资本密集型和技术密集型共 27 个制造业的检验估计结果(如下表 5-5 所示),各模型均在统计意义上显著。

表 5-5　制造业各行业模型选择的 F 检验和 Hausman 检验

行业样本	F_2 统计量	F_1 统计量	χ^2 统计量	p 值	模型类型
劳动密集型	1.548	1.037	—	—	混合效应
资本密集型	0.3427	0.370	—	—	混合效应
技术密集型	1.86	0.85	—	—	混合效应

通过计算我们得到劳动密集型、资本密集型和技术密集型行业的相应的残差平方和,利用残差平方和计算 F 统计量。其中,劳动密集型行业的两个 F 统计量分别为:

$$F_1 = ((S_2 - S_1)/84)/(S_1/13) = 1.037$$
$$F_2 = ((S_3 - S_1)/96)/(S_1/13) = 7.848$$

利用函数 @qfdist(d, k_1, k_2) 得到 F 分布的临界值,其中 d 是临界点,k_1 和 k_2 是自由度。在给定 5% 的显著性水平下($d = 0.95$),得到相应的临界值为:

$$F_{\alpha_2}(96, 13) = 1.79 \qquad F_{\alpha_1}(84, 13) = 1.82$$

由于 $F_2 < 1.79$,所以接受 H_2。因此,劳动密集型行业的模型应采用混合效应模型进行分析。

资本密集型行业的两个 F 统计量分别为:

$$F_1 = ((S_2 - S_1)/49)/(S_1/8) = 0.37$$
$$F_2 = ((S_3 - S_1)/56)/(S_1/8) = 0.3427$$

利用函数 @qfdist (d, k_1, k_2) 得到 F 分布的临界值，其中 d 是临界点，k_1 和 k_2 是自由度。在给定 5% 的显著性水平下 ($d=0.95$)，得到相应的临界值为：

$$F_{\alpha_2}(56, 8) = 2.11 \qquad F_{\alpha_1}(49, 8) = 2.13$$

由于 $F_2<2.11$，所以接受原假设 H_2。因此，资本密集型行业的模型应采用混合效应模型进行分析。

技术密集型行业的两个 F 统计量分别为：

$$F_1 = ((S_2-S_1)/49)/(S_1/8) = 0.85$$
$$F_2 = ((S_3-S_1)/56)/(S_1/8) = 2.86$$

利用函数 @qfdist (d, k_1, k_2) 得到 F 分布的临界值，其中 d 是临界点，k_1 和 k_2 是自由度。在给定 5% 的显著性水平下 ($d=0.95$)，得到相应的临界值为：

$$F_{\alpha_2}(56, 8) = 2.11 \qquad F_{\alpha_1}(49, 8) = 2.13$$

由于 $F_2<2.11$，所以接受 H_2。因此，技术密集型行业的模型应采用混合效应模型进行分析。

表 5-6　中国劳动密集型制造业环境规制对贸易竞争力的影响

Variable	模型 1	模型 2	模型 3	模型 4
ERS	−0.63 (−1.789)***	−0.182 (−0.65)	−0.871 (−2.189)***	−0.458359 (−1.05918)***
FDI	3.67 (20.85)***	1.449 (3.813)***	4.105 (9.624)***	4.051 (10.69)***
SIZE				−1.185 (−2.391)***
L		0.5117 (3.18)***		
WAGE			0.34117 (2.1898)***	
IN				0.16067 (0.3499)***
RD		−3.95 (−0.592)***		
R^2 值	0.445	0.5928	0.540131	0.4733
$AD-R^2$ 值	0.44	0.516176	0.491954	0.4594

注：括号内是各个变量 t 检验值；* 表示在 10% 的置信水平下显著；** 表示在 5% 的置信水平下显著；*** 表示在 1% 的置信水平下显著。

对模型进行固定效应回归分析时,我们发现,单独对环境规制变量与 ERS 进行回归分析,得到的相关系数为 -0.773092,T 统计量为 2.798,通过了 t 检验,说明采用国际市场份额为指标衡量贸易竞争力时,环境规制对国际市场份额存在显著的影响,严格的环境规制措施,会降低我国国际市场份额。虽然,当在模型中引入 FDI 变量后,环境规制变量的系数出现了变化,但是其仍然对国际市场份额有负面的影响。同时,所有模型 FDI 变量的系数均显著为正,说明 FDI 对我国劳动密集型产业的国际市场份额影响更大。这和大多数研究得出的结论相似,外资利用我国的廉价劳动力,从事加工装配贸易,复出口到国外,使得我国的贸易成了"表面光",只赚骨头不赚肉的贸易方式。当在模型中引进生产率和研发投入变量时,我们发现 ERS 变量的系数仍然显著为负,生产率的系数也显著为正,说明劳动生产率也是主要影响劳动密集型行业贸易竞争力的指标,我国企业出口竞争力的提高,得益于我国企业劳动生产率较高,正如李文溥(2011)研究支出虽然我国制造业劳动报酬水平在逐年递增,但是制造业劳动生产率提高速度远远超过了劳动报酬的增长幅度,从而提高了我国制造业贸易竞争力;而研发投入指标对劳动密集型行业的影响比较显著,且是负面影响,这更进一步说明我国劳动密集型行业参与国际分工主要是由于劳动力的低成本优势形成的竞争力。

当引进固定资产投资变量时,我们发现随着国内固定资产投资的增加,我国贸易竞争力也在不断上升,可能的原因是由于国内投资的上升,将提高企业的生产能力和生产水平,生产的产品更加符合跨国公司的需要,有利于国内加工型企业接受国外的订单。引进工资变量,我们发现工资水平与贸易竞争力也呈正相关的关系,工资水平每上升一个单位会导致贸易竞争力上升 0.34 个单位,我们认为可能的原因是,随着国内人力资本水平的不断提高,劳动力综合素质也不断提高,这也进一步提高了对外资的吸收能力,会吸引更多的外资企业将生产加工环节转移到我国,从而使得我国出口规模显著提高。因此,劳动力工资水平的提高是通过引进外资,间接地促进了我国贸易竞争力。与此同时,我们发现企业规模对贸易竞争力的影响虽然也为负,企业规模上升一个单位,引起国际市场份额下降 1.185 个单位。说明我国劳动密集型行业中,中小企业作为出口的主力军,随着企业规模的不断上升,会挤占中小企业的生存空间。

表 5-7　中国资本密集型行业环境规制对贸易竞争力的影响

Variable	Coefficient	Std. Error	t-Statistic	Prob.
ERS	1.291145	0.055783	23.14577	0.0000
FDI	0.575438	0.046115	12.47830	0.0000
L	0.054667	0.010601	5.156995	0.0000
IN	−0.313009	0.022433	−13.95324	0.0000
SIZE	−0.018568	0.000943	−19.68383	0.0000
RD	−5.523019	0.915805	−6.030782	0.0000
WAGE	0.220789	0.015183	14.54185	0.0000
R^2 值		0.968198		
$AD-R^2$ 值		0.965263		
$D-W$ 值		1.736749		

注：括号内是各个变量 t 检验值；* 表示在 10% 的置信水平下显著；** 表示在 5% 的置信水平下显著；*** 表示在 1% 的置信水平下显著。

对资本密集型行业的数据进行回归我们发现，模型的 R^2 值为 0.97，说明模型构建的拟合的非常好，而且所有变量均通过了显著性检验，其中 ERS 的相关系数为 1.29，且显著正相关，通过了 T 检验，说明随着环境规制程度的提高，资本密集型行业的贸易竞争力将上升。本书的经验分析表明，环境规制能够提高资本密集型行业的国际市场份额。本书的研究结论与 Cole 和 Elliott（2003a）的研究结果相同，由于资本密集型行业主要是黑色金属冶炼和有色金属冶炼等行业，这些行业多属于一些不可再生资源，环境规制只能限制开采量，却不能使资源禀赋增加，因而内生的环境规制不能影响这类商品的出口。FDI 变量的相关系数为 0.57，即外资规模每上升 1 个单位，将引起贸易竞争力上升 0.57 个单位，这和前文分析的劳动密集型行业的结果相似，在此不再赘述。企业规模对贸易竞争力则起负面的影响，随着企业规模的扩大，贸易竞争力反而下降，本书分析可能的原因是随着企业规模的扩大，企业对市场的控制能力进一步提高，不利于企业参与国际市场竞争，因而导致贸易竞争力下降。资本密集型行业的生产率水平越高，我国的贸易竞争力也越高，这说明随着我国生产率水平的不断提高，将提高我国制造业的贸易竞争力。与劳动密集型产业相似的是，随着工资水平的提高，资本密集型行业的贸易竞争力也将上升，可能的原因与上文相似。

与劳动密集型行业相同的是，随着研发投入水平的上升，我国贸易竞争力也不断下降，且研发投入对贸易竞争力的影响较大。本书认为其可能的原因是随着企业研发投入的增加，对资本密集型行业而言，会挤占企业的用于生产的资本投入，从而降低企业的国际市场份额。值得注意的是固定资产投资与贸易竞争力之间是负相关的关系，随着固定资产投资的增加，贸易竞争力将不断下降。固定资产投资每上升一个单位，贸易竞争力将下降0.3个单位。由于资本密集型行业多为资源类行业，因此随着国内固定资产投资的不断上升，国内对资源类产品的需求将进一步上升，从而降低了资源类产品的出口，因而会降低其贸易竞争力。

表5-8 中国技术密集型行业环境规制对贸易竞争力的影响

Variable	模型1	模型2	模型3	模型4
ERS	1.475 (6.091)***	0.5113 (1.593)***	1.357 (6.301)***	1.519 (6.9986)***
FDI	−4.7759 (16.2413)***		−6.567 (12.676)***	
SIZE		−0.675 (−4.833)***		
L		0.149 (2.185)***		
WAGE			0.083697 (3.994030)***	
IN				0.385605 (4.28)***
RD				13.88298 (3.058573)***
R^2值	0.696	0.764938	0.768480	0.7609
$AD-R^2$值	0.690	0.758705	0.759400	0.75153
$D-W$值	1.956129	1.905840	1.735552	1.562186

注：括号内是各个变量t检验值；*表示在10%的置信水平下显著；**表示在5%的置信水平下显著；***表示在1%的置信水平下显著。

技术密集型行业的回归结果表明，在技术密集型行业中，ERS与贸易竞争力是正相关的关系，即随着环境规制强度的上升，技术密集型行业的贸易竞争力反而会上升。这说明本书的结论，验证了波特假说，即随着一国环境规制措施要求更加严格，将促进企业进行技术创新，从而提高我国技术密集型行业的国际市场份额。值得注意的是外资与技术密集型行业的贸易竞争力是负相关的关系，即随着外资的进入，技术密集型行业的贸易竞争力将下降。作者认为可能的原因是，由于我国长期依赖劳动力等成本优势参与国际分工，会使得我国长期锁定在价值链的低端，不利于企业进行技术创新，因而外资进入越多，我国企业的技术创新能力越低，技术密集型行业的贸易竞争力相应的也较低。

与上文分析相似的是，企业规模的扩大也不利于技术密集型行业的贸易竞争力的提高，可能的原因是企业规模的扩大，增强了其市场控制能力，从而使得企业的技术创新动力不足，降低了其国际市场竞争力。劳动生产率的提高，有利于提高技术密集型行业的贸易竞争力，其原因与上文类似。研发投入的上升，对技术密集型行业的国际市场份额也有显著的促进作用；工资水平的提高也进一步提升了贸易竞争力；固定资产投资每增加1个单位，将促进贸易竞争力提高0.39个单位。

三、以贸易专业化指数为因变量的影响分析

按照上文的分析思路，要进行回归分析首先需要对变量进行单位根检验和协整检验，才能对方程回归分析。因此，本书按照这个步骤分别进行单位根检验和协整分析，并在此基础上进行回归分析。

（一）单位根检验

由于其他变量与上文以国际市场份额相一致，因此只需要对贸易专业化指数进行单位根检验。通过对不同行业类型的贸易专业化指数进行单位根检验，得到检验结果见表5-9。

表5-9 TSC单位根检验结果

行业类型	LLC	IPS	ADF-Fisher	PP-Fisher
劳动密集型	−5.0455	−1.4375	38.4928	50.3025
	0.0000	0.0753	0.0545	0.0029
资本密集型	0.89613		19.652	30.586
	0.8149		0.236	0.015
技术密集型	−3.508	−0.614	19.760	13.795
	0.000	0.270	0.072	0.314

通过对劳动密集型行业的贸易专业化指数变量进行单位检验（见表5-9）可以发现，劳动密集型的TSC指标也通过了的单位根检验，拒绝了存在单位根的原假设，因此，我们认为上述变量均是平稳的，不存在单位根，可以进行协整分析。

对资本密集型行业的贸易专业化指数进行单位根检验,我们发现,资本密集型行业中除了 FDI、TSC 和 R&D 三个指标是平稳序列外,其他指标均为不平稳序列。其中,ERS～I（1）为一阶平稳序列;WAGE 和 IN 为二阶平稳序列 I（2）。根据协整检验的要求,经分析,资本密集型变量符合协整检验的要求。

对技术密集型行业的变量进行单位根检验,我们发现,技术密集型行业中除了 FDI 和 IN 两个指标不是平稳序列外,其他指标均为平稳序列。其中,FDI 和 IN 为二阶平稳序列 I（2）。根据协整检验的要求,在模型分析中,我们对 FDI 变量进行差分后,对技术密集型模型进行协整检验。

（二）协整检验

上文分析表明,不同行业的变量进行处理后,符合协整检验的条件,通过对变量进行协整检验,从检验结果可以看出,我国劳动密集型、资本密集型和技术密集型行业的环境规制与贸易专业化指数以及控制变量的面板数据之间存在协整关系,可以对原方程进行回归。

（三）回归分析

根据上文的检验步骤,首先需要确定不同行业的模型形式,通过计算处理,分别得到劳动密集型、资本密集型和技术密集型共 27 个制造业的检验估计结果（如表 5-10 所示）,各模型均在统计意义上显著,结果见下表。

表 5-10 制造业各行业模型选择的 F 检验和 Hausman 检验

行业样本	F_2 统计量	F_1 统计量	χ^2 统计量	p 值	模型类型
劳动密集型	6.33	0.519	31.3868	0.0001	固定效应
资本密集型	16.43	0.4966	233.951372	0.0000	固定效应
技术密集型	16.43	0.4966	—	—	固定效应

对劳动密集型以贸易专业化指数衡量的贸易竞争力模型进行回归分析得到上表可以看出,模型的拟合优度均较高,说明模型拟合的较好,变量基本都通过了 t 检验。首先,环境规制强度与贸易专业化指数呈负相关的关系,随着环境规制强度的不断提高,我国劳动密集型行业的贸易竞争力将不断下降,说明环境规制损害了我国劳动密集型行业的贸易竞争力。

表 5-11 中国劳动密集型制造业环境规制对贸易专业化指数的影响

Variable	模型 1	模型 2	模型 3	模型 4
C	−0.268678 (−2.506741)***	−1.285106 (−4.554161)***	−0.623755 (−3.529071)***	−0.014803 (0.161374)
ERS	−0.511325 (−1.592796)*	−1.357023 (−6.300704)***	−0.018456 (−0.104420)	0.223791 (1.690455)***
FDI	0.675125 (4.833293)*	6.567805 (12.67616)***	0.870654 (4.616243)***	0.294728 (1.613611)
SIZE			1.003488 (4.019495)***	
L	0.149807 (2.184772)***			
WAGE		−0.083697 (−3.994030)***		
IN				0.225514 (2.785951)***
RD				−5.614337 (−0.859311)
R^2 值	0.755088	0.768480	0.680379	0.649469
$AD-R^2$ 值	0.737902	0.759400	0.646272	0.631964

注：括号内是各个变量 t 检验值；* 表示在 10% 的置信水平下显著；** 表示在 5% 的置信水平下显著；*** 表示在 1% 的置信水平下显著。

其次，FDI、企业规模、劳动报酬、固定资产投资和生产率对贸易竞争力都产生了正面影响。这与上文以国际市场份额研究结果类似，外资利用我国的劳动力成本低的优势，将生产加工环节转移到我国；同时随着企业规模的扩大，越有利于企业参与国际分工，提高其国际竞争力；但是劳动报酬的提高，对我国企业的贸易专业化指数产生负面影响。这一研究结论与上文采用国际市场份额指标衡量贸易竞争力的结论基本相似，也基本印证了我国劳动密集型行业的比较优势具有传统的要素禀赋的特征，主要是依赖于传统的人力资本禀赋的优势。随着企业的劳动成本不断上升，企业的利润率进一步被挤压，导致大量劳动密集型行业出现了向越南、老挝等一些劳动力成本更加便宜的国家转移，从而降低了我国劳动密集型行业的贸易专业化指数。但是，研发投入对劳动密集型行业的贸易竞争力影响仍然不显著，说明劳动密集型行业的贸易竞争力主要依赖于其劳动成本低的优势。

表 5-12　中国资本密集型行业环境规制对贸易专业化指数的影响

Variable	Coefficient	Std. Error	t-Statistic	Prob.
C	2.6410	0.2226	11.8618	0.0000
ERS	1.291145	0.055783	23.14577	0.0000
FDI	0.575438	0.046115	12.47830	0.0000
L	0.054667	0.010601	5.156995	0.0000
IN	−0.313009	0.022433	−13.95324	0.0000
SIZE	−0.018568	0.000943	−19.68383	0.0000
RD	−5.523019	0.915805	−6.030782	0.0000
WAGE	0.220789	0.015183	14.54185	0.0000
R^2 值	0.968198			
$AD-R^2$ 值	0.965263			
$D-W$ 值	1.736749			

注：括号内是各个变量 t 检验值；＊表示在10％的置信水平下显著；＊＊表示在5％的置信水平下显著；＊＊＊表示在1％的置信水平下显著。

采用固定效应模型对资本密集型行业的数据进行回归分析表明，方程拟合优度为0.968，说明方程拟合的较好，所有变量均通过了显著性检验。其中，环境规制强度与贸易竞争力呈正相关的关系，随着环境规制强度的增强，我国资本密集型行业的贸易竞争力不断提高。这与上文采用国际市场份额作为贸易竞争力的衡量指标得出的结论相一致，说明环境规制强度的提高，有利于促进资本密集型行业改进其节能减排水平和生产技术水平，从而提高其贸易竞争力。第二，FDI、劳动生产率和工资水平的上升对贸易竞争力的影响也是正面的。其中，FDI对资本密集型行业的贸易专业化指数的提高具有促进作用，是由外资的战略导向所决定的，资源寻求型作为外资的战略导向之一，我国丰富、廉价的资源成为吸引外资的重要因素之一，通过在我国进行投资，将开采的资源和产品出口到其他国家，牟取高额的利润。同时，劳动生产率和工资水平上升对贸易专业化指数具有共同的促进作用，两者相互印证，即随着企业员工的综合素质不断提高，员工的劳动生产率也不断提高，相应地，员工的劳动报酬也会不断上升。而生产率的提高会抵消劳动报酬上升对企业利润率带来的负面影响，从而进一步提高企业的贸易专业化指数。

第三，资本密集型行业的企业规模、固定资产投资和研发投入的增加并不利于其贸易专业化指数的提高。一方面，企业规模的上升，意味着整个行业的竞争力会不断下降，企业的效率势必受到影响。企业难以应对激烈的国际市场竞争，从而导致其国际竞争力下降。另一方面，固定资产投资和研发投入对贸易专业化指数的影响，与上文采用国际市场份额指标的研究结果类似，本书在此不再赘述。

表5-13 中国技术密集型行业环境规制对贸易专业化指数的影响

Variable	模型1	模型2	模型3	模型4
C	0.385436 (1.91847)***	−0.65867 (−7.497044)***	−0.629362 (−7.930593)***	−0.160515 (−1.667824)
ERS	0.593934 (5.668566)***	0.546157 (5.588542)***	0.436159 (4.485562)***	0.618795 (5.954743)***
FDI	−1.674778 (−5.823558)***	−1.821089 (−7.746005)***	−0.503572 (−1.691515)*	−1.623875 (−6.338227)***
SIZE			−0.227745 (−4.475000)***	
L	0.082583 (2.721886)***			
WAGE		−0.039623 (−4.167084)		
IN				0.035510 (2.918970)
RD			0.37130 (3.716829)***	
R^2值	0.524029	0.593344	0.669860	0.532919
$AD-R^2$值	0.505363	0.577397	0.650052	0.514602
$D-W$值	1.749217	1.745025	1.793190	1.753310
F	68.95136	88.43048	75.81533	83.64764

注：括号内是各个变量t检验值；*表示在10%的置信水平下显著；**表示在5%的置信水平下显著；***表示在1%的置信水平下显著。

技术密集型行业的固定效应检验结果表明，所有方程的拟合优度均较高，方程拟合得较好，通过了F检验。与资本密集型行业相似，环境规制强度对贸易竞争力的影响为正，说明随着环境规制严格程度的提高，将促进技术密集型行业提高其国际竞争力，究其原因，可能是环境规制强度的提高，迫使企业进行节能减排和生产技术的创新，从而提高了其国际竞争力。其次，固定资产投资、生产率和研发投入的增加也有助于提高技术密集型行业的贸易竞争力。劳动生产率水平的提高，意味着企业单位投入可以生产更多的产品，从而降低企业的劳动成本，进而提高了贸易竞争力。固定资产投资和研发投入的增加，意味着企业可以投入更多的资金从事新技术、新的生产工艺的引进和开发，有利于提高企业的技术水平，提高技术密集型产品的国际竞争力。最后，企业规模、劳动报酬的增加，不利于贸易竞争力的提高。其中，企业规模越大，其市场控制力越强，使得企业缺少创新的动力，降低了其国际竞争力。劳动报酬的上升，提高了企业的生产成本，降低了利润率，挤占了研发资金。

四、以显示性比较优势指数为因变量的影响分析

（一）单位根检验

同样，首先我们必须对各行业的显示性比较优势指数序列的平稳性进行检验，检验结果见下表。

表 5-14　RCA 单位根检验结果

行业类型	LLC	Breitung	IPS	ADF-Fisher	PP-Fisher
劳动密集型	-4.289	-4.131	-1.349	52.847	99.852
	0.000	0.000	0.089	0.001	0.000
资本密集型	-3.36438	-3.227	-1.058	32.5215	61.4474
	0.0004	0.001	0.145	0.0085	0.0000
技术密集型	-18.833	1.006	-2.044	49.457	69.194
	0.000	0.843	0.021	0.004	0.000

通过对劳动密集型行业的变量进行单位检验（见表 5-14）可以发现，劳动密集型行业的 RCA 变量通过了单位根检验，拒绝了存在单位根的原假设，因此，我们认为 RCA 变量是平稳的，不存在单位根。

对资本密集型行业的变量进行单位根检验，我们发现，资本密集型行业中除了 FDI、RCA 和 R&D 三个指标是平稳序列外，其他指标均为不平稳序列。其中，ERS~I（1）为一阶平稳序列；WAGE 和 IN 为二阶平稳序列 I（2）。根据协整检验的要求，如果变量个数多于两个，且被解释变量的单整阶数不高于任何一个解释变量的单整阶数，同时最高阶的变量为偶数时，可以对模型进行协整检验。经分析，资本密集型变量符合协整检验的要求。

对技术密集型行业的变量进行单位根检验,我们发现,技术密集型行业中除了 FDI、和 IN 两个指标不是平稳序列外,其他指标均为平稳序列。其中,FDI 和 IN 为二阶平稳序列 I(2)。根据协整检验的要求,在模型分析中,我们对 FDI 变量进行差分后,对技术密集型模型进行协整检验。

(二) 协整检验

上文分析表明,以显示性比较优势指数为因变量的模型符合协整检验的条件,通过对变量进行协整检验,从检验结果可以看出,我国劳动密集型、资本密集型和技术密集型行业的环境规制与 RCA 以及控制变量的面板数据之间存在协整关系,可以对原方程进行回归分析。

(三) 回归分析

在确定了模型形式和模型类型后,根据以上检验步骤,分别得到劳动密集型、资本密集型和技术密集型共 27 个制造业的检验估计结果(如表 5-15 所示),各模型均在统计意义上显著。

表 5-15 制造业各行业模型选择的 F 检验和 Hausman 检验

行业样本	F_2 统计量	F_1 统计量	χ^2 统计量	p 值	模型类型
劳动密集型	51.81	0.518	215.1118	0.0000	固定效应
资本密集型	0.121	0.154	—	—	混合效应
技术密集型	10.078	0.13	—	—	固定效应

首先,对环境规制与劳动密集型行业的显示性比较优势指数进行回归分析表明,环境规制与显示性比较优势指数之间有显著的因果关系,环境规制措施越严格,我国显示性比较优势指数越低。将 FDI、劳动生产率和企业规模变量与显示性比较优势指数进行回归发现,这些变量均通过了显著性检验,说明这些变量也是影响显示性比较优势指数的主要指标。本书通过逐个引进变量对模型进行分析。

表 5-16 中国劳动密集型制造业环境规制对显示性比较优势指数的影响

Variable	模型 1	模型 2	模型 3	模型 4
C	0.049223 (3.143045)***	−0.191473 (−20.75)***	−0.41262 (−18.85)***	−0.205591 (−18.44)***
ERS	−0.004324 (−2.23307)***	−0.001130 (−4.959574)***	−0.00404 (−2.63158)***	−0.013881 (−16.876)***

续　表

Variable	模型1	模型2	模型3	模型4
FDI	0.010633 (2.063357)***	0.005344 (11.29244)***	0.020949 (5.25546)***	0.014148 (21.032)***
SIZE			0.08543 (17.4016)***	
L	0.021370 (24.16473)***			
WAGE		0.007794 (279.7042)***		
IN				0.009374 (81.2335)***
RD			0.257317 (2.130085)**	
R^2值	0.536437	0.912997	0.521919	0.325325
$AD-R^2$值	0.528304	0.911471	0.509226	0.313488
F	121.100403	190.2583	182.9229	130.6097

注：括号内是各个变量 t 检验值；*表示在10%的置信水平下显著；**表示在5%的置信水平下显著；***表示在1%的置信水平下显著。

其次，逐个引进变量以后我们发现，在考虑其他控制变量时，其他模型的拟合优度都比较高，说明方程拟合的较好，能够说明本书要研究的问题。环境规制措施越严格，我国劳动密集型显示性比较优势指数越低，说明环境规制降低了我国劳动密集型行业的贸易竞争。FDI、企业规模、生产率、劳动工资、固定资产投资和研发投入变量对显示性比较优势指数都有显著的正面影响，其中值得注意的是工资水平的上升不但没有降低劳动密集型行业的显示性比较优势指数，相反却提高了显示性比较优势指数。本书认为其可能的原因是，显示性比较优势是一种相对指标，说明劳动力成本的提高虽然降低了贸易专业化指数等，但是只能说明其降低了净出口，而相对竞争力并没有下降。其他指标对现实性比较优势指数的影响，与前文国际市场份额和贸易专业化指数相似，其原因本书不再赘述。

表5-17　中国资本密集型行业环境规制对显示性比较优势指数的影响

Variable	Coefficient	Std. Error	t-Statistic	Prob.
ERS	-0.012894	0.002348	-5.490588	0.0000

续　表

Variable	Coefficient	Std. Error	t-Statistic	Prob.
FDI	0.076419	0.004458	17.14167	0.0000
L	0.023965	0.001731	13.84383	0.0000
IN	0.006670	0.000650	10.26439	0.0000
SIZE	0.000732	4.17E−05	17.54920	0.0000
RD	0.925660	0.113744	8.138119	0.0000
WAGE	−0.010162	0.001071	−9.485484	0.0000
R^2值	0.945850			
$AD-R^2$值	0.940851			
$D-W$值	1.595768			

注：括号内是各个变量 t 检验值；* 表示在 10% 的置信水平下显著；** 表示在 5% 的置信水平下显著；*** 表示在 1% 的置信水平下显著。

对资本密集型行业的数据采用混合效应的模型进行实证分析表明，方程的拟合优度为 0.95，说明方程拟合的较好，能够反映变量之间的关系。其中环境规制指标与显示性比较优势指数呈负相关关系，说明随着环境规制严格程度的提高，我国资本密集型行业的显示性比较优势指数会下降。这与前文采用国际市场份额和贸易专业化指数得出的结论差异较大。本书认为可能的原因是，我国环境规制强度的提高，与一些环境规制措施相对宽松的国家相比，会导致我国资本密集型行业出现政策上的劣势，从而会降低资本密集型行业的相对市场占有率。其次，FDI、企业规模、生产率、固定资产投资和研发投入的增加，都有助于提高我国资本密集型行业的现实性比较优势指数。值得注意的是，本书采用显示性比较优势指数作为贸易竞争力的衡量指标时，劳动报酬的增加对其影响也为负数，固定资产每上升一个单位，显示性比较优势指数将下降 0.01 个单位，这与前文采取贸易专业化指数作为衡量指标得到的结论相一致。

表 5-18　中国技术密集型行业环境规制对显示性比较优势指数的影响

Variable	模型 1	模型 2	模型 3	模型 4
C	−0.076090 (−35.532)***	−0.002995 (−0.532)***	−0.012961 (−4.2222)***	−0.229151 (−33.974)***
ERS	0.015479 (10.94981)***	0.019533 (20.051)***	0.019713 (11.3208)***	−0.005446 (−9.7199)***

续 表

Variable	模型1	模型2	模型3	模型4
FDI	0.036983 (8.942932)*	0.246888 (24.72838)***	0.086052 (12.8963)	0.039753 (6.9681)
SIZE			0.029917 (16.81555)***	
L	0.035505 (46.19983)			
WAGE		−0.002710 (−4.793243)***		
IN				0.037551 (33.677)***
RD			0.484839 (4.365369)***	
R^2值	0.991735	0.955670	0.948928	0.995480
$AD-R^2$值	0.990266	0.947790	0.938482	0.994676
$D-W$值	1.749907	1.837150	1.960524	2.001955
F	332.0219	227.7017	18.90252	658.1057

注：括号内是各个变量 t 检验值；*表示在10%的置信水平下显著；**表示在5%的置信水平下显著；***表示在1%的置信水平下显著。

对技术密集型行业采取固定效应模型进行回归分析表明，所有方程的拟合优度都很高，说明方程拟合的较好，能够反映变量之间的关系。环境规制变量与显示性比较优势指数呈正相关关系，说明技术密集型行业随着环境规制严格程度的不断上升，我国技术密集型行业的现实性比较优势指数会不断上升，这与前文分析的相一致。FDI、企业规模、生产率、研发投入、固定资产投资与显示性比较优势指数呈正相关关系，说明外资的进入，对技术密集型行业存在技术溢出效应，会促进该行业技术水平的提高，提高其贸易竞争力。值得注意的是，技术密集型行业的劳动报酬的增加对现实性比较优势指数也具有抑制效应，由于RCA指数是一种相对指标，本书认为其可能的原因是一方面企业技术创新是一个长期的过程，在技术创新的过程中需要大量的资金投入，而劳动成本不断上升，也给企业带来了额外的负担，会挤占企业的研发资金，从而不利于技术创新型行业出口规模的提高。

第四节　环境规制对贸易竞争力的影响效应

一、环境规制对国际市场份额的影响

上文研究表明，以国际市场份额作为因变量考察我国贸易竞争力，不同行业之间存在着较大的差异。

一是环境规制对不同行业存在着较大的差异。根据上文的研究结果，我们发现，在劳动密集型行业中，环境规制程度的不断提高，将降低其贸易竞争力；而资本密集型行业与技术密集型行业相似，环境规制程度的提高，不但不会降低其国际市场份额，反而会随着环境规制严格程度的不断提高，将促进其产品的出口，提高其国际市场份额，究其原因，上文已经详细分析。

二是外资、企业规模对不同行业的影响比较相似。外资的引进，将有利于提高我国劳动密集型行业和资本密集型行业的国际市场份额，而不利于技术密集型行业的国际市场份额的提高。按照外资的战略类型划分，其中一种主要的类型就是资源寻求型，我国劳动力资源和物质资源丰富，而这正是吸引外资到我国进行投资的重要原因之一。企业规模所有行业都具有显著的负面影响。根据克鲁格曼的新贸易理论，企业规模的上升有助于促进企业的对外贸易，但是我国的现实却恰恰相反。究其原因，本书认为，随着我国国进民退，国有企业控制了大量的资源类行业，降低了企业的生产效率，从而降低了其国际竞争力。

三是工资水平的提高不但没有降低贸易竞争力，反而提高了我国制造业的贸易竞争力。本书分析表明不论是劳动密集型行业还是资本密集型行业工资水平的提高都有利于促进贸易竞争力的提升，这与现有很多文献的分析相一致，为了进一步分析工资水平的影响，很多学者比如李文薄（2011）等构建了产出劳动力成本，分析了劳动报酬对国际竞争力的影响，研究表明由于劳动生产率的更快增长，随着劳动报酬的提高，制造业的企业利润在增长，企业利润率在提高，产品的国际贸易竞争力也进一步增强了。本书实证分析表明，生产率的提高，显著地促进了我国国际市场份额的提高，这一结论也是对李文薄（2011）研究观点的有益补充。

此外，固定资产投资的增加对劳动密集型行业和技术密集型行业

的贸易竞争力都起到了正面的促进作用，但是对资本密集型行业的贸易竞争力起到了负面作用，这和资本密集型行业的行业特征有密切的关系。

二、环境规制对贸易专业化指数的影响

我们对以贸易专业化指数为因变量三种类型行业的研究结果进行比较发现：一方面，环境规制对不同行业类型的影响也存在着明显的差异。其中，劳动密集型行业的环境规制与贸易专业化指数呈负相关的关系，随着环境规制措施严厉程度的增加，贸易专业化指数会不断下降，即贸易竞争力会不断弱化。而环境规制对资本密集型和技术密集型行业的影响都是正相关的关系，说明环境规制越严厉，这些行业的贸易竞争力越强。

另一方面，生产率对不同行业的影响是一致的，生产率的上升，显著地提高了我国贸易专业化指数。但是，企业规模、FDI和劳动报酬对不同行业的影响存在一定的差异，其中劳动密集型行业和资本密集型行业FDI引进规模越大，其贸易专业化指数越高；而FDI对技术密集型行业则呈现负面的影响，外资的引进，对国内企业形成较大的冲击，压缩了内资企业的生存空间，在激烈的市场竞争中，逐渐被淘汰，从而降低了企业的净出口规模。

此外，固定资产投资的增加对不同行业的影响也表现出了较大的差异，对劳动密集型行业和技术密集型行业而言，固定资产投资越多，该行业的贸易专业化指数越高，说明固定资产投资有利于提高该行业的贸易竞争力。但是，对资本密集型行业而言，固定资产投资的增加对贸易专业化指数有负面的作用，随着固定资产投资的增加会抑制贸易竞争力的提高。

三、环境规制对显示性比较优势指数的影响

从显示性比较优势指数为因变量的回归结果可以看出，三类行业之间也存在着明显的差异。首先是环境规制变量与显示性比较优势指数相关性的差异。对劳动密集型行业和资本密集型行业而言，环境规制变量与显示性比较优势指数呈负相关的关系，说明环境规制严厉程度的上升，会降低劳动密集型行业和资本密集型行业的贸易竞争力；对技术密集型行业而言，环境规制严厉程度与显示性比较优势指数呈正相关关

系，说明环境规制越严厉，这些行业的贸易竞争力越强。

其次，FDI、企业规模、固定资产投资、研发投入、生产率和企业规模对三类行业的影响都显著为正。说明这些变量的增加有利于提高我国贸易竞争力，对外资的引进，虽然其也带来了一些负面影响，但是总体而言，其利大于弊，我们应该扬长避短，发挥外资企业对内资企业的示范效应，学习其先进的技术和管理理念。而固定资产投资、研发投入的增加，都有利于我国不同行业的显示性比较优势指数的上升。

最后，劳动报酬的上升，对不同行业的影响差异非常明显。其中，与传统的古典贸易理论预计的相反，工资水平的上升不但没有降低我国劳动密集型行业的显示性比较优势指数，而且有利于提高劳动密集型行业的显示性比较优势指数。但是本书并不认为这一研究结果意味着，我国劳动密集型行业的比较优势不是来源于传统的要素禀赋，更不是对传统的古典贸易理论的否定。而是由于本书采用的是相对指标，劳动报酬的上升，可能会被我国制造业企业的生产率提高相抵消。而对资本密集型和技术密集型行业而言，劳动报酬本身就不是决定其比较优势的主要因素，劳动报酬的提高，会进一步弱化这两个行业的比较优势，从而会降低资本密集型和技术密集型行业的显示性比较优势指数。

通过比较不同因变量指标衡量的贸易竞争力的结果（见表 5-19），我们发现采取不同指标对模型结果存在很大的影响，环境规制与贸易竞争力之间的关系也存在着很大的差异。首先，当采用国际市场份额和贸易专业化指数作为因变量时，环境规制与资本密集型和技术密集型呈正相关关系，说明环境规制有利于这些行业的贸易竞争力的上升；但是环境规制并不利于劳动密集型行业的贸易竞争力的上升。其次，当采用显示性比较优势指数时作为因变量时，环境规制会降低劳动密集型行业和资本密集型行业的贸易竞争力，但是会提高技术密集型行业的贸易竞争力。造成这一研究结果差异的主要原因，本书认为是由于三个指标反映贸易竞争力的侧重点存在较大的差异。国际市场份额指标作为一种绝对指标，直接反映了一国出口占世界出口规模的比例；而贸易专业化指数反映了一国净出口与出口总额的相对变化状况，很大程度上反映了一国净出口的变化；显示性比较优势指数则从世界的角度衡量一国某一行业的出口相对变化状况。正是由于这三个指标的侧重点的差异，所以模型得出的研究结果也存在一定的差异。但是从研究结论我们也可以看出，环境规制会影响我国的贸易竞争力，尤其是劳动密集型行业，不论是采用绝对指标还是相对指标,随着我国环境规制严格程度的不断上升,劳动密集型行业的贸易竞争力都会出现下降。而对资本密集型行业,当采用国际市场份额时,环境规制会提高我国资本密集型行业的出口;但是当采用贸易专业化指数和现实性比较优势指数时,环境规制会降低资本密集型行业的相对竞争力,说明我国资本密集型行业出口增长率相对世界整体增长率出现了一定的下降。而不管采用哪种指标,环境规制技术密集型行业都显著地促进技术密集型行业的贸易竞争力的提高。

表 5-19 不同因变量环境规制对贸易竞争力影响比较

因变量	行业类型	ERS	FDI	SIZE	L	WAGE	IN	RD
国际市场份额	劳动密集型	-	+	-	+	+	+	-
	资本密集型	+	+	+	+	+	-	-
	技术密集型	+	+	-	+	-	+	+
贸易专业化指数	劳动密集型	-	+	+	+	+	+	+
	资本密集型	+	+	+	-	+	+	+
	技术密集型	+	+	+	+	+	+	+
显示性比较优势指数	劳动密集型	-	+	+	+	+	+	+
	资本密集型	-	+	+	+	+	+	+
	技术密集型	+	+	+	+	-	+	+

注:其中-代表自变量与因变量之间的负相关关系;+代表自变量与因变量之间正相关关系。

第五节 主要结论和政策启示

本书研究得出的一个重要结论是环境规制对制造业国际竞争力存在显著影响,但是环境规制并不必然导致国际竞争力的下降。环境规制会影响我国的贸易竞争力,尤其是劳动密集型行业,无论是采用绝对指标还是相对指标,随着我国环境规制严格程度的不断上升,劳动密集型行业的贸易竞争力都会出现下降。当采用国际市场份额时,环境规制会提高我国资本密集型行业的出口;但是当采用贸易专业化指数和现实性比较优势指数时,环境规制会降低资本密集型行业的相对竞争力,说明我国资本密集型行业出口增长率相对世界整体增长率出现了一定的下降。而不管采用哪种指标,环境规制技术密集型行业都显著地提高了技术密集型行业的贸易竞争力。

一国的环境规制措施的制定会从微观、宏观不同角度影响其国际竞争力，但是严格的环境规制措施与一国的国际竞争力的大小之间并未呈现出一种规律性的变化。我国经济发展受益于改革开放政策的制定、基础设施建设的落实和人口红利等潜力的发挥，综合国力不断提升，最新的复旦大学的经济学院（中国）国际竞争力研究基地、复旦大学博弈论与数量经济研究中心课题组发布"2010—2011年世界主要国家（和地区）国际竞争力评价排名"报告，我国国际竞争力排名第二。这份研究报告的排名仅从宏观经济的发展潜力角度展开论述，虽然存在一定的争议，但是我国综合国力的大幅提升却是不争的事实。

综合国力的大幅上升，并不意味着我国的经济发展就是非常健康的，我国经济发展仍然存在着较大的隐患。高能耗、高污染的粗放型发展，微观效率不高，进一步发展受资源和环境因素的严重约束，对我国经济的持续发展，形成了很大的压力。从20世纪80年代，我国就开始关注环境保护问题，但是在那段时期经济发展处于压倒一切的态势，很多地方政府只抓经济发展，而不注重环境保护，甚至形成了一种"先发展，后治理"的思想观念。这就导致了我国的环境不断恶化。进入21世纪，全球气候的变暖引起了世界各国的高度重视，作为高度融入全球经济的大国，我国对环境保护的关注度也在不断提高。一系列政策措施的制定，都加大了环境保护的力度。环境规制严格程度的不断提高，使得我国部分产业的国际竞争力有所下降（主要是劳动密集型产业）。然而，本书的分析表明，环境规制程度的不断提高，一些污染密集型产业和资本密集型产业的国际竞争力不降反升。这一研究结论表明，环境规制并不是影响产业国际竞争力的主要影响因素。一国国际竞争力还会受外资规模、人力资本和研发投入等因素的影响。因而，从我国目前情况来看，环境规制水平的提高，并不必然导致产业国际竞争力的丧失。

上文的研究结论表明，环境规制会对我国贸易竞争力产生显著的影响，但是不同的行业需要区别对待。环境规制一方面提高了企业的生产成本，另一方面，也有利于促进企业技术创新，提高其竞争力。在全球经济步入低碳经济的时代，我们应该采取有效的政策措施，抑制污染密集型产业的发展，促进这些产业的节能减排，提高资源的利用效率。尤其是上文分析表明，劳动密集型行业受到环境规制的影响比较显著，这些行业在发挥劳动力成本比较优势的同时，必须要注意加强监督，保护环境。同时，在后金融危机时代，我国亟须进行产业升级和发展创新型经济，应该在推动产业升级的同时，采取更加严格的环境规制措施，实现"中国制造"向"中国创造"的转变，提高我国资本密集型和技术密集型行业的国际竞争力。

第六章

环境规制对制造业技术创新影响的二重性分析

党的十八大报告中明确提出环境污染、生态失衡是关系人民福祉、关乎民族未来的重要问题。随着经济全球化、工业化、城市化进程的推进，中国生态环境遭到了严重的破坏，加强环境规制已成为中国转变经济发展方式的客观要求。同时，经济结构优化、环境资源恶化、人口红利弱化等因素导致制造业传统增长引擎减弱与转型升级并存，迫切需要通过技术创新推进经济结构战略性调整。因此，在经济转型期，如何激发环境保护对技术创新的"补偿效应"、破解环境保护与技术创新问题具有重要的理论意义和现实意义。

第一节 文献综述

一、国外相关研究

早期的环境经济学文献主要关注环境规制对经济增长的影响，新古典理论认为环境规制会提高企业的成本支出，增加企业的成本负担，从而不利于经济增长。沿着这一理论基础，很多学者研究得出结论环境规制会挤占企业的研发投入资金，从而不利于企业技术创新。对于环境管制政策效应的分析往往是从静态角度出发，在给定企业的技术水平、生产过程、消费需求不发生变化的情况下，衡量环境管制政策所产生的成本和收益（Cropper and Oates, 1992）。在这种假定下，环境管制无可避免地会提高企业成本，减少国内企业在全球市场的市场份额，不利于企业的技术创新。但是 Wesley A. MaGat（1978）[1] 将污染税和污染排放标准比较的静态模型扩展为一个动态模型，比较了不同环境规制措施对企业研发投入资金流向的影响。作者将企业研发投入的资金流向分为两种类型：一种是提高节能减排水平的技术；一种是提高企业生产效率

---

[1] Wesley A. MaGat. Pollution Control and Technological Advance A Dynamic Model of Firm. *Journal of Environmental Economics and Management*, 1978.

的技术。研究表明,两种环境规制措施对企业研发投入资金流向产生了明显不同的影响。作者认为技术创新是环境保护与企业经济绩效间权衡的重要决定因素,通过技术创新不仅能降低污染治理成本,减少企业服从规制的成本负担,而且还可能通过新产品的开发和生产过程的改进,提高生产效率和利润率。Porter(1991)[1]、Porter 和 Linde(1995)[2] 也从动态的角度考察政府的环境管制政策,提出了著名的"波特假说",认为环境管制政策帮助企业克服了组织惰性,促使其研制出更为清洁和环保的生产工艺。如果政府不制定相应的环境管制政策,企业所从事的此类研发活动的水平会低于社会最优的研发水平。他认为严格的环境保护能够引发创新抵消成本,这不但不会造成厂商成本增加,反而可能产生净收益,使厂商在国际市场上更具竞争优势,这被称为"波特假说"。波特假说意味着环境管制政策可以在政府和企业之间形成一种双赢的局面,一方面有利于环境质量的改善;另一方面能够促进企业的技术创新。严厉的环境管制、环保规定或税收变革将会刺激企业寻求技术创新路径,以便降低生产成本和减少污染。波特假说的提出,激发了学者们对环境规制与技术创新相互关系的研究兴趣。现有的研究多是从不同的角度论证环境规制对技术创新的影响效应,对学者的研究结论我们归纳如下:

(一)环境规制对技术创新的正面影响

Adam B. Jaffe and Karen Palmer(1997)[3] 利用制造业 1975—1991 年的面板数据,实证分析了环境治理经费支出对产业技术创新的影响,研究表明滞后的环境治理经费支出对研发投入具有显著的影响,治理成本每增加 1%,研发投入增加 0.15%。然而作者进一步研究发现,行业的专利申请数量与环境治理成本之间的关系并不是很显著。Brunnermeier 和 Cohen(2003)[4] 利用 1983—1992 年美国 146 个制造业

---

[1] Porter ME. America's Green Strategy. *Scientific American*,1991.

[2] Porter ME, Linde C. Toward a New Conception of the Environment Competitiveness Relationship. *Journal of Economic Perspectives*,1995.

[3] Adam B. Jaffe and Karen Palmer. Environmental Regulation And Innovation: A Panel Data Study. *The Review of Economics and Statistics*,Vol. 79,No. 4(Nov.,1997),610 - 619.

[4] Smita B. Brunnermeier,Mark A. Cohen. Determinants of environmental innovation in US manufacturing industries. *Journal of Environmental Economics and Management*,45(2003)278 - 293.

的面板数据，实证分析了环境规制与产业技术创新之间的关系。研究表明，环境科技创新与环境节能减排技术支出正相关；对环境规制政策措施的执行和监视活动，对企业技术创新活动并没有显著的激励作用。且污染治理成本的增加与环境专利间存在较小但统计显著的正相关关系，污染治理成本每增加一百万美元，环境专利增加0.04%。Carmenle和Robert Innes（2006）在基于环境管制与技术创新之间存在双向影响的基础上，用企业污染排放量来表示环境管制政策的严厉程度，利用美国1989—2002年间127个制造行业的数据检验了企业污染排放量和环保型技术专利之间的关系。结果表明污染排放量和环保型技术专利之间存在显著的负相关关系。一方面政府环境管制政策越严厉，则环保型技术专利的数目也就越多；另一方面，环保型技术专利的数目越多，则环境管制政策也会相应更为严格。因此，认为美国的环境管制政策能够有效地激励被管制企业进行创新。Andreas von Dollen 和 Till Requate（2007）[①]研究了当存在长期激励，企业可以应用新的减排技术，且预期在将来会有更好的技术时，受到规制的污染企业在只能投资一次的情况下，会做出何种选择？研究表明，社会福利最大化能否实现，取决于所有投资联合体采用新技术的固定成本。此外，作者还发现，在企业进行投资后，政府规制者可以采取"庇古税"或者可交易排放许可证的方式，通过发布最优的政策措施，实现可应用技术的最优配置。

（二）环境规制对技术创新的负面影响

Brannlund等（1995）以瑞典的纸浆与造纸产业为样本进行的研究表明，严格的环境规制会导致被规制企业的境况变坏。Gray 和 Shadbegian（1995）[②]对美国的纸浆与造纸、石油提炼和炼钢业的研究发现，反映规制严格程度的企业污染治理成本与生产率之间存在负相关关系，提高环境绩效并未给企业带来足以弥补遵循成本的收益。Bhanagar 和 Cohen（1999）考察了从1983年至1992年美国制造行业的企业在面对环境管制的约束下，从事环保型研发活动的情况。实证结果表明环境监测活动的增加并未对企业的技术创新活动产生激励作用。Ratnayake

---

① Andreas von Dollen and Till Requate. Environmental Policy and Incentives to Invest in Advanced Abatement Technology if Arrival of Future Technology is Uncertain-Extended Version. *Economics Working Paper*. 2007.

② Gray, W. B., Manufacturing plant location: Does state pollution regulation matter? *NBER Working Paper*, 8705.

(1999) 从企业的研发投入，而不是专利数目角度出发，对这一问题进行了实证研究，运用 1982 年至 1992 年美国八个主要产业的数据，试图验证环境管制政策究竟是增加还是减少企业的研发支出。实证结果表明环境管制政策并未对企业用于污染处理技术的研发投入产生显著影响。David Popp（2004）[1] 构建了 DICE 模型，分析了能源部门气候变化对技术创新的影响，研究表明：相对于技术创新而言，成本的降低给社会带来的福利更大，而对环保方面的技术创新影响则很小。实证分析表明，对研发投入的挤出是影响创新的主要限制因素。Greenstone、List 和 Syverson（2012）利用美国 1972—1993 年样本数据分析了环境规制对制造业生产率（TFP）的影响，作者研究发现环境规制对美国制造业的技术创新产生显著的负面影响，环境规制措施的严厉程度每上升一个单位，制造业的生产效率下降 2.6 个单位[2]。

（三）不同环境规制政策工具对技术创新的影响

Jaffe 和 Stavins（1995）[3] 建立了一个比较不同环境规制政策对新技术转移的影响，利用惩罚费用、企业治理措施对市场激励型和命令控制型环境规制措施进行量化。研究表明，环境补贴比"庇古税"对企业技术创新的影响更大。Till Requate（1995）[4] 分析了不同环境规制措施对污染企业采用新技术的激励效应。作者重点关注了产出市场，企业可以选择两种不同类型的技术，一种是大幅降低边际成本的技术；另一种是大幅降低固定成本的技术，但是边际成本的降低有限。研究表明，污染税对企业的影响是两种极端的情况，企业要么采用新技术，要么完全不采用新技术；相反，在许可证规制下，企业则部分采用新技术。Jaffe、Newell 和 Stavins（2002）[5] 分析了技术发明、创新与环境政策

---

[1] David Wheeler. Racing to the Bottom? Foreign Investment and Air Pollution in Developing Countries. *The Journal of Environment Development*, 2001.

[2] Michael Greenstone, John A. List, Chad Syverson: The Effects of Environmental Regulation on the Competitiveness of U. S. Manufacturing, NBER Working Paper No. 18392, 2012(9).

[3] Jaffe Adam B. & Stavins Robert N., Dynamic Incentives of Environmental Regulations: The Effects of Alternative Policy Instruments on Technology Diffusion, *Journal of Environmental Economics and Management*, 1995.

[4] Till Requate, Incentives to adopt new technologies under different pollution-control policies, *International Tax and Public Finance*, 1995.

[5] Adam B. Jaffe, Richard G. Newell, Robert N. Stavins. Environmental Policy and Technological Change. *Environmental and Resource Economics*, 22: 41-69, 2002.

之间的关系，提出了最理想的影响技术创新的环境政策是通过税收影响企业的技术创新。Fischer，Carolyn & Parry，Ian W. H. & Pizer，William A（2003）[1] 从质量和数量方面比较了污染税、排放许可证对技术创新的影响。研究表明，污染企业对不同政策工具的偏好并不存在模棱两可的情况，政策工具的福利水平取决于创新的成本，创新的投入则取决于技术是否能被模仿；且政策工具的福利水平是边际环境收益和污染企业数量呈线性关系。Bahar Erbas 和 David Abler（2008）[2] 以英国的造纸产业为例，从博弈论的视角研究了环境规制对内生技术进步的影响，作者构建了非对称的古诺双寡头模型，研究表明不同的政策措施对节能减排的研发投入和节省成本的研发投入所产生的影响有很大的差异，且研发投入的技术溢出效应对企业之间的研发也会产生很大的影响。Frank C. Krysiak（2011）研究了污染密集型行业（发电行业、化学行业等）在什么情况下环境规制会引起最优的技术进步，利用了不确定的成本、时间限制的专利保护等变量进行实证分析。研究表明，在污染税和制定环境标准的情况下，只有最低成本的技术进步会实现；而可交易的许可证措施，则有利于同时推动企业的技术进步[3]。

二、国内相关研究

国内关于环境规制与技术创新之间关系的研究起步较晚，相关文献较少；较早的文献是许庆瑞（1995）通过对江浙50余家企业62项环境技术逐一进行案例分析，发现政府政策是企业环境技术创新最重要的外部动力源，并从创新供给方、创新采纳方、技术本身和环境政策四个方面，论述了我国环境技术创新与扩散的主要障碍因素。其后相关的研究主要是集中在环境规制对技术进步、生产率和生产绩效的影响。

---

[1] Fischer, Carolyn & Parry, Ian W. H. & Pizer, William A. Instrument choice for environmental protection when technological innovation is endogenous, *Journal of Environmental Economics and Management*, 2003.

[2] Bahar Erbas & David Abler, Environmental Policy with Endogenous Technology from a Game Theoretic Perspective: The Case of the US Pulp and Paper Industry, *Environmental & Resource Economics*, *European Association of Environmental and Resource Economists*, 2008.

[3] Frank C. Krysiak. Environmental regulation, technological diversity, and the dynamics of technological change. *Journal of Economic Dynamics & Control*, 2011.

（一）环境规制对技术创新的直接影响

赵红（2008）[1] 利用中国 30 个省市的大中型工业企业的面板数据，实证分析了环境规制对企业技术创新的影响。研究表明，环境规制在中长期对中国企业技术创新有一定的促进作用。环境规制对滞后 1 或 2 期的 R&D 投入强度、专利授权数量以及新产品销售收入比重有显著的正效应，环境规制强度每提高 1%，三者分别增加 0.12%、0.30% 和 0.22%。黄平和胡日东（2010）[2] 对环境规制与企业技术创新相互促进的机理进行了理论分析，并在此基础上利用湖南洞庭湖周边造纸企业的数据进行实证分析，构建了技术创新指标体系，并运用主成分分析法和回归分析法，分析了环境规制与技术创新之间的关系。研究表明：环境规制与企业技术创新两者之间是相互促进、相互协调的正向相关关系。江珂和卢现祥（2011）[3] 利用中国 1997—2007 年 29 个省（直辖市、自治区）的面板数据实证分析了环境规制对中国三类技术创新能力的影响。研究表明，环境规制不会自动对我国创新能力产生促进作用，只有那些人力资本水平，即劳动力平均受教育年限大于 8.1338 的地区，环境规制的加强才会促进其技术创新水平的提升。其中，对东部、中部技术创新能力的提升有显著促进作用，对西部区域几乎没有影响。张成、陆旸、郭路和于同申（2011）[4] 在环境规制强度和企业生产技术进步之间构建了数理模型，并利用面板数据，采用 DEA 方法将全要素生产率分解为技术进步、纯技术效率改善和规模经济，对 1998—2007 年中国 30 个省份工业部门进行了检验。研究表明：在东部和中部地区，初始较弱的环境规制强度确实削弱了企业的生产技术进步率。郭艳，张群，吴石磊（2013）将环境规制作为技术创新的影响因素，利用我国省级面板数据实证分析了环境规制对技术创新的影响，研究表明环境规制对技术创新有显著的促进作用，这种促进作用主要体现为国际贸易的技术溢出效应，且当达到一定临界点以后不同环境规制衡量指标对进口贸易的

---

[1] 赵红. 环境规制对企业技术创新影响的实证研究——以中国 30 个省份大中型工业企业为例. 软科学. 2008, 102 (6): 121—125.

[2] 黄平，胡日东. 环境规制与企业技术创新相互促进的机理与实证研究. 财经理论与实践. 2010, 163 (1): 99—103.

[3] 江珂，卢现祥. 环境规制与技术创新——基于中国 1997—2007 年省际面板数据分析. 科研管理. 2011 (7): 60—66.

[4] 张成，陆旸，郭路，于同申. 环境规制强度和生产技术进步. 经济研究. 2011 (2): 113—124.

技术溢出效应会产生较大差异[1]。

（二）环境规制对技术创新的间接影响

王兵、吴延瑞、颜鹏飞（2008）[2] 运用 Malmquist-Luenberger 生产率指数测度并比较了，对 CO_2 排放做出不同管制的三种情形下 APEC 17 个国家和地区 1980—2004 年的全要素生产率，并利用人均 GDP、工业化水平等指标对环境规制下全要素生产率的影响因素进行了实证分析。研究表明，人均能源使用量和国家的开放度与生产率增长负相关，签订气候协定的虚拟变量与生产率水平的关系不确定。白雪洁，宋莹（2009）[3] 基于效率的视角采用三阶段 DEA 方法，对中国 30 个省的火电行业效率进行分析，作者将效率分为期望产出和非期望产出，通过 DEA 分析、相似 SFA 分析和数据调整。研究表明，环境规制可以提高我国火电行业总体效率水平，总体上存在技术创新激励效应，但并非适用各个地区。许冬兰、董博（2009）[4] 将技术分为强可处置性技术和弱可处置性技术，通过构建联合生产模型，分析了在 1998—2005 年期间环境规制对中国工业的技术效率和生产力损失的影响。研究结果表明，在指定的研究期间，环境规制使得中国工业技术效率提高，但是对于生产力的发展却产生了负面的影响，且不同地区呈现较大的差异。张成、于同申、郭路（2010）[5] 基于工业部门 1996—2007 年的面板数据首先测算出工业 18 个行业的 TFP。通过对环境规制强度和 TFP 进行研究表明：环境规制强度和 TFP 之间存在长期稳定关系；环境规制是 TFP 增长的格兰杰成因，并且随着滞后期的加大，格兰杰成因更加显著；但 TFP 增长不是环境规制的格兰杰成因；环境规制强度的增强能提高 TFP 增长率，并且这种提升作用在长期要比短期更为明显。殷宝庆（2012）利用我国分行业的面板数据分析了在中国企业参与国际垂直专

---

[1] 郭艳，张群，吴石磊. 国际贸易、环境规制与中国的技术创新. 上海经济研究. 2013 (1)：122—129.

[2] 王兵，吴延瑞，颜鹏飞. 环境管制与全要素生产率增长：APEC 的实证研究. 经济研究. 2008 (5)：19—32.

[3] 白雪洁，宋莹. 环境规制、技术创新与中国火电行业的效率提升. 中国工业经济. 2009，257 (8)：68—77.

[4] 许冬兰，董博. 环境规制对技术效率和生产力损失的影响分析. 中国人口资源与环境. 2009 (6)：91—96.

[5] 张成，于同申，郭路. 环境规制影响了中国工业的生产率吗？——基于 DEA 与协整分析的实证检验. 经济理论与经济管理. 2010 (3)：11—17.

业化分工的过程中环境规制对企业全要素生产率的影响，研究表明，环境规制与绿色全要素生产率存在显著的"U"型关系，即随着环境规制强度由弱变强，绿色全要素生产率将先下降后提升，且这种影响不同行业的差异较大[①]。

（三）"波特假说"的验证

熊鹏（2005）[②]比较了传统新古典理论与波特假说的理论基础与经验证据。作者进一步从生产率、信息、成本和诱因的角度分析了两者的差异。黄德春、刘志彪（2006）[③]在 Robert 模型中引入了技术系数，模型表明环境规制在给一些企业带来直接费用的同时，也会激发一些创新，可以部分或全部地抵消这些费用成本。在国家水平上的外部规模经济效应，倘若没有政府的保护，每个国内的企业都能获得后发优势，而先行动的企业将要承担短期成本。显然，在发展中国家进行环境规制，能够引起显著收益，在这些国家，支持波特假设的经验证据也最有力。王国印、王动（2011）[④]利用我国中东部地区 1999—2007 年有关面板数据对"波特假说"进行检验，研究表明：环境规制对任何区域的企业技术创新均能起到刺激作用，不过在不同的区域或情况下，有的作用效果明显，有的暂时不甚明显。即"波特假说"在较落后的中部地区得不到支持，而在较发达的东部地区则得到了很好的支持。沈能、刘凤朝（2012）利用我国 1992—2009 年的面板数据分别从全国与地区层面判断我国环境规制和技术创新的关系，进而利用非线性门槛面板模型实证研究我国环境规制和技术创新的"门槛效应"。研究表明：受不同地区的环境规制强度和经济发展水平的影响，环境规制对技术创新的促进作用存在显著的区域差异，在经济发达的东部地区"波特假说"得到了很好的验证，而在经济发展相对缓慢的中西部地区"波特假说"并不成

---

① 殷宝庆. 环境规制与我国制造业绿色全要素生产率——基于国际垂直专业化视角的实证. 中国人口.资源与环境. 2012（12）：60—66.

② 熊鹏. 环境保护与经济发展——评波特假说与传统新古典经济学之争. 当代经济管理. 2005（5）：80—84.

③ 黄德春,刘志彪. 环境规制与企业自主创新——基于波特假设的企业竞争优势构建. 中国工业经济. 2006, 216（3）：100—106.

④ 王国印,王动. 波特假说、环境规制与企业技术创新——对中东部地区的比较分析. 中国软科学. 2011（1）：100—112.

立[①]。白嘉、韩先锋、宋文飞（2013）基于技术效率的视角对FDI溢出效应、环境规制与双环节R&D创新的关系进行了实证研究。研究发现：环境规制对双环节R&D创新活动有显著的正效应，"波特假说"成立，预示着我国环境规制政策与工业技术创新实现了"双赢"[②]。

三、研究述评

从现有的研究来看，环境规制对技术创新是正面的"补偿效应"还是负面的"抵消效应"仍然歧见迭出。早期的环境经济学文献主要关注环境规制对经济增长的影响，新古典理论认为环境规制会提高企业的成本支出，增加企业的成本负担，从而不利于经济增长。沿着这一理论基础，很多学者研究得出结论环境规制会挤占企业的研发投入资金，从而不利于企业技术创新。对于环境管制政策效应的分析往往是从静态角度出发，在给定企业的技术水平、生产过程、消费需求不发生变化的情况下，衡量环境管制政策所产生的成本和收益（Cropper and Oates, 1992）。在这种假定下，环境管制无可避免地会提高企业成本，减少国内企业在全球市场的市场份额，不利于企业的技术创新。Gray和Shadbegian（1995）、Bhanagar和Cohen（1999）、David Popp（2004）、Bahar Erbas和David Abler、Greenstone、List和Syverson（2012）等从不同角度分析也得出了类似的结论。

但是Wesley A. MaGat（1978）[③] 提出技术创新是环境保护与企业经济绩效间权衡的重要决定因素，通过技术创新不仅能降低污染治理成本，减少企业服从规制的成本负担，而且还可能通过新产品的开发和生产过程的改进，提高生产效率和利润率。Porter（1991）[④]、Porter和Linde（1995）[⑤] 也从动态的角度考察政府的环境管制政策，提出了著名的"波特假说"，认为环境管制政策帮助企业克服了组织惰性，促使其

---

① 沈能，刘凤朝. 高强度的环境规制真能促进技术创新吗？——基于"波特假说"的再检验. 中国软科学. 2012（4）：49—59.
② 白嘉，韩先锋，宋文飞. FDI溢出效应、环境规制与双环节R&D创新——基于工业分行业的经验研究. 科学学与科学技术管理. 2013（1）：56—66.
③ Wesley A. MaGat. Pollution Control and Technological Advance A Dynamic Model of Firm. *Journal of Environmental Economics and Management*, 1978.
④ Porter ME. America's Green Strategy. *Scientific American*, 1991.
⑤ Porter ME, Linde C. Toward a New Conception of the Environment Competitiveness Relationship. *Journal of Economic Perspectives*, 1995.

研制出更为清洁和环保的生产工艺。他认为严格的环境保护能够引发创新抵消成本,这不但不会造成厂商成本增加,反而可能产生净收益,使厂商在国际市场上更具竞争优势,这被称为"波特假说"。"波特假说"的提出,激发了学者们对环境规制与技术创新相互关系的研究兴趣。Adam B. Jaffe 和 Karen Palmer(1997)、Brunnermeier 和 Cohen(2003)、Carmen1e 和 RobertInnes(2006)、Andreas von Dollen 和 Till Requate(2007)等通过实证分析,采取不同的样本数据验证了"波特假说"。

随着国内环境保护意识的不断提高,国内涌现了大量关于环境规制与技术创新方面的研究。黄德春、刘志彪(2006)[①]在 Robert 模型中引入了技术系数,模型表明环境规制在给一些企业带来直接费用的同时,也会激发一些创新,可以部分或全部地抵消这些费用成本。在国家水平上的外部规模经济效应,倘若没有政府的保护,每个国内的企业都能获得后发优势,而先行动的企业将要承担短期成本。显然,在发展中国家进行环境规制,能够引起显著收益,在这些国家,支持波特假设的经验证据也最有力。王兵、吴延瑞、颜鹏飞(2008)[②]运用 Malmquist-Luenberger 生产率指数测度并比较了,对 CO_2 排放做出不同管制的三种情形下 APEC 17 个国家和地区 1980—2004 年的全要素生产率,并利用人均 GDP、工业化水平等指标对环境规制下全要素生产率的影响因素进行了实证分析。研究表明,人均能源使用量和国家的开放度与生产率增长负相关,签订气候协定的虚拟变量与生产率水平的关系不确定。白雪洁、宋莹(2009)[③]基于效率的视角采用三阶段 DEA 方法,对中国 30 个省的火电行业效率进行分析,作者将效率分为期望产出和非期望产出,通过 DEA 分析、相似 SFA 分析和数据调整。研究表明,环境规制可以提高我国火电行业总体效率水平,总体上存在技术创新激励效应,但并非适用各个地区。张成、陆旸、郭路和于同申(2011)[④]在环境规

[①] 黄德春,刘志彪. 环境规制与企业自主创新——基于波特假设的企业竞争优势构建. 中国工业经济. 2006,216(3):100—106.

[②] 王兵,吴延瑞,颜鹏飞. 环境管制与全要素生产率增长:APEC 的实证研究. 经济研究. 2008(5):19—32.

[③] 白雪洁,宋莹. 环境规制、技术创新与中国火电行业的效率提升. 中国工业经济. 2009,257(8):68—77.

[④] 张成,陆旸,郭路,于同申. 环境规制强度和生产技术进步. 经济研究. 2011(2):113—124.

制强度和企业生产技术进步之间构建了数理模型,并利用面板数据,采用 DEA 方法将全要素生产率分解为技术进步、纯技术效率改善和规模经济,对 1998—2007 年中国 30 个省份工业部门进行了检验。研究表明：在东部和中部地区,初始较弱的环境规制强度确实削弱了企业的生产技术进步率。殷宝庆（2012）利用我国分行业的面板数据分析了在中国企业参与国际垂直专业化分工的过程中环境规制对企业全要素生产率的影响,研究表明：环境规制与绿色全要素生产率存在显著的"U"型关系,即随着环境规制强度由弱变强,绿色全要素生产率将先下降后提升,且这种影响不同行业的差异较大[①]。蒋伏心、王竹君等（2013）认为环境规制不但会对技术创新产生直接影响,而且会通过 FDI、企业规模、人力资本水平等因素产生间接影响。作者运用 2004—2011 年江苏省 28 个制造业行业面板数据分析了环境规制对技术创新的直接效应和间接效应。结果表明：环境规制与企业技术创新之间呈现先下降后上升的"U"型动态特征,随着环境规制强度由弱变强,影响效应由"抵消效应"转变为"补偿效应"[②]。

  客观来说,这些研究对理解环境规制对技术创新的影响提供了有益的借鉴。但是,本书认为技术创新是一个多要素互动的结果,一国经济发展水平、政府政策的差异都会对微观企业主体的研发投入产生较大的影响,而环境规制对技术创新的影响更要考虑行业的异质性特征。同时,由于企业的研发投入是一个动态的过程,而现有的研究鲜见从动态的角度对环境规制与技术创新之间的关系进行综合考虑。基于此,本书在理论分析的基础上,通过构建一个动态的面板数据模型,考察了环境规制对不同要素密集型制造业行业的二重性。其余部分结构安排如下：第二部分从理论上分析了环境规制对技术创新影响的二重性；第三部分是模型构建；第四部分是运用 GMM 方法对不同要素密集型制造业行业的二重性进行实证检验；第四部分是主要结论和政策启示。

---

① 殷宝庆.环境规制与我国制造业绿色全要素生产率——基于国际垂直专业化视角的实证.中国人口.资源与环境.2012（12）：60—66.
② 蒋伏心,王竹君,白俊红,环境规制对技术创新影响的双重效应——基于江苏制造业动态面板数据的实证研究.中国工业经济,2013 年第 7 期。

第二节　环境规制影响技术创新二重性的理论分析

根据新古典理论和"波特假说"从动态和静态、短期和长期不同的角度分析了环境规制对企业技术创新的影响，遵循这一逻辑思路，本书从"补偿效应"和"抵消效应"两个角度分析环境规制对技术创新的影响机制。

一、技术创新的内在机制分析

（一）技术创新过程理论

技术创新的形成机制研究是技术创新理论的核心内容，也是有关技术创新其他研究的坚实基础。从20世纪30年代开始，很多经济学家对技术创新过程进行了分析，论述了技术创新的驱动和发生机制。

1. 熊彼特的创新模型

熊彼特在1912年出版的著作《经济发展理论》[①]中提出，技术创新应当遵循以下发展模式：首先，有一些新发明，但是处于市场结构之外，不受现有市场需求的影响。其次，企业家意识到了这项发明的价值，准备冒创新的风险。最后，若创新成功，创新者将获得短期的超额垄断利润，但会随着大量垄断者的出现而减少。在1947年出版的又一部著作《资本主义、社会主义和民主》中，熊彼特进一步发展了创新模型，增加了企业内部的技术创新和模仿者对创新企业垄断地位的影响。对比两个模型，熊彼特思想的主要发展在于将技术创新从外生变量转化为内生变量。

2. 希克斯的诱导创新论

希克斯在1932年出版的《工资理论》一书中，提出了要素稀缺引致发明（创新）论，其核心思想是：首先是一项为了利润的发明，即内生的第一代创新，这一发明引起一个冲击，在短暂的阵痛之后是利润和工资的上升。其次是由于发明引起的冲击造成要素的稀缺，如果没有新的发明，那原有的冲击将会减弱。最后，只有技术变革才是有利可图的，便引致了第二代的创新，解决了要素稀缺的问题，经济系统达到稳定的状态。

---

① ［德］约瑟夫·熊彼特. 经济发展理论. 何畏，易家详译. 北京：商务印书馆，1990.

3. 罗森堡和克莱因的链环回路模型

罗森堡和克莱因于 1986 年提出链环—回路（简称链环）模型，这一模型是分析技术创新过程的较为全面、富有启发性的模型，这一模型侧重于创新过程的描述。对这一模型的构成及路径分析如图 6-1 所示：

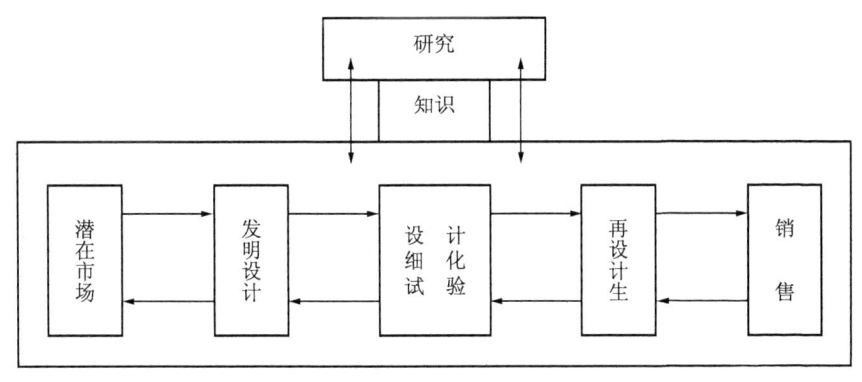

图 6-1 技术创新的链环—回路模型

根据这一模型，总共有 5 条创新路径。（1）第一条路径是创新的中心链，开始于发明设计，通过开发生产等阶段，止于销售。（2）第二条路径是由一系列的主反馈和反馈环组成的反馈回路。反馈表示从对市场需求的察觉，直接返回下一轮设计，以便对产品和服务的性能做进一步的改善。（3）第三条路径是指研究和发明设计过程的相互作用，以及发明设计—知识—研究—设计或设计—知识—设计等多种回路的多次反馈过程。它说明创新是以科学知识的积累为基础的，同时开发工作也经常需要研究（也就是新的科学）。因此，从科学到创新的回路应该贯穿于整个创新过程。（4）在创新的链环—回路模型中，科学不再是创新的初始点，而是创新主链各节点上都需要的东西。科学常常导致根本性的创新，这就是第四条创新路径。（5）与第四条路径相反，创新又能推动科学，这就是第五条路径。该模型将技术创新活动与现有知识存量和基础性研究联系起来，同时又将创新各环节之间的多重反馈关系表达出来，是对创新过程较为合理、较为详尽的解释。

4. 施莫克乐的市场需求引导模型

施莫克乐指出，在创新过程中，发明的生产以及厂商或企业家对发明的看中，其实并没有如一些学者所强调的那么重要。他通过大量的实证统计研究表明，创新是企业或产业为适应市场需求而进行的经济活动，受市场需求的引导和制约。施莫克乐的研究还表明：企业内部的研发机构是最重要的创新源，外生的科学技术对创新的影响无足轻重。

(二) 技术创新的驱动因素

本书在现有研究的基础上，对技术创新的形成机制进行了重新梳理。首先我们认为创新的前身是发明，根据熊彼特的创新模型，发明有两种渠道：一是企业内部的研发机构进行的科学研究，我们称为企业内部的科学和技术发明；二是一些科研院所、高校等进行的科学研究，我们称之为企业外部的科学和技术发明。无论是企业内部的科学和技术发明，还是企业外部的科学和技术发明，其主要研究成果都是以专利的形式表现（见图6-2）。但是由于在从发明过程到商业引进的衔接上会出现多次的脱节。虽然许多发明都会产生专利，但是大多数专利也许除了在讨价还价的柜台上陈列以外，从来没有投入实际的商业应用。企业家利用内部发明的专利或者购买外部发明的专利，将新发明引进生产体系，即从专利到产品化的过程，其实也就是发明的第一次商业化的过程。

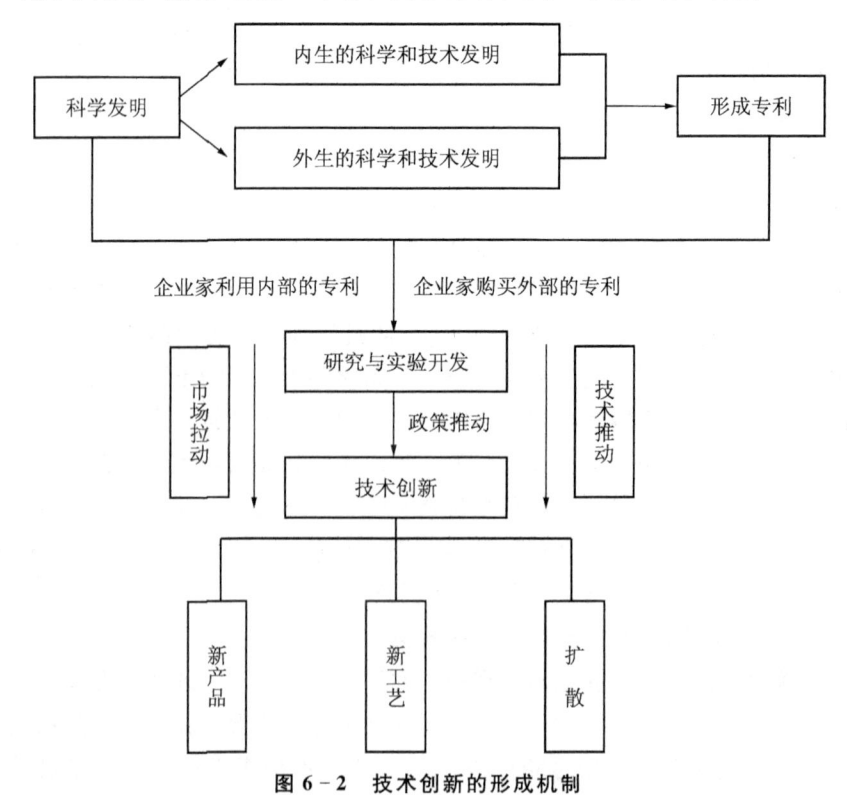

图6-2 技术创新的形成机制

其次，专利到商品化的过程，就是企业的研究与实验开发（R&D）的过程。然而关于R&D与创新的关系，现有的很多研究经常将两者混为一谈，认为只要有R&D，就会产生创新；R&D越多，创新也越多。实际上这两者有着本质的区别。OECD给出的R&D的定义为：研究和实验开发是在一个系统的基础上创造性的工作，其目的在于丰富有关人类、文化和社会的知识库，并利用这一知识进行的发明[①]。从OECD给的定义我们可以看出，R&D一般包括三种活动：基础研究、应用研究和实验开发。在本书的技术创新形成机制中，我们认为R&D是发明与创新之间的桥梁，它是发明的后期阶段，通过研发投入，将专利进行产品化或工艺化；它又是创新的前期阶段，是创新的投入，是创新成功的物质和科学基础。因此，R&D并不一定能产生创新，创新也并不一定非要有R&D活动，但是R&D是创新的一个关键部分，进行R&D活动，有助于企业产生技术创新。所以，很多经济学者用R&D经费多少来测定一国或一企业对技术创新的重视程度。

最后，在这个形成机制中，我们分析的重点是企业进行创新的动机。上文的研究表明，R&D需要大量的资金投入，同时R&D未必能产生创新，即创新存在较大的风险。那么，作为追逐利润最大化的企业，其创新的动机何在？现有的研究中，希克斯从要素稀缺的角度论述了企业创新的动机；罗森堡认为企业生产过程中遇到的瓶颈，是诱导厂家进行创新的原因；罗森堡和克莱因进一步提出了"链环—回路模型"，认为强大的经济冲动决定或限定了科学活动的方向。这些关于技术创新的动因，可以归纳为两类：市场拉动和技术推动。其中技术推动的代表性人物是熊彼特、谢勒尔、菲利普和克利，市场拉动的代表性人物则是施莫克乐、厄特巴克和罗森堡等。

本书在技术创新的形成机制中，认为创新的驱动力会因时间、产业的差异而不同，是市场、科学和政策互动的结果。在市场拉动和技术推动的基础上，进一步引入政府政策的影响。一方面，创新活动与其他活动一样，都是企业家追求利润的活动，它受市场需求的引导和制约。为了满足消费者的潜在需求，抢占短期的超额垄断利润，驱使企业家在新技术或新产品上进行创新投资。另一方面，创新离不开科学知识的积累，创新活动的步伐依赖于科学进展，比如半导体、激光等新的产业，

---

① OECD: The Measurement of Scientific and Technical Activities (1980), Paris, 1981, Chapter2.

都是科学引起的根本性创新。此外,除了市场拉动和技术推动外,政府是外部激励企业创新的重要手段。政府可以通过产权、科技政策和资金方面给予企业创新激励;也可以通过环境规制等措施,用强硬手段胁迫企业进行创新。比如,从中世纪到18世纪欧洲比较流行的家庭产业、合伙企业作为技术创新的重要部分,乃至17世纪英国工业革命的发生,都离不开产权关系所产生的激励力量。但是,这需要政府制定明确的产权制度,对企业的创新行为进行保护。

上文研究表明,正是由于市场、科学和政府的相互作用,共同促进了企业进行技术创新,形成新的产品或新的工艺,通过技术扩散和其他企业的技术模仿,促进全社会的技术进步,从而推动经济发展。然而在现有的研究中,从市场拉动和技术推动方面阐述技术创新的影响机制较多,从环境规制等政策角度的系统分析仍然较少。因此,下文将从环境规制角度,分析政府政策对技术创新的影响机制。

二、环境规制对企业技术创新的抵消效应

根据新古典理论,环境规制水平的提高导致企业环境治理成本支出的增加,这势必会挤占企业的研发投入资金,同时"污染藏纳场假说"认为跨国公司偏向于将产业转移到环境规制相对宽松的地区。因此,在环境规制日趋严格的背景下,由于产权制度的缺失和技术创新的高风险性降低了企业技术创新能力。

(一)挤出效应

首先是创新资金挤出效应。企业进行技术创新需要投入大量的人力、物力和财力,而环境规制提高企业的生产成本,使得企业将有限的资金投入到生产领域中,从而会减少企业研发投入的资金。其次是投资挤出效应。Walter & Ugelow(1979)年提出的"污染藏纳场假说",认为企业会选择环境管制相对宽松的地区进行生产投资,从而会导致发展中国家或者环境规制宽松的国家成为"污染天堂"。同样,根据传统的新古典经济学理论,受严格环境规制的企业,面临着环境保护带来的承重负担,面对严格的环境规制所引起的逐渐增加的运行和投资成本,将使得他们在市场竞争中逐渐丧失其原有的竞争力,一方面他们会倾向选择受规制弱的地区重新布置生产和投资,进行污染产业的转移,降低创新投入份额;另一方面,这些企业也会选择转移生产领域,放弃有污染的产品的生产,而把注意力放在受环境规制影响小的生产领域污染的

项目,从而降低了企业的技术创新能力。

(二)溢出效应

一方面,企业进行技术创新存在着较大的创新失败风险。由于研发投入普遍具有高风险、长周期和结果不确定等特性,增加创新投入存在因研发失败而未能将投入成本转化为预期收益的可能性,对企业的未来收益带来负面影响。环境保护政策将导致企业转换成本增加,企业在生产中的每一个环节都需要考虑制定的环境政策,这必将导致企业的生产工艺改进幅度增加,使得惯性阻力增加。即新技术的投入,相关生产工艺、原材料和循环技术的知识积累相对缺乏,导致创新工艺或产品与原有工艺产品之间资源重叠使用造成的废气率提高,提高了企业的运营成本。

另一方面,由于技术创新具有复杂程度高、资金需求量大、风险大、扩散速度快等特点,企业进行新的技术创新,一旦投入市场必然会引起其他企业的模仿,将"蚕食"创新企业的利益。1962年,Arrow就指出,发明与创新或更一般的知识与信息具有公共产品的一些特征;由于粘性知识固有的非对抗性,为特定的应用目的而开发的知识很容易溢出并用于其他不同的用途;当新技术的秘诀成为公共商品而不为创新企业独占时,溢出效果就会出现。这需要政府不断完善知识产权制度,保护创新企业的利益,解决技术溢出的问题,避免企业存在搭便车的行为[①]。

三、环境规制对企业技术创新的补偿效应

"波特假说"提出严厉的环境管制、环保规定或税收变革将会刺激企业寻求技术创新路径,以便降低生产成本和减少污染,可以在政府和企业之间形成一种双赢的局面,一方面有利于环境质量的改善;另一方面能够促进企业的技术创新。本书将环境规制对企业技术创新的促进作用归纳为生产效应和消费效应两个方面:

一方面,严格的环境规制措施可以刺激企业进行技术创新,从而达到降低生产成本的目的。首先,政府采取环境规制的措施对企业生产中产生的废气、废水等进行控制,将加大企业的生产成本,逼迫企业必须

---

① 赵细康. 环境保护与产业国际竞争力——理论与实证分析. 中国社会科学出版社,2003年版。

采取一定的减排措施或者提高生产效率。企业通过技术创新改进其生产工艺或提高治污能力,最终减缓或抵消政府环境规制所带给企业的环境成本。企业作为利润最大化的追求者,在面临政府制定严格的环境规制措施时,为了应对政府严格的环境标准,企业可以采取两种不同的措施:一是厂商可以通过提高节能减排的成本,增加企业的治污支出(E)来控制污染水平,我们称这种效应为厂商的"节能减排型技术进步"。二是企业在面对严格的环境规制措施时,势必会提高企业的生产成本,企业为了维持高利润率,厂商可以通过技术创新,提高企业的生产效率,从而提高企业的利润率,我们称这种效应为厂商的"技术改造型创新效应"。其次,环境规制政策实施必然要求政府逐步调整现有的一些政策规定,制定有利于环境保护的政策措施。政府采取环境规制措施,提高一国的环境保护水平必然会在财政政策和产业政策上对企业的技术创新进行一定的支持,这将从根本上解决企业创新资金不足的问题。比如,政府会制定全面反映社会成本和环境成本的能源价格政策,或者对新能源、新材料的使用给予一定的政策优惠,这一系列政策措施的制定又会对绿色技术创新产生推动作用。

另一方面,消费者消费理念的变化,要求企业必须加大绿色技术的积累。随着全球对环境保护意识的不断加强,环保理念已经成为企业竞争的一种重要手段,环境规制措施的制定、环境成本的上升和消费者偏好的改变,将从根本上影响企业战略决策的制定。这一变化迫切要求企业以积极主动的战略去面对新的竞争态势,利用政府财政支持、金融支持等,进行绿色技术创新,创造新的竞争优势。因此,社会需求驱动企业加强技术创新,绿色需求及其形成的巨大绿色市场是企业进行绿色技术创新的强大外在动力[1]。

上文的分析表明,政府制定环境规制措施会从生产效应和消费效应对企业的技术创新起到一定的促进作用;但是由于技术创新的溢出效应和挤出效应,环境规制也会对企业的技术创新产生一定的抑制作用,本书对上述影响机制进行归纳总结,将环境规制对技术创新的影响机制归纳总结见图6-3。

---

[1] 赵细康.环境保护与产业国际竞争力——理论与实证分析[M],中国社会科学出版社,2003年版。

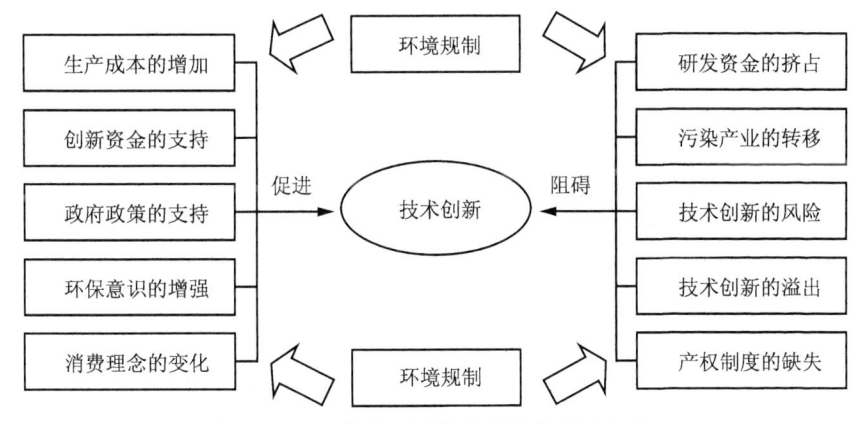

图 6-3 环境规制对技术创新的影响机制

第三节 环境规制影响技术创新的数理分析

关于环境规制对技术创新的影响，很多经济学家进行了理论分析，如 Kennedy（1964）、Kneese and Schwartz（1975）等构建了宏观静态模型，引入了环境变量，分析了影响技术进步的不同因素。为了更好地分析环境规制对技术创新的影响，本书在现有的理论分析的基础上，构建了一个企业动态模型。分析环境税这一环境规制措施对企业技术进步的影响。

一、基本假设

假设 1：企业在生产产品过程中，会同时产出两种产品，分别是产品 X 和污染排放物 Z。其中污染排放物 Z 是副产品，且污染排放是可以治理的，通过提高节能减排技术水平，可以降低企业的污染排放量，但是需要企业进行研发投入。因此，我们将技术进步分为生产技术水平的提高和节能减排技术水平的提高。其中，生产技术水平的提高，可以提高企业的生产效率；节能减排技术水平的提高，有助于企业降低污染排放量。

假设 2：企业在生产过程中可变投入为 L，产出分别为 X 单位的产出和 Z 单位的污染排放量。其中 L 作为一种投入集，包含资本投入和劳动投入等。企业生产技术水平我们用 A 来表示，节能减排技术水平

用 B 表示，则 AX 表示企业的有效产出率；BZ 表示企业的有效排污率，则企业关于投入 L 的联合函数可以表示为：

$$L = \phi[f(AX, BZ)] \qquad (6-1)$$

在式（6-1）中，当 L 总量和 BZ 排放量既定时，随着 A 的下降，X 的产出将不断上升；同理，随着 B 的上升，污染排放量 Z 将下降。因此，通过上文的分析，我们可以得出以下几点：一是在等量的劳动投入和排放水平下，A 越低，产出率越高；二是在等量的劳动和产出率的情况下，B 越高，节能减排技术水平越高，排污量越低。所以，产量的增加意味着 A 的下降，排污量的减少，意味着 B 的上升。

假设 3：式（6-1）为二阶连续的齐次线性函数，则 $\phi(f)$ 为齐次的，且 $\phi' > 0$，代表函数 ϕ 随着 f 的上升而上升；$\phi'' > 0$ 代表函数 ϕ 是规模报酬递减的；$\phi(0) = 0$。

由（6-1）我们还可以得到产量函数 X 和排放量 Z 的边际产出分别为：

$$\frac{\partial X}{\partial L} = 1 / \left(\frac{\partial L}{\partial X} \right) = 1 / [(\phi' f_1 A)] \qquad (6-2A)$$

$$\frac{\partial (-Z)}{\partial L} = -1 / \left(\frac{\partial L}{\partial Z} \right) = -1 / [(\phi' f_2 B)] \qquad (6-2B)$$

其中 $f_1 > 0$，代表随着 AX 的不断上升，需要投入更多的 L；$f_{11} > 0$，代表函数 f 是规模报酬递减的；$f_2 < 0$，代表随着 BZ 的不断上升，企业将投入更少的 L；$f_{22} > 0$，代表函数 f 是规模报酬递减的。

假设 4：不存在外生的技术进步，企业的技术进步，需要进行大量的研发投入，且研发资金投入在生产技术和节能减排技术之间进行线性分配：

$$\dot{A}/A = G(\beta) H(M) \qquad (6-3A)$$

$$\dot{B}/B = \beta H(M) \qquad (6-3B)$$

其中，M 代表 R&D 投入，$H(M)$ 代表 R&D 投入引发的技术水平变化率。$H(M) \geqslant 0$，$H'(M) > 0$ 代表 M 投入越多，企业的技术进步率越高；$H'(0) = \infty$，$H'(0) = 0$ 意味着企业不存在外生的技术进步。β 系数代表支出的研发投入创新的可能性边界，$\beta \geqslant 0$，$G(\beta) \leqslant 0$；$G'(\beta) > 0$，代表随着 β 的上升，$G(\beta)$ 将上升，由于 $G(\beta) \leqslant 0$，所以 A 将上升，意味着用于生产技术进步的研发资金将变少，生产率变化率变小。$G''(\beta) > 0$，$G'(0) = 0$，$G'(\beta_0) = \infty$，β_0 满足 $G(\beta_0) = 0$。我们可以构建

类似的生产可能性曲线来描述上文论述的研发资金投入在生产技术和节能减排技术之间的线性分配关系，见图 6-4。我们可以将图中的曲线定义为技术转换曲线①。

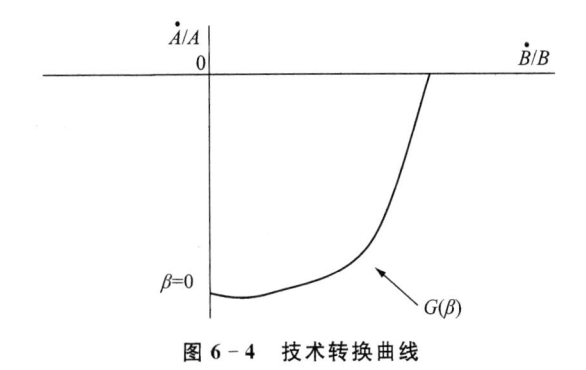

图 6-4 技术转换曲线

根据构建的技术转换曲线，我们可以得到：

$$\sigma = \frac{Z}{X} d\left(\frac{Z}{X}\right) / \left[\left(\frac{\partial Z}{\partial L} / \frac{\partial X}{\partial L}\right) d\left(\frac{\partial X}{\partial L} / \frac{\partial Z}{\partial L}\right)\right] \tag{6-4}$$

由（6-1）式，我们可以将（6-4）式简化为：

$$\sigma = \frac{f_1 f_2}{f f_{12}} = \frac{f_X f_Z}{f f_{XZ}}$$

σ 为产出排放比对边际产出和边际排放比的弹性，通过此式，我们可以测算效率损失。当 $\sigma > 1$ 时，企业偏向于投入更多的资金用于进行节能减排技术水平的提升；当 $\sigma = 1$ 时，企业资金用于两种技术之间无差异；当 $\sigma < 1$ 时，企业偏向于投入更多的资金用于进行生产技术水平的提升。

同理，我们可以通过对 f 求二阶导数，测度劳动投入的规模报酬 $\eta = \phi'' f / \phi'$。当 $\eta > 0$ 时，规模报酬递增；当 $\eta = 0$ 时，规模报酬不变；当 $\eta < 0$ 时，规模报酬递减。

二、数理模型

在上文建立的假设基础上，我们引进环境变量——环境税 τ，分析当存在环境税时，对企业的研发投入产生的影响。当企业生产的产品 X

---

① 类似生产可能性曲线，给定的研发投入资金在生产技术和节能减排技术之间进行分配。如果用于生产技术水平提高的资金较多，则用于节能减排的资金必然减少。

的价格为 P，投入的 L 的价格为 ω，企业的利润函数为：
$$\pi = PX - \omega L - \tau Z \tag{6-5}$$

利润函数对 X 和 Z 求一阶导数，可以得到：
$$P - \omega \phi' f_1(A\hat{X}, B\hat{Z})A = 0 \tag{6-6A}$$
$$\tau + \omega \phi' f_2(A\hat{X}, B\hat{Z})B = 0 \tag{6-6B}$$

我们用利润函数进一步对 A 和 B 求导，分析 A 和 B 的变化对 π 的影响，可以得到：
$$\frac{\partial \pi}{\partial A} = -\omega \phi' f_1 \hat{X} = -\frac{P\hat{X}}{A} < 0 \tag{6-7A}$$
$$\frac{\partial \pi}{\partial B} = -\omega \phi' f_2 \hat{Z} = \frac{\tau \hat{Z}}{B} > 0 \tag{6-7B}$$

（6-7A）和（6-7B）分析得出的结论，这与既有的很多分析相一致，即随着生产技术水平的提高（A 的下降），企业的利润水平将上升；随着节能减排技术水平的提高（B 的上升），企业的利润水平将上升。当产品的价格和环境税固定不变时，企业产出的变化将随着 A 和 B 的变化而变化。因此，我们可以得到：
$$\frac{d\hat{X}}{dt} = \frac{\partial \hat{X}}{\partial A}\dot{A} + \frac{\partial \hat{X}}{\partial B}\dot{B} \tag{6-8}$$

将（6-6A）、（6-6B）代入上式，我们可以得到：
$$\frac{\partial \hat{X}}{\partial A} = \left(\frac{-\hat{X}}{\phi' A \eta f}\right)(\eta(P\hat{X} - \tau\hat{Z}) + P\hat{X} + \eta\sigma\tau\hat{Z}) \tag{6-9A}$$
$$\frac{\partial \hat{X}}{\partial B} = \left(\frac{\hat{X}}{\eta B}\right)\left[\frac{\tau\hat{Z}}{P\hat{X} - \tau\hat{Z}}\right](1 + \eta\sigma) \tag{6-9B}$$

由于在生产过程中是追求利润最大化的，因此 $P\hat{X} - \tau\hat{Z}$ 肯定大于零，否则企业将会亏损。由上次可知 $\eta > 0$，因此，由（6-9A）和（6-9B），我们可以得到 $\frac{\partial \hat{X}}{\partial A} < 0$、$\frac{\partial \hat{X}}{\partial B} > 0$。即随着企业的技术进步，企业的产出率将不断上升。
$$\frac{d\hat{Z}}{dt} = \frac{\partial \hat{Z}}{\partial A}\dot{A} + \frac{\partial \hat{Z}}{\partial B}\dot{B} \tag{6-10}$$

将（6-9A）、（6-9B）代入上式，我们可以得到：

$$\frac{\partial \hat{Z}}{\partial A} = \left(\frac{-\hat{Z}}{A\eta B}\right)\left[\left[\frac{\tau \hat{X}}{P\hat{X} - \tau \hat{Z}}\right](1 + \eta\sigma)\right] \quad (6-11A)$$

$$\frac{\partial \hat{Z}}{\partial B} = \left(\frac{\hat{Z}}{B}\right)\left[\frac{P\hat{X}}{P\hat{X} - \tau \hat{Z}}\right]\left[(\sigma - 1) + \left[\frac{\tau \hat{Z}}{P\hat{X}}\right](1 + 1/\eta)\right] \quad (6-11B)$$

由（6-9A）和（6-9B）可以得到 $\frac{\partial \hat{Z}}{\partial A} < 0$、$\frac{\partial \hat{Z}}{\partial B} > 0$，并且当 $\sigma \geqslant 1 - \left[\left[\frac{\tau \hat{Z}}{P\hat{X}}\right](1 + 1/\eta)\right]$ 时，技术进步将提高企业的节能减排效率。

通过对企业的产出和节能减排进行分析，我们进一步分析企业的产出排放比的变化情况，随着 σ 的变化，企业的研发资金将偏向于不同的部门投入，整理（6-4）式，我们可以得到：

$$\frac{\mathrm{d}(\hat{X}/\hat{Z})}{\mathrm{d}t} \bigg/ (\hat{X}/\hat{Z}) = (\sigma - 1)\frac{\mathrm{d}(A/B)}{\mathrm{d}t} \bigg/ (A/B) \quad (6-12)$$

企业的产出排放比将随着时间的变化而不断变化。结合（6-3A）、（6-3B）和（6-6A）、（6-6B），可以推到出利润函数关于 A、B 的最大化函数为：

$$\max_{\beta, M} \frac{\partial \pi}{\partial A}\dot{A} + \frac{\partial \pi}{\partial B}\dot{B} - rM \quad (6-13)$$

其中 r 代表企业研发投入所需资金的单位成本，将（5-6A）、（5-6B）和（5-10A）、（5-10B）代入到（5-16），可以得到：

$$\max_{\beta, M} \beta H(M)\tau \hat{Z} - G(\beta)H(M)P\hat{X} - rM \quad (6-14)$$

通过对 β 求导，我们可以得到：

$$G'(\beta) = \frac{\tau \hat{Z}}{P\hat{X}} \quad (6-15A)$$

通过对 M 求导，可以得到：

$$\frac{r}{H'(M)} = \hat{\beta}\tau\hat{Z} - G(\hat{\beta})P\hat{X} \quad (6-15B)$$

由于 β 的变化会受到 σ 的影响，所以考察 β 随时间 t 的变化，可以得到：

$$\beta^* = \left(\frac{1}{\gamma}\right)(Z^* - X^*), \quad 令\ \gamma = \frac{G''(\beta)\beta}{G'(\beta)} \quad (6-16)$$

将（6-12）代入（6-16），我们可以得到：

$$\beta^* = \left(\frac{\sigma-1}{\gamma}\right)(B^* - A^*)$$

同理，由（6-15B）我们可以得到最优的研发资金投入为：

$$M^* = \left(\frac{1}{\alpha}\right)\left(\frac{\beta\tau\dot{Z} - G(\beta)P\dot{X}}{\beta\tau Z - G(\beta)PX}\right), \quad 令\ \alpha = \frac{H''(M)M}{H'(M)}$$

分析表明，作为追求利润最大化的企业，为了保持企业的利润水平，当政府征收一定的环境税时，企业将会通过增加研发投入来提高企业的技术水平，从而提高企业的利润。因此，通过上文的基本假设和理论模型，我们发现政府采取环境规制措施（环境税），将会提高企业的研发资金的投入，即从理论上证明了，环境规制会提高企业的技术水平。下文将在数理分析的基础上，采用我国的分行业数据进行实证分析。

第四节 模型构建与实证分析

一、指标的选取及数据处理

企业技术创新是一个多要素互动的过程，要客观地分析环境规制对技术创新的影响，必须考虑我国开放型经济发展的现实特征，尤其是进出口和外商直接投资对制造业行业技术创新的影响，本书主要选取以下指标：

（1）环境规制（ERS）。环境规制的理论基础是外部性理论。当不存在环境规制时，企业在生产的过程中，主要考虑内部的经济性，很少考虑生产的外部性影响。当受到环境成本等规制措施的约束时，企业才有可能在技术创新时考虑和采用同时减少和消费外部边际费用的技术。因而，环境规制对企业技术创新既有市场竞争、社会需求拉动、企业形象维护和政府政策推动等方面的激励作用，也有创新费用挤占、创新风险增加、资源和制度约束等方面的抑制作用。上文的分析也表明，环境规制会通过生产效应、消费效应、挤出效应和溢出效应等多种渠道影响企业的技术创新能力。本书通过收集分行业"工业废水治理设施本年运行费用"和"工业废气治理设施本年运行费用"根据分行业工业总产值，计算各年分行业废水和废气单位污染治理费用，并借鉴蒋伏心，王竹君等（2013）的方法对各行业的单位环境治理成本进行线性标准化。

$$UE_{ij}^s = [UE_{ij} - \min(UE_j)]/[\max(UE_j) - \min(UE_j)] \quad (6-17)$$

其中，UE_{ij}为i行业，j污染物的单位产值污染排放量，$\max(UE_j)$和$\min(UE_j)$分别为各指标在所有行业中的最大值和最小值，UE_{ij}^s为指标的标准化值。在线性标准化的基础上，通过计算行业调整系数加权平均后获得各行业的环境规制数据。

（2）FDI。外商直接投资作为重要的外部战略资源，对我国经济发展起到了重要促进作用。外资的引进不但弥补了我国经济资本的不足，还通过示范效应、就业效应、培训效应等外溢性推动了国内技术进步和经济增长。同时，外资企业在经济全球化的过程中不断整合外部的资源，提升整体技术创新能力。因此，外资企业成为提高我国技术创新能力的重要力量。另一方面，随着中国招商引资规模的不断扩大，外商直接投资对我国代工企业的价值链低端锁定效应、环境资源的恶化等也成为很多学者关注的焦点。因此，本书收集规模以上的工业企业的"港澳台资本"和"外商资本"两个数据，将两个数据相加作为分行业外商直接投资的衡量指标。

（3）企业规模（SIZE）。关于企业规模大小对创新活动的影响仍没有形成一致的结论。熊彼特（1928、1942）强调大的规模和垄断有利于企业进行创新活动。与此相反，传统理论则强调竞争型市场结构更有利于企业进行技术创新。显而易见，规模大的企业在那些因零部件数量多而且复杂，从而开发成本不得不很高的领域内对创新是有利的。个人发明者和小厂商在发明阶段由于开发费用较高，所以大厂商往往在进入创新领域时居于主宰地位。同时，相对于小企业，大企业在资金保障、承担风险、规模经济等方面更有优势。因此，本书选取《中国工业经济统计年鉴》中规模以上工业企业的"工业总产值"和"企业单位数"，计算"工业总产值"与"企业单位数"的比值单位企业产值作为企业规模的衡量指标，单位企业产值越高企业规模越大。

（4）人力资本（WAGE）。人力资本水平在新增长理论中作为促进一个国家经济发展的重要因素之一，作为知识产品的主要载体，人力资本水平的提高可以提高一个地区和企业吸收、学习新技术的能力，影响其自主创新能力。因此，人力资本的水平的提高是一国技术创新水平提高的重要手段。但是囿于分行业教育水平的指标难以收集，考虑到工资水平与人力资本投入之间有显著的关系,本书选取分行业"平均工资"作为替代指标衡量各行业的人力资本水平。其中,"食品加工和制造业"根据"(农副)食品加工业"和"食品制造业"两个行业的数据加权平均获得;"橡胶和塑料制品业"根据"橡胶制品业"和"塑料制品业"两个行业的数据加权平均获得。

(5)出口交货值(EXPORT)。关于国际贸易对企业技术创新的影响,有一系列丰富的研究成果。归纳国际贸易的技术创新效应主要有以下三个方面:首先,市场规模的扩大给出口企业提供了增加收入的良好时机,但也给它们带来了提高效率的压力;其次,外国的消费者对产品更加挑剔,迫使出口企业改进生产工艺流程,提高技术标准等;最后,出口市场由于存在更多更大的供应商,激烈的市场竞争迫使企业提高生产率[①]。本书选取"出口交货值"与"工业总产值"之间的比例作为对外开放度的衡量指标。

(6)利润水平。充足的研发资金是企业技术创新的必要条件。企业的研发资金来源主要是内源融资和外源融资,内源融资主要是来自于企业利润的留存收益,外源融资主要是通过银行的间接融资和资本市场的直接融资。目前,由于我国金融体系发展的不完善和社会信用制度的缺失,企业的资金来源主要是以内源融资为主。因此,丰厚的利润回报为企业研发投入资金提供了有效的保障,越有利于企业从事技术创新。另一方面,丰厚的利润回报也可能是企业凭借其市场优势获得的垄断利润或者过度依赖跨国公司的代工模式,导致企业不思进取,丧失了创新的动力。基于此,本书在实证分析中考察利润对行业技术创新的影响。

根据上文的指标选择,本书构建了一个含有被解释变量滞后一期的动态回归模型,衡量环境规制对制造业技术创新的直接影响效应,具体计量模型为:

$$R\&D_{i,t} = \beta_0 + \beta_1 ERS_{i,t} + \beta_2 R\&D_{i,t-1} + \psi X + \tilde{\varepsilon}_{it} \quad (6-18)$$

其中 $R\&D_{i,t}$ 表示 i 行业 t 期的研发投入,衡量其技术创新能力;$ERS_{i,t}$ 表示 i 行业 t 期的环境规制水平。X 变量由 FDI、企业规模、人力资本、出口交货值、利润率等变量构成。

二、主要变量的描述性统计

考虑到环境规制数据的统计问题,本书的样本期间为 2001—2012

[①] 钱学锋. 国际贸易与产业集聚的互动机制研究. 格致出版社, 2010 年版。

年，选取 28 个制造业行业数据作为研究样本。其中环境规制数据是根本历年《中国环境统计年鉴》中"工业废水治理设施本年运行费用"、"工业废气治理设施本年运行费用"和"工业总产值"计算获得。通过对单位产值的环境治理成本进行统计性描述（见表 6-1）发现，行业之间的环境治理成本呈现较大的差异，其中资本密集型的平均污染治理成本显著高于技术密集型，这也可能是导致环境规制对技术创新影响存在二重性的原因之一。鉴于各行业的环境治理成本呈现出较大的差异性，本书借鉴陈飞翔（2010）的方法，以 2002 年中国工业统计数据使用的产业分类为参照，按资本-劳动比、科技活动人员数占总从业人员数比重来区分相应的劳动密集型、资本密集型以及技术密集型行业，并选取了食品加工和制造业等共 28 个行业作为样本，具体如下：

（1）劳动密集型行业（12 个）。分别为食品加工和制造业（包括食品加工业和食品制造业）、纺织业、服装及其他纤维制品制造业、皮革毛皮羽绒及其制品业、木材加工及竹藤棕草制品业、家具制造业、造纸及纸制品业、印刷业记录媒介的复制、文教体育用品制造业、橡胶和塑料制品业、非金属矿物制造业、金属制品业。其中，"食品加工和制造业"数据为"（农副）食品加工业"和"食品制造业"两个行业的数据合并加工而成；2012 年统计数据只提供"橡胶和塑料制品业"，本书 2001—2011 年的"橡胶和塑料制品业"根据橡胶制品业和塑料制品业合并计算整理获得；2003 年及以后，服装及其他纤维制品制造业调整为纺织服装、鞋、帽制造业。

（2）资本密集型行业（8 个）。包括饮料制造业、烟草加工业、石油加工及炼焦业、化学原料及化学制品制造业、医药制造业、化学纤维制造业、黑色金属冶炼及压延加工业、有色金属冶炼及压延加工业。

（3）技术密集型行业（6 个）。包括通用机械制造业、专用设备制造业、交通运输设备制造业、电气机械及器材制造业、电子及通信设备制造业、仪器仪表及文化办公用机械制造业。2003 年及以后，电子及通信设备制造业数据按通信设备、计算机及其他电子设备制造业来搜集[①]。

---

① 杜宇玮，周长富. 锁定效应与中国代工产业升级——基于制造业分行业面板数据的经验研究. 财贸经济，2012 年第 12 期。

表 6-1　单位产值环境治理成本的统计描述

	变量	样本数	平均值	标准差	最小值	最大值
制造业	单位工业废水治理成本	312	10.84128	15.49826	.05268	111.0959
	单位工业废气治理成本	312	8.042875	13.11973	.2430234	97.23507
劳动密集型	单位工业废水治理成本	144	11.09927	19.72525	.05268	111.0959
	单位工业废气治理成本	144	7.465341	14.43293	.2686425	97.23507
资本密集型	单位工业废水治理成本	96	16.614	10.5305	.5564042	57.62462
	单位工业废气治理成本	96	13.9464	13.39186	1.581409	59.14863
技术密集型	单位工业废水治理成本	72	2.628318	2.550098	.3971069	12.43933
	单位工业废气治理成本	72	1.32658	.951378	.2430234	5.714429

外商直接投资、企业规模、出口交货值和利润率指标是根据历年《中国工业经济统计年鉴》中规模以上工业企业的数据整理获得。人力资本指标的数据是根据历年《中国劳动统计年鉴》中的行业平均工资和历年《中国工业经济统计年鉴》中的行业从业人员数据整理获得。研发投入数据是根据历年《中国科技统计年鉴》中的规模以上工业企业R&D经费内部支出数据获得。具体分析过程中，为了消除变量的量纲，对指标进行了对数化处理。变量的统计性描述见表 6-2。

表 6-2　各变量的统计描述

变量	样本数	平均值	标准差	最小值	最大值
环境规制	312	0.1520489	0.1842226	0	0.777
企业规模	312	8.846189	1.118518	4.905	10.658
出口交货值	312	6.832473	1.472608	2.677591	13.0778
外商直接投资	312	5.989863	1.470987	−0.5798185	9.081789
利润率	312	5.969485	1.238777	2.874694	8.608564
人力资源成本	312	9.779084	1.098368	0.0090751	11.56005
研发投入	312	13.11737	1.516599	8.497398	16.18078

三、实证分析

针对本书短面板数据的特征，本书采用 Arellano and Bond (1991) 提出的差分 GMM 估计方法，运用 Stata11.0 对样本数据进行统计分析。其基本思路是：先对回归模型进行差分以消除地区效应，然后再为每个差分解释变量寻找有效的工具变量。采用 GMM 动态面板数据的分析方法，不仅有利于解决内生变量与扰动项的相关性导致模型估计产生的内生变量偏差问题，而且可以克服扰动项的异方差或者自相关问题。本书通过逐步引入变量分别进行分析，实证分析结果见表6-3。

表6-3 环境规制对制造业技术创新的影响

变量	制造业	劳动密集型	资本密集型	技术密集型
滞后一期	.4039*** (17.85)	.0575 (0.84)	.4331** (2.33)	.6492*** (6.70)
环境规制	－.8571*** (－2.83)	－.136 (－0.21)	－2.3239* (－1.95)	22.655* (1.77)
出口交货值	.4595*** (5.75)	1.156*** (3.77)	1.3905*** (4.11)	.5446** (2.26)
外商直接投资	.2342*** (5.96)	.825* (1.26)	.6108* (1.62)	.9991* (1.61)
企业规模	－.5339*** (－7.22)	－.492** (－2.26)	－2.1187** (－1.80)	－.8736*** (－2.75)
利润率	.1572*** (5.63)	－.242*** (－3.67)	－.3556* (－1.48)	.2057* (1.79)
人力资本水平	.0219*** (3.14)	.275*** (1.61)	.7725 (0.81)	.0224 (0.18)
常数项	7.0782*** (36.50)	1.633 (0.92)	16.3079*** (2.72)	21.6091 (3.25)***
Sargan检验	23.65 (0.9999)	10.105 (1.00)	.8742 (1.00)	4.8820 (1.00)
AR（1）	－3.6722 (0.0002)	－1.8545 (0.0637)	－3.2988 (0.0010)	－.42532 (0.6706)
AR（2）	－2.373 (0.0176)		－1.2026 (0.2291)	
AR（3）	－.4151 (0.6781)			

注：(1) ***、**、* 分别表示在1%、5%和10%水平上的统计显著性，括号中数据为z统计量；(2) Sargan检验一栏中列出的为过度识别的检验值，AR（1）、AR（2）、AR（3）分别表示一阶、二阶和三阶差分残差序列的Arellano-Bond自相关检验。实证分析结果显示，四个模型中扰动项的差分接受原假设"扰动项ε_{it}无自相关"，可以使用差分GMM。其次，由于此差分GMM使用了117个工具变量，需要进行过渡识别检验。过渡识别检验结果显示，接受"所有工具变量均有效"的原假设的概率可达到99%以上。

(1) 模型1利用制造业行业面板数据实证分析结果表明，环境规制对技术创新具有较强的抵消效应，环境治理成本每上升1个单位，研发投入将减少0.85%个单位，且所有变量均在统计上完全显著，这与李玲，陶峰（2012）的研究结论一致，即企业污染治理成本的增加会挤占企业研发资金的投入。同时，出口、外商直接投资、利润率和人力资本水平对企业研发投入具有显著的促进作用。而企业规模越大，企业研发投入越少，这表明垄断优势保证大企业享有较高的垄断利润，这也是很多大企业"不思进取"的原因之一。但是，如果仅仅根据这一研究结果就可以得出环境规制对企业技术创新具有"抵消效应"，可能会误导地方政府的政策制定。正如前文所述，劳动密集型、资本密集型和技术密集型行业的环境治理成本存在较大的差异，这种差异是否会造成环境规制对技术创新影响效应的差异，值得进一步探究。

（2）环境规制对劳动密集型行业技术创新的影响并不显著。本书利用劳动密集型行业数据，无论是单独对环境规制与技术创新进行回归分析，还是在模型中逐个引进变量，环境规制变量的系数均不显著。其原因可能是由于环境污染治理成本占企业的总成本较低，劳动密集型行业企业更加关注的是企业的劳动力成本和人民币升值等对企业利润的影响。这一假设从其他变量对技术创新的影响也得到了验证。首先，出口和外商直接投资对劳动密集型行业的技术创新具有显著的正面影响，这从侧面反映了我国劳动密集型行业过度依赖于低端劳动力要素的加工生产模式嵌入全球价值链的现实特征，外资代工模式促成了劳动密集型制造业的锁定效应，沦为跨国公司的"血汗工厂"。锁定在价值链低端的国内代工企业，其产业技术升级的驱动力主要是被动的满足跨国公司和出口所在地的技术要求。其次，人力资本水平与研发投入的正相关性表明劳动力成本的上升也会倒逼制造业企业加大研发投入。伴随着国内人口红利的下降，很多企业通过加大研发投入，提高企业生产效率降低经营成本。比如长三角地区的很多劳动密集型企业通过引进机器人代替劳动力的方式，克服劳动力成本上升带来的负面影响。最后，大企业的"不思进取"在劳动密集型行业更加明显。利润率和企业规模对劳动密集型行业技术创新的负面影响（1%水平下显著）表明在劳动力密集型行业高利润率不但没有为技术创新提供创新资金支持，反而导致企业安于现状；另一方面，大企业凭借其强大的市场优势和地方政府的"特殊照顾"[①]形成了组织惰性，丧失了创新的动力。

（3）环境规制对资本密集型行业具有显著的"抵消效应"。通过在

---

① 比如"富士康"为了缓解劳动力成本上升而进行的大规模内迁，曾引起了很多地方政府的争夺战。

模型中逐个引入变量发现，环境规制对资本密集型行业的技术创新具有显著的负面影响。究其原因，资本密集型行业作为污染排放的主要来源，在严格的环境规制下，企业需要投入一定的成本进行环境治理，较高的环境治理成本挤占了企业的研发投入。从环境治理成本的统计性描述也可以看出，在三种制造业行业类型中，资本密集型行业的平均环境治理成本远高于劳动密集型和技术密集型行业（见表6-1）。其次，出口和外商直接投资对资本密集型技术创新的正面影响。对出口而言，出口市场的规模扩大和国际市场更加激烈的竞争，迫使企业通过加大研发投入提升生产效率，提高企业的国际竞争力。外资的引进不但弥补了我国资本密集型行业的经济资本不足，还通过示范效应、就业效应、培训效应等"外溢性"推动了国内技术进步。再次，人力资本水平对资本密集型行业的影响并不显著。资本密集型行业的平均工资水平相对较高，劳动力成本的上升并不是影响企业技术创新的主要影响因素。此外，利润率和企业规模对资本密集型行业的影响与劳动密集型一致，在此不再赘述。

（4）环境规制对技术密集型行业具有显著的"补偿效应"。实证结果显示，技术密集型行业的环境治理成本与企业研发投入显著正相关，这一结果验证了"波特假说"。本书认为一是技术密集型行业的环境治理成本较低，严格的环境规制能够引发企业创新抵消成本；二是在环境规制日趋严格的情况下，政府对技术创新的补贴政策具有较强的正强化效应，有利于激发企业的研发热情。技术密集型行业的利润率越高，企业的研发投入越大。这表明对于技术密集型的行业而言，由于技术创新前期的基础研究和研发设备需要大量的资金投入，且技术创新具有较长的周期性，这就要求企业需要充足的资金作为保障。当前，我国企业的资金来源主要是以内源融资和银行间接融资为主，而商业银行贷款门槛高、融资成本高导致较高的利润率成为企业的研发投入的重要保障。值得注意的是，企业规模对技术密集型行业的技术创新的影响也是显著为负，可能的原因是大企业的生产能以递减的单位成本而增加，大企业可以以低位价格挤垮和排斥小企业获得高额利润[1]。

---

[1] 哈耶克. 通往奴役之路. 中国社会科学出版社，2013年4月版.

第五节 主要结论和政策启示

在经济转型期，环境规制成为一支"双刃剑"，既可能发挥正面的"补偿效应"促进企业技术创新，也可能发挥负面的"抵消效应"抑制企业技术创新。本书运用2001—2012年我国制造业行业面板数据，实证分析了环境规制对技术创新影响的二重性，研究结论主要包括：

第一，环境规制对技术创新影响的二重性因行业而异，具有显著的行业异质性特征。其中，环境规制对劳动密集型行业的技术创新影响并不显著，对资本密集型行业技术创新具有显著的"抵消效应"，对技术密集型行业具有显著的"补偿效应"。第二，出口和外商直接投资对制造业技术创新具有显著的正面影响。对劳动密集型行业而言，出口和外商直接投资形成的锁定效应影响代工企业的技术创新；资本密集型行业和技术密集型行业则是通过出口和外商直接投资的技术溢出效应促进技术创新。第三，利润率提高会导致劳动密集型和资本密集型行业企业形成组织惰性而不利于技术创新，但是丰厚的利润为技术密集型行业技术创新提供了资金保障。第四，企业规模对制造业行业技术创新具有显著的负面影响，不思进取的大企业病不容忽视。此外，劳动力成本的上升会倒逼劳动密集型行业提高研发投入。

上述结论意味着，在增速换挡期、转型阵痛期和改革攻坚期，制造业转型升级要综合考虑行业的性质、环境规制水平、企业规模、劳动力成本等因素，针对不同类型的行业采取差异化的政策措施。首先，对于劳动密集型行业而言，必须要坚持环境保护和代工企业转型升级两手抓，通过加大研发投入提高自主创新能力和节能减排水平，避免代工企业长期锁定在跨国公司价值链的低端和劳动力成本上升带来的负面影响，提高劳动密集型行业的国际竞争力。另一方面，在外需衰退及制造业企业缺少国际市场势力的条件下，代工企业不能贪图享受过度依赖出口和外商直接投资的代工模式，必须由依赖外需向注重内需转化，加大自主品牌建设，形成本土制造业的核心竞争力。其次，对于资本密集型行业而言，针对其污染排放规模较大、环境治理成本较高的特征，必须继续加大环境治理力度，不能因为短期的技术创新的"抵消效应"而忽视长期的持续发展，应该通过推行清洁生产提高企业的节能减排水平，以环境保护为动力推动资本密集型行业的产业由外延式向内涵式转型。

同时，以开放促进资本密集型行业转型升级，提高资本密集型行业的出口产品技术结构和FDI产业结构，在招商引资过程中注重引进技术含量高、知识密集型的跨国公司，带动本土企业的技术提升。再次，对于技术密集型行业而言，考虑到环境规制对技术密集型行业的"补偿效应"，在坚持既有的环境规制措施不放松的基础上，通过制定知识产权、专利保护等措施，避免搭便车的行为影响创新型企业的研发积极性；同时，应该给予企业技术创新更多的资金支持，完善金融市场体系，拓宽企业融资渠道和降低企业的融资成本。最后，企业规模对制造业技术创新的负面影响表明，一味地扩大劳动密集型企业规模并不能改变其处于价值链低端的现状，反而会导致企业陷入"贫困化增长"陷阱。而对于资本密集型和技术密集型行业而言，大企业凭借其市场优势、垄断优势和政府的"特殊照顾"丧失了创新的动力。这需要政府转变观念，给予一些有创新潜力的中小企业和民营企业更多的政策扶持。

第七章
异质性条件下环境规制对 FDI 区位分布的影响

环境规制对 FDI 区位分布的影响成为近年来学术界关注的热点问题，地方政府也陷入了环境规制的"囚徒困境"。一方面，外商直接投资作为重要的外部战略资源，对我国经济发展起到了重要促进作用。外资的引进不但弥补了我国经济资本的不足，还通过示范效应、就业效应、培训效应等外溢性推动了国内技术进步和经济增长。根据传统国际直接投资理论，企业的 FDI 行为既受跨国公司的垄断优势、所有权优势等内部因素影响，也受运输成本、文化差异、区位优势、东道国政策等外部因素影响。异质性企业贸易理论则从企业生产率这一微观层面分析企业的贸易和投资等国际化路径选择（李春顶，2010）。另一方面，伴随着全球范围内环境保护意识的显著提高，经济发展逐渐向低碳模式转变。在传统的经济发展模式下，高污染、高能耗的经济发展模式导致我国资源成本不断上升，实施严格的环境规制是调整我国经济发展模式的必然选择。在新低碳经济模式下，环境规制措施越趋严格，企业污染治理成本逐年增加，如美国工业企业在 1990 年的污染支出在 1000 亿美元左右，到 2005 年增加到 1280 亿美元（王芳芳、郝前进，2011）。根据"污染避难所假说"严格的环境规制政策会提高企业的生产成本，污染密集型企业倾向于在环境标准相对较低的国家或地区进行投资生产，作为追求利润最大化的企业会考虑将生产转移到成本相对较低的地区（Walte 和 Ugelow，1979）。基于这一逻辑，在开放型经济发展模式下，地方政府担忧执行严格的环境规制措施可能会得不偿失。受地方政府政绩考核的驱动，一些地方政府通过放松环境管制吸引外资进入，产生了破坏性的地方竞争。因此，在地方政府既有环境保护的压力，更有经济发展政绩考核的背景下，本书研究"污染避难所假说"在我国是否成立？"向底线赛跑"的破坏性竞争行为能否有效地扩大地方政府的招商引资规模？环境规制是否影响 FDI 的区位选择？这对于环境保护措施的实施和招商引资政策的制定具有重要的指导意义。

第一节　环境规制对 FDI 区位分布影响机制：文献综述

FDI 区位选择既是跨国公司的重要战略决策，也是学者们重要的研究对象。随着环境保护重视程度不断提高，环境规制对 FDI 影响成为国际经济学界和环境经济学界存在广泛争议的问题之一，且呈愈演愈烈的趋势。在 Walte 和 Ugelow（1979）提出"污染避难所"后很多学者从不同角度阐述了环境规制影响 FDI 区位分布的理论逻辑。Long 和 Siebert（1991）在新古典一般均衡模型中纳入环境变量，通过构建 2 * 2 * 1（两个国家、劳动和资本两种要素以及一个生产部门）简单的经济模型，分析征收排污税对企业生产过程的影响。理论研究表明，环境规制将通过生产成本的渠道影响企业的资本回报率，逐利的特性会导致资本从环境规制水平较高的地区流向环境规制水平较低的地区。Markusen（1997）将环境政策引入到对外直接投资模型中，分析在环境政策趋严的情况下企业的迁移问题，发现国内企业趋向于跨国生产。Levinson（2004）分析了"污染避难所"的影响效应：一是受环境规制的影响，经济活动会迁移到环境规制较为宽松的国家；二是贸易自由化会引致"向底线赛跑"的破坏性竞争；三是贸易自由化使具有污染的经济活动迁移到环境管制较为宽松的国家。Taylor（2005）从国际产业转移角度阐述了环境规制对 FDI 影响的作用机制：首先，一国的环境规制水平是由其国家的基本特征所决定；其次，环境规制会改变企业的生产成本，进而影响其贸易或投资活动；最后，贸易、投资活动会影响一国的环境污染、产品价格等，这些因素又会反作用于环境政策的制定。

在理论研究的基础上，很多学者运用样本数据实证检验了环境规制对 FDI 区位分布的影响。John A. List 和 Catherine Y. Co（2000）利用样本数据分析了环境规则对美国各州吸收 FDI 的影响，提出某个地区的环境规制严格化的确会减少该地区引进 FDI 的规模，比如他发现美国亚利桑那州政府在环境管制上的支出每增加 1%，该州吸引来一家外国公司的概率就会下降 0.262%。Xing 和 Kolstad（2002）也通过分析美国 6 个工业行业对外投资的数据后发现，2 个污染密集型行业的海外投资与东道国的环境管制显著负相关，4 个清洁产业的海外投资与东道国的环境管制关系不显著，说明宽松的环境管制是吸引美国污染密集型产业转移的一个因素。陈刚（2009）从分权的视角，考察了环境规制对 FDI 的影响，作者发现中国的环境规制对 FDI 的流入产生了显著的抑制效应，这促使政府制定宽松的环境规制措施引进 FDI，也导致中国成为跨国污染企业的"污染避难所"；而这种行为根源于中国特有的分权模式。史青（2013）通过将环境规制作为内生解释变量，采用二阶段最小二乘法分析得出宽松的环境政策作为成本优势的一部分，确实在吸引 FDI 方面发挥了重要作用。

但是，Walte 和 Ugelow 提出的"污染避难说"假说、Long 和 Siebert 新古典一般均衡理论模型等分析关于环境规制引致的产业转移都是建立在国家之间没有其他差异的严格假设基础上，且现实世界与理论假设之间存在较大的差异。尤其是已有的理论和实证都表明东道国的区位优势、经济发展水平、基础设施建设、文化差异等是决定 FDI 区位分布的关键因素，当其他因素导致的成本的差异高于基于环境标准差异所带来的生产成本的差异时，"污染避难所假说"未必能够成立。基于此，很多学者通过实证分析表明环境管制并不是决定 FDI 区位的唯一因素。Smarzynska 和 Wei（2001）对污染避难所提出了质疑，认为污染避难所和 FDI 的关系是一种流行的误解，或其中存在一些肮脏的秘密。他们归纳了污染避难所不存在的四个原因：一是东道国制度对 FDI 的阻碍；二是统计分析中对制度因素的忽视；三是研究中主要采用的是宏观层面的数据，很少有文献从微观的角度进行分析；四是东道国的环境规制和 FDI 企业污染指标的度量。王军（2008）建立一个北南国家的一般均衡模型，并把资本流动和跨境污染纳入到模型中以分析外国直接投资对环境的影响。研究表明：在分析模型中没有找到污染避难所假说成立的理论元素。在一定的条件下，那种认为开放经济条件下环境管制相对松弛的国家将吸引更多的外国直接投资，即在污染密集型产业中具有比较优势进而形成国际竞争力的观点缺乏理论支持。朱平芳等（2011）基于地方分权的视角，以环境规制不可直接观测与地方环境决策的策略性博弈为出发点，分别从理论与实证的角度分析国内地方政府为保持本地的相对优势而采用竞相降低环境标准的方式吸引外商直接投资（FDI）的事实。结果表明：国内地方政府为吸引 FDI 而导致的环境政策博弈显著存在，但环境规制对 FDI 的影响作用平均而言并不显著。此外，Birdsall 和 Wheeler（1993），Wheeler（2001），Cole 和 Elliott（2005），Verbeke 和 Cercq（2006），綦建红、鞠磊（2007），熊鹰、徐翔（2007），刘志忠、陈果（2009），曾贤刚（2010），吴磊（2010）等也对环境规制与FDI区位分布之间的关系进行了有价值的研究。

综上所述，FDI企业区位选择涉及诸多因素，但是从来没有一个影响因素像环境规制引起学界和政界如此的关注和争议。究其原因，一方面关于环境规制对FDI区位分布的影响仍然缺少系统性理论研究，无论是"污染避难所假说"还是"波特假说"都是通过逻辑推理，从企业生产成本的角度阐述环境规制对FDI产业转移的影响。另一方面，FDI区位分布的影响因素错综复杂，加上东道国和跨国公司样本的差异，导致现有研究可能会得出大相径庭的结论。尤其是近年来对FDI区位选择的研究已经从早期的宏观和中观层面，逐步向微观层面发展，比如Melitz（2003）；Helpman et al.（2004）等从微观角度分析企业的贸易和投资等国际化路径选择。因此，本书认为要考察环境规制对制造业FDI区位分布的影响，也需要从异质性企业这一微观角度分析一国制定严格的环境规制措施对FDI企业行为产生的影响。客观地说，现有的研究为本书的研究提供了有益的借鉴，同时这些研究中变量指标的选取对本书也有重要的启示。下文在D-S垄断竞争市场分析框架下，构建了一个环境规制与FDI的企业异质性模型分析环境规制对FDI区位选择的影响，并提出理论假说。在理论分析的基础上利用我国部分省份动态面板数据，采用差分GMM方法进行实证分析。

第二节 环境规制与FDI的区位选择：基于异质性企业的理论分析

本书在D-S垄断竞争市场分析框架下，构建了环境规制下异质性企业的策略选择模型。假设异质性企业之间的劳动生产率不同，且在可自由贸易的小型开放经济体中存在两种类型企业：一是节能型企业，该类型企业通过增加节能减排支出满足政府环境规制的要求；另一种是FDI企业通过对外直接投资将污染型生产环节转移到其他国家，从而规避投资国的严格环境规制。为了便于分析，假设市场中企业数目固定不变，不存在新进入者和退出者，也不存在经济增长和技术进步。经济体系中有M个部门，每个部门中有i个企业，一个企业生产一种产品，则典型的需求效用函数为：

$$U = \prod_{M}^{M} C_m^{\theta_m}, \quad C_m = \left(\int_{i \in \Theta} c^{1-1/\sigma} di \right)^{(\sigma/\sigma-1)}, \quad \sigma > 1, \quad 1 > \theta_m > 0$$

(7-1)

θ_m 为 m 部门产品的消费量，c_i 为不同产品 i 的消费量，Θ 为产品的消费集，σ 为两种产品之间的固定替代弹性。模型中生产函数为跨部门的 C-D 函数，资本 K 和劳动 L 的边际报酬分别为 γ 和 ω，两种要素供给均无弹性。企业单位可变成本为 α，企业的劳动生产率为 $1/\alpha$，工资水平为 ω，企业边际成本为 $\alpha_j \omega$。假设该小型经济开放体将会与国家 $s(s=1, \cdots S)$ 进行贸易，那么部门 m 企业 j 的消费者效用最大化生产函数为：

$$C_{mj} = \frac{p_{mj}^{-\sigma} \theta_m E}{p_m^{1-\sigma}}; \quad P_m \equiv \left(\int_{i \in \Theta} p_{mi}^{1-\sigma} di + \sum_{s=1}^{S} \phi \int_{h_s \in \Theta} p_{mh}^{1-\sigma} dh_s \right)^{1/(1-\sigma)}, \quad \phi \equiv t^{1-\sigma}$$

(7-2)

其中，E 为消费者总支出水平；p 为 CES 价格指数；i 为国内生产的 i 产品；h_s 为从 s 国进口的商品；t 为贸易成本或冰山成本，$t \geqslant 1$；ϕ 为贸易自由度，即一国的贸易自由化程度，当 $t=1$ 时，$\phi=1$，此时一国采取自由贸易主义政策措施；当 $t \to \infty$ 时，$\phi=0$，此时一国采取完全闭关自守的政策措施。同理，s 国一个典型的企业消费函数可以表示成：

$$C_{mj}^s = \frac{(t p_{mj}^{-\sigma}) \theta_m E^s}{(p_m^s)^{1-\sigma}};$$

$$P_m^s \equiv \left(\int_{\in \Theta} p_{mi}^{1-\sigma} di + \sum^{s-1} \phi \int_{1, \in \Theta} p_{mh}^{1-\sigma} dh + \int_{1, \in \Theta} p_{mh}^{1-\sigma} dh_s \right)^{1/(1-\sigma)}, \quad \phi \equiv t^{1-\sigma}$$

(7-3)

其中，E^s 是消费者购买 s 国产品的支出；P^s 是 s 国 CES 价格指数。$\int_{\in \Theta} p_{mi}^{1-\sigma} di$ 表示一国国内生产产品 i 的数量；$\sum^{s-1} \phi \int_{1, \in \Theta} p_{mh}^{1-\sigma} dh$ 表示从其他 $s-1$ 个国家进口的产品数量；$\int_{1, \in \Theta} p_{mh}^{1-\sigma} dh_s$ 表示从 s 国家进口的产品数量。

假设企业在生产过程中同时产出两种产品——产品和污染排放物，为了应对一国政府环境规制对企业生产成本带来的影响，企业可以采取节能减排和对外直接投资两种策略。

对于节能减排企业而言污染治理成本主要包含边际减排成本 D 和企业购买减排设备的固定减排成本 A。因此，总减排成本函数为：

$$TAC = \omega A_m + \omega D_m x_{mj} \qquad (7-4)$$

x_{mj} 为 j 企业的总产出，那么企业的平均减排成本为 $AC = \dfrac{\omega A_m}{x_{mj}} + \omega D_m$，考虑到企业经营过程中的固定成本，可以得到企业的总成本函数是：

$$TC_{mj} = \pi_j + \omega a_j x_{mj} + \omega(A_m + D_m x_{mj}) \qquad (7-5)$$

根据 $D-S$ 垄断竞争模型可以得到国内消费价格指数和 s 国家进口产品价格指数为：

$$p_{mj} = \frac{(a_j + D_m)\omega}{1 - 1/\sigma}; \quad p_{mj}^s = tp_{mj} = \frac{t(a_j + D_m)\omega}{1 - 1/\sigma} \qquad (7-6)$$

通过 （7-2）、（7-3） 和 （7-6） 式可以得到节能减排企业的利润函数：

$$\begin{aligned}\pi_m(a_j) &= \left(B_m + \sum_{s=1}^{s} \phi B_m^s\right) \frac{\theta_m}{\sigma} p_{mj}^{1-\sigma} - \omega A_m \\ &= \left(B_m + \sum_{s=1}^{s} \phi B_m^s\right) \frac{\theta_m}{\sigma} \gamma^{1-\sigma} \left[(a_j + D_m)\omega\right]^{1-\sigma} - \omega A_m \end{aligned} \qquad (7-7)$$

其中，$B_m \equiv \dfrac{E}{P_m^{1-\sigma}}$；$B_m^s \equiv \dfrac{E^s}{(P_m^s)^{1-\sigma}}$；$\gamma \equiv \dfrac{1}{1 - 1/\sigma}$。

由于 $\sigma > 1$，企业污染排放物总量与 a_j 成反比，且规模越大的企业将生产更多的污染排放物，其减排成本也越高。

对于 FDI 企业而言，企业的节能成本 $D=0$，$A=0$；企业通过对外直接投资会产生两种成本：进口成本 $\tau_m \omega^*$ 和管理成本 F_{m*}（其中国外劳动工资水平要低于本国，即 $\omega^* < \omega$）。因此，当企业选择对外直接投资时，其边际成本为 $\tau_m \omega^* + a_j \omega$。大量的经验分析表明，企业通过对外直接投资将提高企业的生产效率，即 $\tau_m \omega^* + a_j \omega < (a_j + D_m)\omega$。此外，由于企业对外直接投资需要增加额外的管理成本，即 $F_{m*} > A_m$。通过上文的一系列假设，可以构建 FDI 企业的利润函数为：

$$\pi_m^F(a_j) = \left(B + \sum_{s=1}^{s} \phi B^s\right) \frac{\theta_m}{\sigma} \gamma^{1-\sigma} (\tau_m \omega^* + a_j \omega)^{1-\sigma} - \omega F_m \qquad (7-8)$$

作为利润最大化的追逐者，比较节能减排和 FDI 对企业利润的影响得到：

$$\begin{aligned}\pi_m^F(a_j) - \pi_m(a_j) &= \left(B + \sum_{s=1}^{s} \phi B^s\right) \frac{\theta_m}{\sigma} \gamma^{1-\sigma} (\tau_m \omega^* + a_j \omega)^{1-\sigma} \\ &\quad - \left[(a_j + D_m)\omega\right]^{1-\sigma} - (\omega F_m - \omega A_m) \end{aligned} \qquad (7-9)$$

基于此，本书提出以下可检验的理论假说：

假说 1：由于企业进行对外直接投资会产生贸易成本，贸易成本越低，企业越倾向于进行对外直接投资，即 $\dfrac{\partial (\pi^F - \pi)}{\partial t} < 0$。

假说 2：劳动力成本差异是外商直接投资的主要影响因素。劳动工资差异越大企业越倾向于进行对外直接投资，即 $\dfrac{\partial (\pi^F - \pi)}{\partial \omega} > 0$。

假说 3：在劳动成本、贸易成本、外商直接投资管理成本等满足 $\tau_m \omega^* + a_j \omega < (a_j + D_m)\omega$；$F_{m*} > A_m$ 条件时，$\dfrac{\partial (\pi^F - \pi)}{\partial A_m} > 0$，$\dfrac{\partial (\pi^F - \pi)}{\partial D_m} > 0$ 说明环境规制越严格企业越倾向于对外直接投资。

第三节　指标选取和模型构建

一、指标选取

成本因素是跨国公司 FDI 决策的重要因素之一，以韦伯为代表的古典区位理论将成本最小化作为区位选择的标准。本书考察跨国公司 FDI 的成本主要包括东道国环境治理成本、东道国当地生产经营产生的人力成本、东道国分公司与母公司之间形成的贸易成本、在东道国进行投资的管理成本。

$ERS_{i,t}$——我国 i 地区 t 时期污染治理成本。环境管制是一个国家或地区以环境保护为目的而制定的标准规定或者治理费用投入等，用以考察环境管制的指标可以是定性的政策、规定，也可以是定量的投资和收费。目前统计资料中，关于环境规制措施的直接数据难以收集，已有文献采取了多种不同计算方法测算环境规制强度。比较具有代表性的有 Antweiler et al（2001）采用人均 GDP 作为环境规制的替代指标；Domazlicky 和 Weber（2004）采用不同污染物的排放强度作为衡量一国环境规制强度的指标；张成等（2011）采取环境治理成本定量指标作为替代变量。蒋伏心、王竹君等（2013）采用线性标准化的方法对环境规制指标进行处理，构建综合反映不同产业污染规制强度及其变化的指标体系，测算各行业的污染排放强度。本书采用蒋伏心、王竹君等（2013）的指标测算方法，利用每年的工业废水和工业废气污染治理成本计算各省的综合污染治理成本指标更能客观地反映一个地区的环境规制强度。

$WAGE_{i,t}$——劳动力成本。根据传统的国际经济理论，劳动力成本是衡量一国比较优势的重要指标。上文异质性企业模型分析表明，劳动力成本差异越大企业越倾向于对外直接投资。结合我国开放型经济发展现状，低劳动力成本一直是我国吸引外商直接投资的重要诱因之一，本书通过收集各地区职工年均名义工资，并采用各省的消费者价格指数计算出真实工资水平衡量各地区的劳动力成本。其中消费者价格指数以2001年为基年，其他年份进行相应的调整折算获得。

$TC_{i,t}$——贸易成本。贸易成本是FDI区位选择非常重视的影响因素之一，在国际贸易中通常用运输成本作为贸易成本的衡量指标，又被称为冰山成本。这一概念最早是由萨缪尔森提出并被克鲁格曼引入到国际贸易研究中。已有研究较多使用地区范围内公里和铁路里程数衡量运输成本。考虑到铁路建设主要是由国家所主导，并不能代表一个地区的综合运输能力；而单独使用公路里程数并没有考虑到各地区的地理特征差异，难以科学合理的反映贸易成本。本书选用各地区的公路密度指标，即单位面积公路里程数作为替代指标表示贸易成本。

$MC_{i,t}$——管理成本。跨国公司全球化经营面临着经营环境的改变，东道国政治法律制度、宏观经济管理水平以及市场化程度都会直接影响跨国公司的管理成本。现有的研究中通常采用市场化指数、对外开放程度等指标衡量跨国公司FDI的管理成本。考虑到东道国和母国之间的文化差异等因素，本书选取贸易开放度（地区进出口总额占GDP比重）作为衡量跨国公司管理成本的替代指标，主要基于以下考虑：一是贸易开放度的提高能够优化国内资源在物质生产部门之间的要素配置；二是更加开放的国家有着更强的吸收先进国家新思想的能力；三是东道国开放程度越高，越有利于母公司和子公司之间的文化融合，降低企业的协调成本。

根据传统FDI区位分布理论，东道国的经济发展水平、人力资本、研发投入也是FDI重要影响因素。本书选取人均GDP、人力资本和研发投入指标作为控制变量，分析东道国基础条件变化对FDI的影响。其中，人力资本水平采用普通高等学校在校学生数作为衡量指标；研发投入采用各行业大中型企业的R&D经费作为衡量指标。同时，已有的研究表明，FDI区位分布存在自我强化的集聚效应，即现有外资存量不仅会吸引上下游外资企业的跟进，而且还会对其他外资经济产生示范效应。因此，为了捕捉 FDI 存量的动态调整过程，本书建立了一个含有被解释变量滞后一期的动态回归模型。

$$FDI_{i,t} = \beta_0 + \beta_1 FDI_{i,t-1} + \beta_2 ERS_{i,t} + \psi X + u_i + \varepsilon_{i,t}$$
(7-10)

模型中 i 和 t 代表 i 地区第 t 期的观测值，u 为不可观测的地区效应，$\varepsilon_{i,t}$ 为随机扰动项。$FDI_{i,t}$ 为我国 i 地区 t 时期实际利用的外商直接投资额，为了有效地消除时间序列的量纲，在具体的分析过程中进行了对数化处理。ERS 为衡量环境规制水平的变量；X 为其他影响因素。

二、主要变量的数据描述

考虑到环境规制数据的统计问题，本书的样本期间为 2001—2012 年，样本区间共 30 个省份（西藏地区统计数据难以获取）。文中数据主要来源于 2002—2013 年的《中国统计年鉴》、《新中国五十五年统计资料汇编》、《中国科技统计年鉴》和历年的《中国环境统计年鉴》。其中，环境规制指标采用线性标准化的方法对环境规制指标进行处理，构建综合反映不同地区污染规制强度及其变化的指标体系。通过收集各地区的废水、废气污染治理成本和工业产值，计算出各地区主要污染物单位产值的污染治理成本，再对各地区的单位污染治理成本进行线性标准化并进行加权平均整理，从而得出环境规制水平。管理成本是采用进出口额与 GDP 比例计算获得，通常一个国家的对外开放程度越高，跨国公司的管理成本越低，越有利于吸引外资进入。变量的统计性描述见表 7-1。

表 7-1　各变量的统计描述

变量	样本数	平均值	标准差	最小值	最大值
外商直接投资	360	11.8343	1.645056	7.618251	15.08974
环境规制	360	.2353517	.1904893	.0037277	1
人均 GDP	360	9.78232	.7497825	7.983152	11.46329
管理成本	360	.3355328	.4170477	.02536	1.771724
人力资本	360	12.91645	.9435481	9.569971	14.32904
研发投入	360	4.056218	1.606764	-.1625189	14.02288
劳动力成本	360	9.990612	.5326125	8.97563	11.35401
贸易成本	360	.6338053	.427935	.0322581	1.971453

第四节 环境规制对 FDI 区位分布影响的实证分析

针对本书短面板数据的特征，本书采用 Arellano and Bond（1991）提出的差分 GMM 估计方法，运用 Stata11.0 对样本数据进行统计分析。其基本思路是：先对回归模型进行差分以消除地区效应，然后再为每个差分解释变量寻找有效的工具变量。采用 GMM 动态面板数据的分析方法，不仅有利于解决内生变量与扰动项的相关性导致模型估计产生的内生变量偏差问题；而且可以克服扰动项的异方差或者自相关问题。本书通过逐步引入变量分别进行分析，实证分析结果见表 7-2。

表 7-2 环境规制对 FDI 区位分布的影响

变量	模型1	模型2	模型3	模型4	模型5
滞后一期	.682*** (16.03)	.705*** (17.33)	.689*** (18.52)	.716*** (22.42)	.705*** (15.48)
环境规制	-.095*** (-2.21)	-.0363 (-0.76)	-.114** (-2.30)	-.121* (-1.77)	-.039 (-0.64)
管理成本		.4496*** (7.80)			.349*** (3.61)
劳动力成本			.339*** (2.05)		.041 (0.21)
贸易成本				.213** (2.63)	.131* (1.36)
经济发展水平	.519*** (6.42)	.486*** (6.06)	.324*** (3.92)	.414*** (4.96)	.398*** (4.26)
人力资本水平	-.061* (-1.25)	-.121** (-2.43)	-.136*** (-2.74)	-.059* (-1.31)	-.091* (-1.31)
研发投入	-.094** (-2.92)	-.067** (-2.12)	-.04 (-0.78)	-.095*** (-2.73)	-.067* (-1.60)
Sargan 检验	24.96 (1.00)	22.10446 (1.00)	24.09 (1.00)	23.77 (1.00)	21.8266 (1.0000)
AR (1)	-3.24 (0.0012)	-3.2122 (0.0013)	-3.4694 (0.0005)	-3.237 (0.0012)	-3.2988 (0.0010)
AR (2)	-1.026 (0.3049)	-1.007 (0.3139)	-1.158 (0.2469)	-.931 (0.3517)	-1.0569 (0.2906)

注：(1) ***、**、* 分别表示在1%、5%和10%水平上的统计显著性，括号中数据为 z 统计量；(2) Sargan 检验一栏中列出的为过度识别的检验值，AR (1)、AR (2) 分别表示一阶和二阶差分残差序列的 Arellano-Bond 自相关检验。

实证分析结果显示，四个模型中扰动项的差分存在一阶自相关，但不存在二阶自相关，故接受原假设"扰动项 ε_{it} 无自相关"，可以使用差分 GMM。其次，由于此差分 GMM 使用了 117 个工具变量，需要进行过渡识别检验。过渡识别检验结果显示，接受"所有工具变量均有效"的原假设的概率均达到 99% 以上。

(1) 模型 1 的实证结果表明，环境规制对 FDI 区位分布存在显著的负面影响，污染治理成本每上升一个单位，外商直接投资将减少 0.1% 左右。即随着环境规制水平的不断提高，FDI 趋向于向环境规制水平更低的国家或地区转移。究其原因，环境规制将通过生产成本的渠道影响企业的选址决策。面对政府严格的环境规制，企业不得不通过节能减排或者技术创新等手段降低企业的污染排放量，从而提高了企业的生产成本。这在一定程度上可以解释地方政府为了提高对外商直接投资的吸引力，一些地区出现竞相放松环境管制"向底线赛跑"的现象。但是并不能简单地就得出"污染避难所假说"在我国成立这一结论。

(2) 本书在模型中引入其他变量后，虽然 ERS 变量符号仍然为负，但是统计指标并不显著。从这个角度来说，本书的结论与曾贤刚(2011)得出的研究结果十分相似。基于此，本书认为中国的实证数据并不支持"污染避难所"假说。其可能的原因主要有以下几个方面：首先，这一结论验证了上文的理论假说 3，即只有环境治理成本足够高，并能够抵消劳动力成本、贸易成本、管理成本等竞争优势的情况下，环境规制才会对外商直接投资产生负面影响。王杰、刘斌(2014)研究表明，目前我国环境规制水平整体仍然较低，在环境治理成本相对较低的情况下，东道国的基础设施建设水平、对外开放度等是外商直接投资区位选择的重要考量指标。其次，管理成本对外商直接投资具有显著的正向影响作用，在其他变量不变的情况下，管理成本每下降一个单位，外商直接投资会增加 45% 左右。相比于宽松的环境规制，较高的开放度有利于降低外商直接投资的管理成本，避免了外资企业由于信息不完全、市场不完善等所带来的隐性成本。最后，运输成本和经济发展水平也是影响 FDI 区位分布的重要因素。公路单位面积里程数每上升一个单位，外商直接投资的规模会增加 21% 左右。这验证了本书的理论假说 1，也意味着完善的基础设施建设能够降低东道国母公司和子公司之间的运输成本，有助于吸引市场导向和成本导向特征明显的外商直接投资。控制变量人均 GDP 对 FDI 的影响显著为正，表明东道国的现有市场规模与市场成长速率也是决定 FDI 流量的关键因素。

（3）值得注意的是：第一，劳动力成本的系数显著为正，虽然这与本书的理论假说 2 和传统的比较优势理论的观点并不一致，但是这一结果与朱平芳等（2011）的研究结论类似。他们认为这不能理解成低廉的劳动力已不是吸引 FDI 的因素之一。事实上，国内当前的地区工资差异反映的不仅仅是劳动力成本的差异，更反映了由各地区的物价水平不同引起的生活资料成本与劳动力技能水平的差异。本书认为除此之外，可能的原因还包括，我国在经历过改革开放初期凭借廉价劳动力吸引外商直接投资后，逐步建立与外资经济配套的零部件等相关产业，使我国成为世界级的先进制造业加工中心。由于跨国公司一般会选择人才集中、市场较为成熟、配套设施齐全的地区投资，而那些地区恰恰是物价水平比较高，工资水平也比较高的地区。因此，东部地区凭借其优越的区位条件、完善的基础设施建设、良好的商务环境成为外商直接投资首选之地。第二，研发投入对 FDI 区位分布的影响显著为负。根据经济增长的收敛效应，本国技术水平的提高意味着本国技术水平和外国技术水平之间差距不断缩小，FDI 对东道国的促进作用不断下降，东道国为了促进本国产业发展，采取优先扶持、重点倾斜某些产业的措施，导致 FDI 转移到其他国家或地区。第三，人力资本对 FDI 区位分布影响显著为负，并没有得出与预期相一致的结果。关于人力资本指标现有的研究多是采用高等学校本科、专科在校学生规模，虽然中国高等教育规模显著上升，但是教育质量却引起了很多人的质疑，因而这一指标能否有效衡量人力资本水平有待探讨。另一方面，仔细分析样本数据发现，由于山东、河南等省份人口基数比较大，在我国既有的高等教育管理和户籍管理模式下，生源地的限制导致山东、河南等省份的在校学生规模较大，但是这些地区的学生毕业后却大多选择到北上广等地就业，更加有利于就业地的人力资本水平提高。因此，关于人力资本对 FDI 区位分布的影响仍然有待研究。

（4）外商直接投资具有显著的自我强化效应。本书的所有回归模型中滞后一期变量的系数都在 1% 水平下显著为正，表明 FDI 的区位选择具有很强的集聚效应，外商直接投资趋向于选择选择外资企业较多的地区，形成一个累积循环的过程。这也比较符合我国招商引资的现实特征，在长三角、珠三角地区出现"用工荒"情况下，东部地区主动调整招商引资策略，通过加大研发投入力度促进产业转型升级，这不但为吸引外商直接投资提供更好的配套服务，也避免我国代工企业被长期锁定在国际价值链的低端。

第五节　主要结论与政策启示

本书从异质性企业的角度尝试分析环境规制对 FDI 区位分布的影响，用中国分省份面板数据验证"污染避难所假说"。为了消除地区效应，本书采用差分 GMM 动态面板数据的分析方法对理论假说进行实证检验，估计结果表明：首先，不考虑其他因素时，环境规制对 FDI 的影响显著为负，这意味着在环境规制的确会影响 FDI 的区位分布；但是本书进一步在模型中引入其他变量发现，环境规制对 FDI 的影响并不显著，污染治理成本的增加并不能抵消经济发展水平、贸易成本、管理成本等所形成的比较优势。其次，管理成本、贸易成本的降低和经济发展水平的提高有助于外商直接投资企业的入驻；外商直接投资也具有较强的自我强化效应。最后，劳动力成本对外商直接投资的影响并不显著，劳动力成本的上升并没有阻碍外商直接投资的流入。研发投入对外商直接投资的影响显著为负表明随着国内技术水平的不断提高，FDI 对东道国经济增长呈明显的收敛效应。

本书的实证分析结果具有较强的政策启示性：一方面，"污染避难所假说"在我国证据并不充分的结论意味着"向底线赛跑"的破坏性地方竞争并不能从根本上解决招商引资问题，外资不会因为环境规制严格程度的提高而转移，一味地放松环境管制只能吸引来污染型外商直接投资，既损害了区域环境又不利于地方经济的长期发展。因此，在经济发展过程中，地方政府应该秉持持续发展的理念，加大节能减排力度，控制能源消费总量，以环境规制"倒逼"企业提高技术创新能力，实现环境保护与结构调整协同发展。另一方面，劳动力成本的上升并没有阻碍外商直接投资的流入，影响外资区位选择的主要是贸易开放度、人均 GDP、基础设施建设等指标。这些提醒我们地方政府在引进外资时，应该从提高 FDI 吸收能力角度入手，加大基础设施投资，为外资企业提供更好的配套服务，降低商务成本、政务成本，才是吸引外资的重要战略举措。这一研究结论为我国不同地区的经济发展破解环境、资源的约束提供了新的破解之策。东部地区应加快创新型经济的发展推动产业转型升级，发展战略性新兴产业形成新的经济增长点，在引资方面更加注重吸收第三产业和一些新兴产业。中部地区应该吸取中部地区的经验教训，在加快推动经济发展的过程中加强环境保护，优化引资结构，引进一些高端的产业提高中部地区的综合实力。西部地区在坚持环境保护优先的原则下，加大基础设施的建设，从提高经济发展水平和投资环境入手提高对外商直接投资的吸引力。

第八章
开放型经济转型与环境保护的实证分析
——以江苏省制造业为例

随着各国经济联系与交流程度的加深,对全球气候问题的广泛关注以及能源环境压力的增加,国际贸易对一国环境质量变化的影响成为贸易领域研究的重要问题。根据环境库兹涅茨曲线(Kuznets Curve),低收入国家的环保标准往往较低,因而在污染密集型产品的生产上具有比较优势,使污染密集型产业由发达国家转移到发展中国家,或是由环境管制较强的国家转移到管制较弱的国家(Copeland 和 Taylor,1995,2003)[1]。因此,发达国家会专业化生产污染较低的产品,发展中国家则专业化生产资源、能源密集型产品(Cole 等,2000)。在此基础上,一些学者对国际贸易与环境保护进行了实证分析,研究表明国际贸易的发展加速了发展中国家的环境破坏(Kennedy.P,1994;Antweiler,et al,2001;Dean,2002;等)[2]。

改革开放以来,我国出口贸易的高速增长,在推动经济快速发展的同时,传统的粗放型发展方式也遇到了资源消耗大、环境污染重等突出问题。国内学者从不同视角、采用不同的样本数据,对经济增长、国际贸易与环境质量、资源耗竭以及污染排放之间的内在关系进行了深入研究(李善同,1999;张连众等,2003;朱红根,2008;陈诗一,2009;赵晓丽,2009;兰宜生,2010;戴翔,2010 等)。随着我国政府对环境保护越来越重视,特别是在党的十六大提出全面建设小康社会的奋斗目标和十六届三中全会提出的科学发展观的战略思想指导下,一些发达地区率先进行了发展模式的转型,走上了以市场化、国际化和新型工业化为主要内容的新型经济发展模式。开放型经济发展模式转型与传统的贸易增长相比,对污染规模产生怎样的影响,出口污染密集度又出现什么样的变化?这直接关系到我国经济增长方式转型的重大战略问题,具有重要的理论和现实意义。本书以江苏省为例,分析江苏省如何通过开放型经济发展模式转型促环境保护,并利用江苏省工业制造业分行业样本数据,对开放型经济与环境保护的关系进行实证分析,以期为全国其他地区开放型经济发展与环境保护提供参考与借鉴。本书的结构安排如下：第二部分研究江苏省开放型经济发展促环境保护的发展模式；第三部分构建理论和实证模型，分析开放型经济发展与环境保护的关系；第四部分运用江苏省工业制造业分行业面板数据，对江苏省开放型经济发展与环境保护进行实证分析；第五部分为结论和政策启示。

第一节 江苏省开放型经济促环境保护的模式创新

改革开放以后，江苏省大力发展外向型经济，进出口总额从1990年的41.39亿美元上升到2009年的23142.33亿美元，利用外资额从1990年的1.41亿美元上升到2009年的253.2亿美元。进入21世纪后，传统的、粗放型的发展模式，面临着人口、资源和环境的约束问题。面对新环境和新形势，江苏省政府从战略上高度重视环境问题，开始了增长方式方面的创新，积极推进开放型经济发展模式的创新，促进资源节约和环境保护。主要表现在以下几个方面：

（1）由"招商引资"向"招商选资"转变，有力地促进了环境保护和产业升级（见图8-1和图8-2）。通过引进外资促环境保护，由过去单纯引资转向突出引入核心高技术，突出研发中心的引进和建设；通过

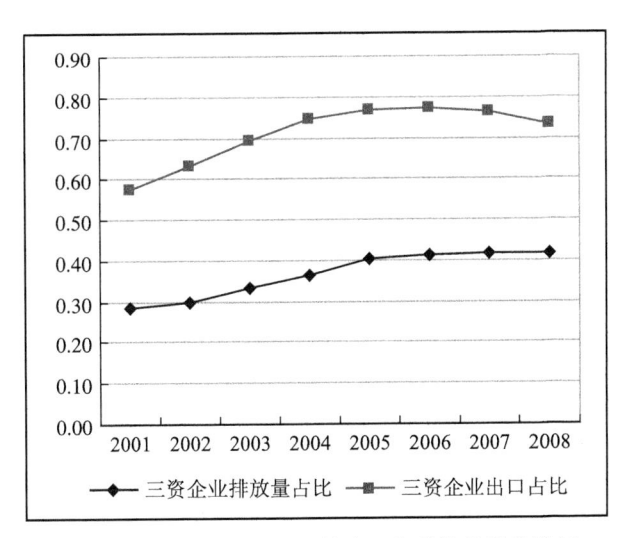

图8-1 江苏省三资企业的出口和碳排放量趋势图
资料来源：根据江苏省统计局数据整理获得。

产业链的升级与补全来招商，促使企业提高其生产技术水平，无形中推动环境科技的进步，提升环境在经济发展中的地位；通过产业聚集效应引导产业资本的构成和流向。

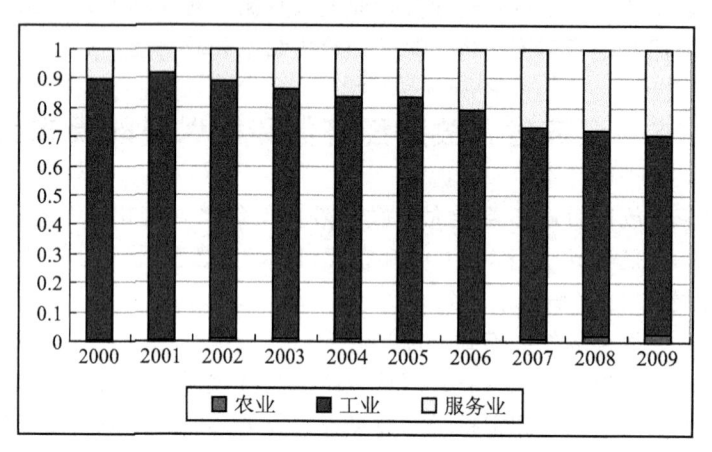

图8-2 江苏省外商直接投资产业结构

资料来源：根据江苏省统计局数据整理获得。

（2）从"江苏制造"到"江苏创造"，提高了自主创新能力的同时，降低了能源消耗增长率（见图8-3和图8-4）。在各级政府的大力推动和企业的积极努力下，江苏省科技创新能力进一步增强，自主知识产权和品牌建设不断推进，正在实现由国际产业链低端向高端的攀升。出口商品的结构也进一步优化，高新技术产品占出口产品的比重不断提高，从2000年的20.8%上升到2009年的46.6%。

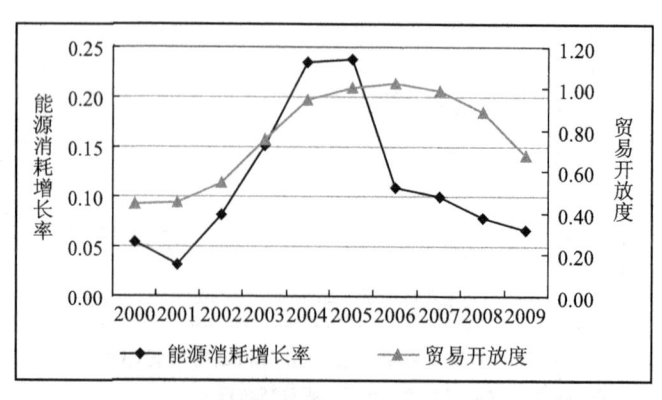

图8-3 江苏省开放型经及与能源消耗趋势图

资料来源：根据江苏省统计局数据整理获得。

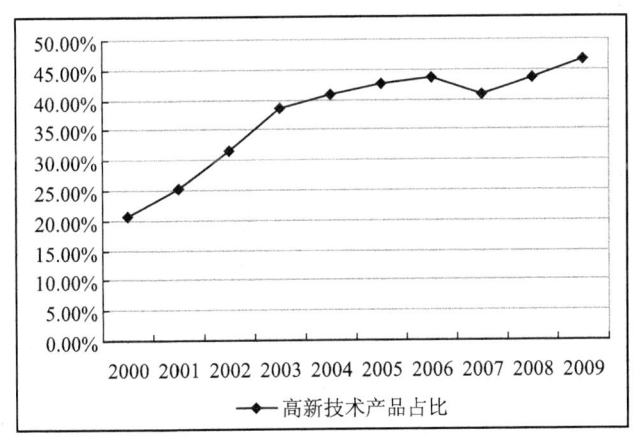

图 8-4　江苏省高新技术产品出口额占比变化图
资料来源：根据江苏省统计局数据整理获得。

(3) 从承接"生产外包"到"服务外包"。服务外包具有无污染、低能耗、高产出、高效益等特征，已成为国际分工的新现象、新趋势。江苏省作为开放度较高的省份之一，充分利用交通运输网络和人力资源的优势，把握服务外包迅速发展的机遇，大力鼓励发展服务外包业，取得了显著的成效。2008 年软件产业出口收入 25.14 亿美元，增长 44.4%，占全国的 17.6%，分别列全国第三和第二位。服务外包接包

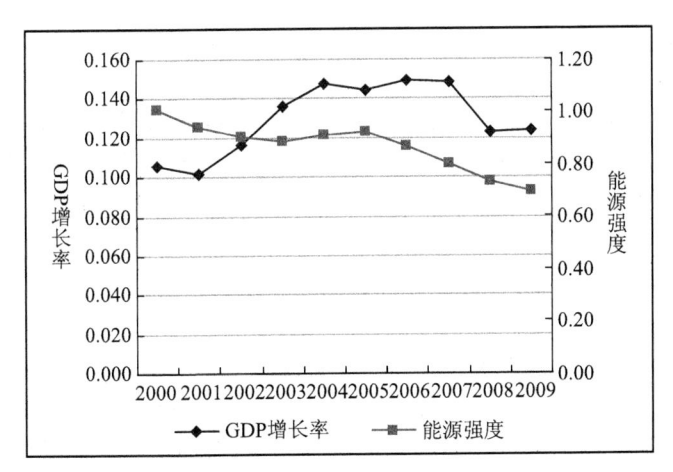

图 8-5　江苏省经济增长与能源强度变化趋势图
资料来源：根据江苏省统计局数据整理获得。

合同签约金额 24.42 亿美元，同比增长 185%；执行金额 18.61 亿美元，增长 226.8%，分别占全国的 41.8% 和 39.7%。其中离岸外包接包合同签约金额 13 亿美元，增长 86%；执行金额 9.37 亿美元，增长 261%，各项指标均位居全国前列。

江苏省作为全国经济外向性程度较高的地区之一，利用开放型经济的发展作为模式转变过程中的助力器和推进器。在经济发展模式转变的过程中，开创的开放型经济新模式，在推动经济发展的同时，环境保护不断创新，在全国创造了"五个第一"，[①] 形成了全国最大的环保模范城市群和密集的循环经济产业带。经济发展的生态效率不断提高，经济增长和资源消耗、环境消耗之间存在着显著的"相对脱钩"现象（见图8-5）。为了更好地分析开放型经济发展与环境保护之间的关系，下文对江苏省开放型经济发展的环境保护效应进行理论和实证分析，为其他地区促进开放型经济与环境协调发展提供一些思路。

第二节 模型的构建

一、理论模型

在开放型经济体系中，一国的经济发展与国内、国外的市场和资源息息相关。本书在 Copeland 和 Taylor（2003）构建的模型基础上，融入外资和出口等重要的变量，考察开放型经济发展对环境的影响。Copeland 和 Taylor（2003）假设一国在生产过程中同时产出两种产品，产品 Y 和污染排放物 Z。为了分析的简便，假设污染排放是可以治理的。因此，污染排放的强度是可选择变量，企业在生产过程中选择占其生产投入要素 θ 比例的部分投入污染治理。[3] 则一国的产品 Y 和污染排放物 Z 的生产函数可以表示为：

$$Y=(1-\theta)AF(K,L),\quad Z=\varphi(\theta)AF(K,L)\ \text{其中}(0\leqslant\theta\leqslant 1) \tag{8-1}$$

其中，K 表示资本投入，L 表示劳动要素投入，A 表示技术水平，θ 表示产出中有 θ 部分用来进行环境治理，如果 θ 越高，污染排放越少。

本书沿着 Copeland 和 Taylor（2003）的思路，我们认为在开放经

---

① 杨卫泽，洪银兴. 创新苏南模式研究——无锡的实践和探索. 经济科学出版社，2007年版.

济条件下，一国污染排放量不但受国内资本投入的影响，同时还受外商直接投资的影响。同时，正如众多学者所指出的，国际贸易是解释环境库兹涅茨曲线的重要变量（Birdsall 和 Wheeler，1993；Jones 和 Rodolfo，1995 等）。[8]首先，贸易开展将扩大经济规模，因而直接增加了污染经济活动。其次，一国污染密集型产品生产活动的减少必然意味着贸易国此类产品产量的上升，即"替代效应"或是"污染天堂假说"（Pollution Haven Hypothesis）①。因此，本书将出口规模也作为影响一国污染排放规模的重要指标，则污染排放物 Z 的生产函数可以表示为：

$$Z = Z(K_d, K_f, L, EX, m) \qquad (8-2)$$

方程式（8-2）表明一国的污染排放量是国内资本、外资、劳动以及出口规模等的函数，m 代表其他影响因素，主要包括一国的收入水平、技术水平等。

将污染排放物 $Z = Z(K_d, K_f, L, EX, m)$ 代入产品 Y 的生产函数，如果令 $\varphi(\theta) = (1-\theta)^{1/\alpha}$，则产品 Y 的生产函数可以表示为：

$$Y = Z^\alpha [AF(K_d, K_f, L, EX, m)]^{1-\alpha} \qquad (8-3)$$

由于 Z 代表污染排放量，而 Y 代表产品产出量，因此 Z/Y 即指单位产出的污染排放量，我们可以将之定义为污染密集度，用 E 表示。则方程可以改写为：

$$E = E(K_d, K_f, L, TFP, EX, m) \qquad (8-4)$$

方程式（8-4）即为开放经济条件下并有外资流入时衡量该经济体出口贸易污染密集度方程。出口污染密集度便由经济体中要素禀赋、外商直接投资、人均收入水平、技术水平等主要解释变量的函数。

在开放经济条件下，出口规模的扩大和外资的进入，会导致经济活动规模的扩大，如果经济活动本身必然会破坏环境，那么，国际贸易必然会对环境造成破坏，会导致一国污染排放规模不断上升。但是，如果污染密集度随着产出的资本密集度（资本劳动比）上升而下降，那么我们可以预测一国资本劳动之比与出口污染密集度呈显著负相关。特别地，如果外资流入带来更为清洁的生产技术，则外商直接投资额与出口污染密集度也将呈显著负相关。但是，随着生产技术水平的不断提高，对资源的依赖不断降低，资源的使用效率也不断提高，有利于促进环境

---

① 杜希饶，刘凌. 贸易、环境污染与经济增长——基于开放经济下的一个内生增长模型. 财经研究，2006（12）。

保护。同时，根据环境库兹涅茨曲线，实际收入水平的提高达到一定临界值时，收入水平的提高，才会降低污染排放总量。如果收入水平还没有达到临界值，那么一国收入水平的提高，会加速对环境的破坏。研究表明我国人均 GDP 水平为 59874 元（其中东部地区为 73130 元）时，人均碳排放量达到最大值，而后不断减少（许广月等，2010）。

二、计量模型

在上文理论分析的基础上，本书构建相应的计量模型，以外商直接投资、出口规模、人均收入水平、技术水平等为主要解释变量，实证分析江苏省开放型经济发展对污染排放总量和出口污染密集度的影响。考虑到计量分析的可行性和数据的可获得性，本书采取如下对数模型：

$$LnZ_{i,t} = \alpha_0 + \alpha_1 LnK_{i,t} + \alpha_2 LnL_{i,t} + \alpha_3 LnFDI_{i,t} + \alpha_4 LnEX_{i,t} + \alpha_5 CON_{i,t} + \phi_i + \delta_t + \varepsilon_{i,t} \qquad (8-5)$$

$$LnE_{i,t} = \alpha_0 + \alpha_1 LnX_{i,t} + \alpha_2 LnFDI_{i,t} + \alpha_3 LnEX_{i,t} + \alpha_4 CON_{i,t} + \phi_i + \delta_t + \varepsilon_{i,t} \qquad (8-6)$$

其中下标 i 表示行业，t 表示年份。方程式（8-5）中 $Z_{i,t}$ 表示 CO_2 的排放量，K 表示每年分行业的国内资本投入；L 为每年分行业的劳动投入量；FDI 表示每年分行业流入的外商直接投资；EX 表示每年分行业出口额；I 表示每年分行业人均收入水平；方程（8-6）中的 E 为每年分行业出口污染密集度；X 为分行业的资本劳动比。方程（8-5）和方程（8-6）中的 CON 为控制变量，根据现有的文献研究，本书纳入的控制变量主要有人均收入水平 I 和全要素生产率 TFP。最后，计量方程右边的 ϕ_i 和 δ_t 分别表示行业固定效应和时期固定效应，$\varepsilon_{i,t}$ 为误差项。

三、数据来源及说明

本书收集了江苏省 2000—2009 年的工业制造业分行业面板数据，在数据收集的过程中，首先按照统计年鉴中出口商品工业制成品的分类，将工业制成品分为化学成品及有关产品、原料分类的制成品、机械及运输设备和杂项制品，然后按照联合国《国际贸易标准分类》（SITC）对其他变量按照上述分类进行归类。

表 8-1 变量描述统计特征

变量	平均值	中值	最大值	最小值	标准差	偏离度
LnZ	9.484304	9.982052	12.25663	6.077046	1.923761	-0.687525
LnK	5.358919	5.341884	8.095123	2.554721	1.412537	-0.046962
LnL	3.490763	3.701783	5.024407	1.495552	1.267533	-0.225477
$LnFDI$	11.99452	12.20020	13.90040	9.532100	1.256996	-0.462853
$LnEX$	14.29490	14.19314	16.42910	12.17353	1.105005	0.062454
LnE	1.652635	1.507014	2.759550	1.003354	0.464633	0.895671
LnX	-4.810599	-4.022405	-2.969071	-8.645663	1.968293	-1.031683
TFP	1.383774	1.516521	3.380379	-0.493507	1.060766	-0.18455
LnI	2.465584	2.217080	3.405005	1.721040	0.556347	0.259976

由于各行业能源消耗规模（Z）数据无法直接获取，本书通过计算工业制造业各行业产值乘以分行业的碳排放系数获得每年分行业的 CO_2 排放总量，分行业碳排放系数采用李小平等（2010）测算的数据①，各行业的工业产值来自于各年的《江苏省统计年鉴》。各行业出口污染密集度（E）采用各行业的 CO_2 排放总量与出口额之比近似地替代。资本投资 K、就业人数 L、出口规模和 FDI 数据均来自于各年的《江苏省统计年鉴》。全要素生产率是运用索洛余值的方法，通过计算各行业的 TFP 值获得，具体估算方法参见张军（2003）。[10] 由于各行业的人均收入水平（I）无法获得，本书采取各行业的人均产值指标近似替代，即各行业产值与从业人员之比。资本劳动比（X）是采用各行业资本数据与从业人员之比获得。数据的描述统计见表 8-1。

第三节　江苏省开放型经济发展的环境效应实证分析

与时间序列模型相似，若面板数据中存在单位根，则其可能是一个随机游走序列，各类统计检验都将失效，只有在面板数据平稳或者具有协整关系时，模型的回归结果才是有效的，为此本节采用 Eviews 6.0 提供的 Kao 检验和 Pedroni 检验方法进行协整分析，结果如表 8-2 所示。[4]

---

① 本书采用的碳排放系数是根据李小平、卢现祥（2010）利用环境投入产出模型，采用 2000 年、2005 年以前投入产出数据计算获得。

表 8-2　面板数据模型 Kao 检验和 Pedroni 检验结果

检验方法	检验统计量	AIC 滞后阶数	统计量值	P 值
Kao 检验	面板数据 ADF 检验	1	-2.355481	0.0092
Pedroni 检验	面板数据 V 统计量	0	-2.719022	0.9893
（组内统计量）	面板数据 RHO 统计量	0	1.817519	0.9769
（组内统计量）	面板数据 PP 统计量	0	-31.72488	0.0000
（组内统计量）	面板数据 ADF 统计量	0	-8.204015	0.0000
（组间统计量）	面板数据 rho 统计量	0	2.967265	0.9985
（组间统计量）	面板数据 PP 统计量	0	-24.04333	0.0000
（组间统计量）	面板数据 ADF 统计量	0	-7.649501	0.0000

表 8-2 中得到的 8 个统计量中，绝大部分检验都拒绝"各面板变量之间不存在协整关系"的零假设，所以据此判定在各个面板数据之间存在协整关系，可进一步进行回归分析。利用 EViews 6.0 对（8-5）式和（8-6）式进行参数估计，选择可行广义最小二乘方法（Effective Generalized Least Square，EGLS），按照截面进行加权（Cross-Section Weights），模型形式的设定依据 F 检验确定，得到的结果如表 3 和表 4 所示。

一、以工业能源消耗规模为因变量的回归结果分析

首先对以工业能源消耗规模为因变量的方程进行回归分析。分析过程中，考虑到开放型经济发展对能源消耗总量的影响，本书在传统的 C-D 函数的基础上，逐个引进其他解释变量。表 8-3 给出了引进不同变量的回归分析结果。从方程的回归结果看出，随着变量的不断增加，方程的拟合优度不断提高，且绝大部分变量都通过了 t 检验，D-W 也排除了自相关的假设。Ⅰ式回归结果表明，资本和劳动投入与工业能耗总量呈正相关的关系，且资本投入的增加对工业能耗总量的上升影响更大，资本每上升一个单位，工业能耗增加 1.3 个单位。Ⅱ式在保持资本和劳动投入变量的情况下，纳入开放型经济指标 FDI，回归结果显示 FDI 在 1% 的置信水平下对工业能耗总量有显著正向作用，这说明随着外资的大量进入，在促进江苏经济增长的同时，也增加了工业二氧化碳的排放量。Ⅲ式的回归结果并没有纳入 FDI 变量，由于 FDI 与出口额之间具有显著的正相关性，为了避免方程的多重共线性，所以只纳入出口额对工业能耗规模的影响。回归结果显示，所有变量均通过了 t 检

验，纳入的出口规模变量在不影响资本和劳动投入与工业能耗关系的同时，出口规模也是工业能耗规模上升的一个重要原因。

表 8-3 以工业能源消耗规模为因变量的回归结果（混合效应模型）

解释变量	Ⅰ	Ⅱ	Ⅲ	Ⅳ	Ⅴ
LnK	1.342935*** (7.331309)	0.336535** (2.036689)	0.558685** (2.306137)	0.437849** (2.651934)	—
LnL	0.589539** (2.155314)	0.461011 (2.778675)	0.814427** (3.468795)	—	—
$LnFDI$	—	0.508210*** (8.198557)	—	0.681129*** (6.553247)	0.557119*** (10.31441)
$LnEX$	—	—	0.251500*** (4.176023)	—	—
LnI	—	—	—	0.407063* (1.925330)	0.463377** (2.454189)
TFP	—	—	—	—	1.207099*** (7.956036)
R^2	0.538760	0.836245	0.686514	0.820098	0.921020
$D.W$ 统计量	0.096401	0.118670	0.040426	0.176715	0.120145

注：括号内是各个变量 t 检验值；* 表示在 10% 的置信水平下显著；** 表示在 5% 的置信水平下显著；*** 表示在 1% 的置信水平下显著。

Ⅳ式回归结果，在引进人均产值时（由于人均产值指标是通过工业产值与从业人员数之比计算获得）剔除了劳动变量（原因同上）；同时，比较 FDI 与出口额哪个变量纳入方程中拟合优度更高（由于篇幅限制，本书只列出拟合优度高的回归结果）。回归结果显示，在方程拟合优度提高的同时，所有变量仍保持了原有的显著性水平。随着人均产值的上升，对工业能耗规模总量增加有显著的促进作用，这说明从规模效应来看，目前江苏省仍处于环境库兹涅茨倒 U 曲线的上升阶段，这也和现有的文献分析结果相一致，江苏省 2009 年的人均 GDP 为 44232 元，远低于东部地区 73130 元的临界值（许广月，2010 等）。

Ⅴ式中纳入了全要素生产率 TFP，由于 TFP 是采用索洛余值计算获得，为了避免出现多重共线性和变量自相关的问题，本书在Ⅴ式中剔除了 K 和 L 变量。回归结果显示，当纳入全要素生产率这一指标后，所有变量的系数值都有了显著的提高，而且随着全要素生产率的提高，工业能耗规模总量也出现了上升的现象。值得注意的是，这一结论和前文的预期相反，现有的研究大多认为全要素生产率的提高，会降低资源的消耗和环境污染。然而本书的实证分析却得出了相反的结果。可能的解释是，如果一国或地区并没有采取有效的环境规制措施或者提高环保技术水平，从而全要素生产率的提高更多地表现在产品产出率上，则不但不会降低一国的污染排放总量，反而会产生规模效应，加剧对一国环境的破坏，使企业资源消耗规模总量出现了上升。

二、以出口污染密集度为因变量的回归结果分析

上文的分析表明，资本、劳动、FDI、出口规模、人均收入和TFP对工业能耗规模具有显著的促进作用，即Grossman和Krueger（1995）所研究的规模效应较显著。但是工业能耗规模的提高，不能简单地得出开放型经济的发展对环境保护具有破坏作用，需要从出口污染密集度角度继续进行深入分析。本书接着以出口污染密集度为因变量，分析江苏省开放型经济发展对出口污染密集度的影响。

表8-4列出了以出口污染密集度为因变量的回归结果，其中 X 表示各行业的资本劳动比，与上文回归分析的步骤相似，也是逐个引入不同的变量，检验方程的拟合情况。从Ⅰ式回归结果可以看出，随着资本劳动比的上升，出口污染密集度出现了显著的下降，资本劳动比每上升一个单位，出口污染密集度下降了4.4个单位；而人均收入水平的提高，对出口污染密集度仍然具有负面的影响，即人均收入水平越高，出口污染密集度越高，与上文得出的结论相一致；FDI变量虽然没有通过t检验，但是从回归结果来看，外资的引进的确降低了出口污染密集度。Ⅱ式中纳入了技术水平的提高对出口污染密集度的影响，回归结果显示：在该方程中，所有变量均通过了显著性检验，方程的拟合优度也明显提高。FDI变量也通过了显著性检验，并且外资每上升一个单位，导致出口污染密集度下降0.35个单位，说明随着外资的大量进入不但带来了大量的资本，同时还可能引进了清洁技术等提高了江苏省的环保技术。研究还发现技术水平的提高不但没有降低出口污染密集度，反而提高了出口污染密集度，这一结果与以工业能源消耗规模为因变量的回归结果相似，这也进一步验证了上文的分析。Ⅲ式将所有变量（除出口规模，原因同上）均纳入方程进行分析。结果表明：所有变量仍然保持了原有的显著性水平，而且所有变量的系数值都有所提高。Ⅳ式纳入出口规模这一变量分析表明，在计量方程中纳入这些解释变量是适当的，劳动资本比、出口规模、人均收入水平和全要素生产率对出口污染密集

度有着显著影响,而且从拟合优度系数 R^2 值来看,方程也拟合的较好。重要的是出口规模的不断上升,虽然引致了工业能耗规模的上升,但是对出口污染密集度的下降,具有明显的促进作用,出口规模每上升 1 个单位,出口污染密集度下降 0.62 个单位。这说明,江苏省开放型经济发展模式转型,在出口规模提高的同时,出口商品更具环保特征,污染密集度不断下降。

表 8-4 以出口污染密集度为因变量的回归结果(混合效应模型)

解释变量	Ⅰ	Ⅱ	Ⅲ	Ⅳ
X	-4.413779*** (-5.237287)	-1.457954** (-2.298550)	-2.993083*** (-3.888034)	-1.137660* (-1.822529)
$LnFDI$	-0.011568 (-0.174891)	-0.349744*** (-2.724373)	-0.506456*** (-3.969446)	—
$LnEX$	—	—	—	-0.615992*** (-8.938966)
LnI	1.093699* (1.685734)		1.651907*** (3.000127)	1.403034*** (4.248296)
TFP	—	1.311533*** (3.342449)	1.571098*** (4.290654)	1.736085*** (8.615723)
R^2	0.473329	0.564405	0.651530	0.871249
$D.W$ 统计量	0.234297	0.094169	0.246861	0.182008

注:括号内是各个变量 t 检验值;*表示在 10% 的置信水平下显著;**表示在 5% 的置信水平下显著;***表示在 1% 的置信水平下显著。

比较表 8-3 和表 8-4 的结果我们可以看出,虽然开放型经济的发展对环境有较大的影响,但是从工业能源消耗规模和出口污染密集度两个不同角度进行分析,得出的结论也存在一定的差异。从以工业能源消耗规模为因变量的分析结果可以看出,资本、劳动、FDI、出口等解释变量,都显著地促进了工业能源消耗规模的增加,这些变量的规模效应比较明显。而以出口污染密集度为因变量的分析则表明,随着资本劳动比的上升和 FDI 的引进,明显降低了出口污染密集度,说明江苏省的开放型经济发展模式转型,虽然从规模上没有降低能耗总量,但是对单位能耗的下降起到了实质性的效果。值得注意的是,全要素生产率的提高无论是对工业能耗规模还是对出口污染密集度都有显著的促进作用,说明全要素生产率的提高不是解决环保问题的关键,更为重要的是环境规制措施以及环保技术进步。

第四节　主要结论与政策启示

本书构建了以工业能源消耗规模和出口污染密集度为因变量，资本、劳动、FDI、出口规模和技术水平等为解释变量的理论和实证模型，利用江苏省2000—2009年的工业制造业分行业面板数据，对江苏省开放型经济发展与环境保护进行了实证分析，研究表明：（1）随着资本、劳动投入、出口规模和引进外资规模的不断上升，江苏省开放型经济发展所"引致"的能源消耗规模效应显著为正。这说明随着资本、劳动、FDI、出口规模和技术水平的提高，经济规模的不断扩大，能源消耗的总量也在不断上升。（2）在工业能源消耗规模提高的同时，随着江苏省从"招商引资"向"招商选资"等开放型经济发展模式的转变，FDI流入额和劳动资本比的提高显著地降低了江苏省的出口污染密集度。这说明FDI的流入带来了一些先进的管理经验和环保技术的同时，外商直接投资促进环境保护的效果也逐渐显现；同时，对自主创新产品的日益重视，出口产品结构和技术结构不断提高，对降低出口污染密集度具有显著的正向作用。（3）江苏省仍处于环境库茨涅茨"倒U"曲线的上升阶段，收入水平的提高对工业能源消耗总量和出口污染密集度有明显的负面影响，提高了工业能源消耗总量和出口污染密集度。（4）出乎我们意料的是，全要素生产率的提高无论是对工业能源消耗总量还是对出口污染密集度都带来了负面的影响，说明当前全要素生产率的提高主要集中在产品产出率方面，全要素生产率的提高，增加了生产规模，由此带来的负面影响抵消了技术水平提高的正效应。说明经济规模与技术进步影响力量的相对大小取决于政府政策的形成机制以及政策为适用新的经济条件而变化的快慢。[①]

本书对江苏省开放型经济发展与环境保护的研究结论对我国其他地区发展开放型经济提供了重要的政策启示：（1）江苏省的发展实践表明，虽然开放型经济的发展，使得能源消耗总量不断提高，但是对污染的密集度的下降具有明显的促进作用。借助江苏省开放型经济发展模式转型的经验，只要处理方法得当，我国出口贸易增长与环境改善可以并行不悖。因此，不能因噎废食，应该进一步提高贸易开放度，促进开放

[①] 布莱恩·科普兰，斯科特·泰勒尔. 贸易与环境——理论及实证. 上海人民出版社，2009年版.

型经济模式转型，通过引进环保型的外资，有意识地引导外资流向高新技术产业和服务业。（2）在加大引进外资，提高出口产品技术结构的同时，需要实现从"中国制造"向"中国制造"的转变；从承接"生产外包"向承接"服务外包"的转变；提高我国出口产品的国际竞争优势，鼓励外资企业到我国发展高端产业，实现我国出口产品由劳动密集型和资源密集型，向技术和知识密集型的转变。（3）在加强环境保护方面，不能只重视提高资本劳动比和全要素生产率的提高，因为上文的分析已经表明，这有可能会导致企业扩大生产规模，反而提高了能源消耗规模和出口污染密集度。因此，要想切实改善环境质量，促进环境保护，在提高全要素生产率的同时，制定更加严格的环保法律法规等规制措施，构建系统、全面的地区性的资源节约与环境保护管理体系，促进企业提高环保技术水平。

第九章

环境规制下制造业转型升级的路径

制造业转型升级问题是"十二五"期间我国面临的重要战略性问题,制造业能否成功转型直接关系到我国经济结构调整、综合国力提升、中华民族复兴。上文分析表明,环境规制会通过贸易竞争力、技术创新、FDI区位分布等渠道和机制影响我国制造业的转型升级,并得出以下几个主要结论:(1)我国开放型经济发展是符合雷布津斯基定理推论的,且EKC曲线呈现区域的异质性特征。(2)环境规制对制造业国际竞争力存在显著影响,但是环境规制并不必然导致国际竞争力的下降。(3)环境规制对技术创新影响的二重性因行业而异,且具有显著的行业异质性特征。(4)环境规制对FDI区位分布存在显著负面影响,但是"污染避难所假说"在我国的证据并不充分。(5)江苏省开放型经济转型升级的实践表明,开放型经济转型升级与环境保护是并行不悖的。根据本书的研究结论,借鉴日韩等国家转型升级的经验,实现我国制造业转型升级和环境保护的双赢,提出我国制造业转型升级的路径。

第一节 技术创新:制造业转型升级的重要驱动力

技术创新作为经济增长的内生动力,也是我国制造业转型升级的重要驱动力。环境规制对技术创新的二重性影响提示我们在制定环境规制措施时,必须注意行业的异质性,采取适宜的、差异化的环境规制措施,诱发环境规制的"创新补偿效应"。同时,在环境规制的约束下,制造业必须加强内功的修炼,通过自主创新摆脱传统的代工模式,实现价值链的攀升;通过产业升级,提高制造业的核心竞争力。

一、采用适宜的、差异化的环境规制措施激发"创新补偿效应"

目前,中国正处于经济转型和产业升级的机遇期,需要针对各地的经济发展情况,采用适宜的、差异化的环境规制措施,鼓励企业加强绿色治污技术研发，推动经济的健康可持续发展。首先，我国在经济结构转型升级的关键期，必须以资源节约和环境保护作为基本国策，在发展的过程中将节约资源、保护环境和生态优化作为基本方针，通过发展绿色经济、循环经济和低碳经济，将生态文明的理念贯彻落实到经济发展的空间布局、产业结构调整、生活方式改变中，从根本上改变过去的粗放型生产、生活方式，营造良好的生态环境。其次，制定环境保护规章制度，为生态文明建设提供制度保障。一方面要建立生态文明评价指标体系，将能源消耗、森林覆盖率、环境污染、生态文明建设等纳入社会经济发展评级指标体系中，形成有利于我国生态文明建设的目标评价体系；另一方面制定生态文明建设规划，针对我国环境污染的现状和在哥本哈根会议上制定的减排目标，编制切实可行的环境保护规划，通过税费改革、生态补偿制度建设等推进我国生态文明的发展。最后，制定差异化的环境规制措施。环境规制对技术创新的影响不但取决于环境规制的严厉程度，还取决于具体的环境规制措施（Sartzetakis, Constantatos, 1995）[①]。环境标准、排放限额等"控制型"环境规制工具由于具有较强的强制性，对企业缺乏足够的激励；而排污权交易、环境补贴等"激励型"环境规制工具对企业技术创新提供持续的激励，有利于提高企业治污创新能力（李玲、陶锋，2012）[②]。因此，政府需要根据不同地区的经济发展水平和环境污染程度以及不同产业的现实特点，采取差异化的环境规制措施。对于环境污染比较严重的地区和污染密集型的产业，可以采取"控制型"环境规制工具，降低污染排放强度；对于环境污染程度较轻的地区和技术密集型产业，可以灵活运用排污费、使用者收费、排污权交易等措施激励企业治污技术和生产技术创新，提高企业的污染治理能力和生产效率。

以江苏为例，对于江苏这样的经济发达大省而言，经济的快速发展加速了对资源的消耗。以环境成本为例，江苏省人均环境容量全国最小，每平方公里的人口密度为全球均值的16.6倍，而每平方公里国土上的CO_2、SO_2是全国均值的6.4倍和5.6倍，环境负荷总量还在继续扩大；以能源成本为例，江苏省企业的能源对外依存度超过80%，原

[①] Sartzetakis, E. S., Constantatos, C. Environmental Regulation and International Trade [J]. *Journal of Regulatory Economics*, 1995, 8 (1).

[②] 李玲，陶锋. 中国制造业最优环境规制强度的选择——基于绿色全要素生产率的视角. 中国工业经济. 2012, 290 (5): 70—82.

材料、劳动力成本普遍上涨，国际能源、原材料价格处于高位波动之中。受资源成本和环境规制的约束，江苏省原有的发展条件和比较优势发生了深刻的变化，环境保护和经济转型迫在眉睫。针对江苏省经济发展水平较高和产业转型升级的现实需求，可以采用"控制型"和"激励型"等不同的环境规制措施，加快对经济的低碳化改造。对于高能耗的产业采用严格的"控制型"环境规制措施，推进产业的梯度转移，为新兴产业的发展创造空间。对于战略性新兴产业，则可以采用"激励型"环境规制措施，加大补贴力度，鼓励企业加大研发投入提高自主创新能力。

二、自主创新实现价值链攀升抵消环境治理成本的上升

改革开放以来，制造业作为我国经济发展的重要增长引擎，为我国基础设施建设和人民生活水平做出了重要贡献。但是，在劳动成本、环境治理成本和资源成本上升的背景下，我国制造业的传统增长模式已经难以为继。上文分析表明，环境规制会对劳动密集型行业的贸易竞争力产生显著的负面影响，我国劳动密集型行业的代工模式也面临着价值链低端的锁定效应、低工资恶性循环效应、自主品牌内生性比较劣势、贸易摩擦和产能过剩等不利影响。因此，代工企业参与全球价值链分工，由于缺乏自主知识产权、附加值低等粗放型发展模式，并不具备可持续性，要改变这一状况，必须推进代工企业转型升级、建设自主品牌，实现 OEM—ODM—OBM 的演进升级。

通过开放型经济的发展推动内资企业的转型升级。长期以来，我国内资企业由于资金和技术方面的限制，一直处于全球价值链的最低端，只能依赖低成本的优势从事代工。随着人口红利的弱化，这种发展模式已经难以为继，必须通过自主品牌的建设、自主创新能力的提高，增强企业的国际化经营能力。因此，在后金融危机时期，我国必须适应经济全球化新形势，加快转变对外经济发展方式，实现产品结构、技术结构的转型升级。首先，采用出口与进口并重的策略，加大开放力度促进技术升级。出口不但可以提高我国企业的国际市场份额，而且可以通过在国际市场竞争提高企业的产品竞争力；进口则有利于内资企业从进口产品中学习到先进的技术水平和管理理念，进一步提高我国进出口企业的整体技术水平。

近年来，跨国公司不断调整其全球战略，采取生产外包或再分包方

式，通过非股权控制，实现技术分离和技术锁定，以增强自身的核心竞争力和对发展中国家产业与代工企业的技术控制力度。东道国政府有意识地通过贸易政策与产业政策促使产业发展向着国际代工方向转移，导致了代工企业在全球产业链中的话语权越来越弱，从而加深了对跨国公司和国际大买家的依赖性，结果表现为对国际市场的依赖和偏好。由于国际大买家具有买方势力，一方面，可以利用其大额订单对代工企业的产品质量、安全和环保等提出要求，迫使代工企业进行技术设备的改造。通过这种手段可以逼迫代工企业始终处于大规模固定资产投资阶段，缺少资金来从事研发、创新。另一方面，国际大买家在这种不对称的市场势力中，实行"全球价格"下的零部件采购，让很多代工企业进入其采购名单中，使其形成相互之间的竞争机制。在这种竞争机制下，代工企业只能在越来越小的空间中生产，千方百计通过降低劳动者工资水平、延长劳动时间、降低产品质量和偷工减料等方式来压缩成本。此外，国际大买家还通过一些技术壁垒等措施，来加强技术垄断，对代工企业设置障碍。

代工企业处于价值链的低端，进入壁垒较低，本土零部件生产商为了争取订单，往往会采取削价竞争，代工企业的利润空间越来越小，企业长期被锁定在较低附加值环节，从而使其竞争更加激烈。代工企业在全球价值链中的谈判能力变得更弱，更趋向于依赖国际大买家的订单，陷入了"价值链低端——创新不足——价值链低端"的恶性循环。在产品内国际分工条件下，通过吸收外商直接投资，发展与跨国公司相配套的本地产业及产业网络，依托本土资源优势，以国际代工方式嵌入全球价值链，已成为中国实现工业化进程中的有效战略和重要途径。避免形成单纯依托资源禀赋决定的外生比较优势的分工模式，通过自主创新促进产业升级与经济转型，克服代工企业因要素锁定效应、市场锁定效应和价值链锁定效应形成比较优势和贸易模式的自我强化与锁定，走出对国际代工模式的路径依赖，提升制造业的整体核心竞争力。政府在制定环境规制措施时，要考虑到环境规制措施对外资企业技术溢出效应的间接影响，给予内资企业更多的政策扶持，提高内资企业的二次创新能力，促进内资企业的转型升级。

三、立足内需突破市场需求的锁定效应

在产品内分工条件下，除了供应链上游的要素供给结构上可能存在

锁定效应外，下游的销售环节也可能存在市场结构上的锁定效应。从国际市场角度来看，国际代工模式的另一个显著的基本特征是出口导向。中国制造业代工企业只需按照跨国公司和国际大买家的外包订单要求从事简单的生产加工，完全不用考虑价值链两端的设计和营销等环节，处于被动等待对方订单的"嗷嗷待哺"状态。在这种依附型格局下，只要有充足的订单，代工企业就不会主动去开拓终端市场，而且在客观上也缺乏在国际市场上"另辟蹊径"的能力。

对于国内市场，虽然目前已对外资高度开放，但对本土企业却依然存在着较高的进入壁垒，从而缺乏塑造培育和扶植本国品牌的市场基础。一方面，囿于技术创新和人力资源水平的落后，国内产品无论在外观还是品质上都与外国同类产品存在着明显的差距；再加上自鸦片战争以来中国人对自己文化传统信心的丧失，以及当代人对西方文化的过度痴迷与崇拜，因而国内消费者对"国货"抱有一种本能的偏见和不信任感，而对"洋货"则情有独钟。这种消费环境自然无法给国产品牌的创建和内需市场的开拓提供有力支持。另一方面，内需市场还长期存在许多行政性的进入障碍。比如，在地方政府各自为政、市场分割条件下，各类产品市场上都充斥着地方保护主义，使得"庞大"的国内市场容量和"巨大"的市场潜力仅仅具有地理或人口上的意义，而并不能对自主品牌的创建提供应有的市场基础。再如，具有出口冲动的地方政府往往会通过设立出口保税区、出口加工区在税收、土地等方面给出口加工企业很大的政策支持，而往往对于那些试图创建自有品牌的企业未能给予充分的重视。在无法取得足够市场支撑的条件下，本土企业的研发投入和渠道投资并不能得到应有的回报，甚至可能引发生存危机，因而功利化的本土中小企业便不愿意进行自主创新，同时也无暇顾及销售渠道环节的延伸与培育，这便导致整个产业层面上的升级困境。

另外，在中国金融体系和社会信用体系有待完善和发展的背景下，本土企业特别是民营企业在开发国内市场时普遍会面临货款被拖欠和融资难的双重困境，导致企业无法取得维持生产所需的现金流，而出口则可以有效缓解这种双重困境（张杰等，2008）。这种制度因素的长期扭曲也会促使企业忽略对本土市场的开拓而偏好于出口到国外市场。综上所述，在国际代工模式下，国际市场势力的自然缺失以及国内市场条件的先天不足可能共同促成了中国制造业的市场锁定效应。因此，我国制造业转型升级必须充分挖掘国内市场的潜力，打破地方政府割据的行政藩篱，为制造业企业突破市场需求锁定效应提供广阔的空间。2015年11月，在中央财经领导小组召开的会议上，习近平总书记提出了"供给侧改革"也是努力解决我国商品供需失衡问题，满足国内日益提高的消费需求水平和能力，解决低端制造形成的产业过剩。

第二节 FDI产业升级：
制造业转型升级的重要推动力

本书研究表明，虽然环境规制会对FDI区位分布产生显著的负面影响，但是环境污染治理成本并不能从根本上抵消经济发展水平、管理成本、贸易成本等形成的比较优势，这表明"向底线赛跑"的破坏性地方竞争策略并不能从根本上解决招商引资问题，一味地放松环境管制只能吸引来污染型外商直接投资，既损害了区域环境又不利于地方经济的长期发展。

一、加大招商引资力度，释放外商直接投资的溢出效应

改革开放以来，我国积极融入经济全球化，抢抓国际性产业转移的机遇期，坚定不移地扩大开放，利用外资规模和质量都迈上了新台阶。2000年到2013年，我国实际利用外商直接投资额增长了3倍，从407.15亿美元扩大到1175.86亿美元。但是，近年来随着我国经济增速放缓，环境治理成本的上升和产业结构调整，外商直接投资的引资策略也出现了较大的调整，部分学者对我国的引资战略也提出了怀疑，担心过度的引进外资会导致大量污染密集型产业向我国集聚。本书研究表明"污染避难所"在我国证据并不充分，这意味着外商直接投资对我国经济发展具有较显著的外溢效应。我们还必须正视外向型经济在全省经济发展中的重要作用。外资来源于新技术革命和新兴产业的发源地，通过吸收外资，可以直接掌握世界90%以上知识产权的跨国公司建立深度合作关系。各级政府在制定招商引资政策时不能因噎废食，加大招商引资力度仍然是重要选择，通过技术引进促进制造业转型升级。但是在制定招商引资政策时，需要针对不同行业应该采取差异化的政策措施。首先，对于劳动密集型行业而言，由于外商直接投资具有自强化效应，劳动力成本上升并没有阻碍外商直接投资的流入。但是外商直接投资会导致我国劳动密集型产业长期锁定在价值链的低端。这就要求地方政府

在制定劳动密集型产业招商引资政策时，不能一味地给予外资企业"超国民待遇"，必须考虑外资企业对内资企业的带动作用，外资企业与内资企业的产业配套，外资企业是否有利于提高本土企业的技术水平，避免为了完成行政指标任务而引进外资。其次，对于资本密集型行业而言，本书研究表明资本密集型行业是环境污染的主要来源，这就要求我国在制定外资引进政策时需要重点考虑资本密集型行业对环境污染的影响，尤其是一些污染比较严重的应该严禁引进，避免对我国环境造成更大的负面影响。最后，对于技术密集型行业而言，本书研究发现技术密集型行业不但环境污染少，而且有利于提高我国制造业的综合竞争力。因此，我国必须重点给予政策倾斜，加大技术密集型行业的招商引资力度发挥外资在我国自主创新中的积极作用。同时，在招商引资的过程中必须结合我国制造业转型升级的现状，积极鼓励跨国公司在我国设立总部经济和各类研发中心，通过与内资企业和科研院校组成战略联盟进行协同创新、集成创新，提高知识产权本地化比例。

二、优化招商引资结构，提高节能减排水平

针对外商直接投资对我国经济增长的影响和我国制造业转型升级的客观需求，我国应积极主动优化招商引资结构，提高招商引资水平。一方面着力优化利用外资的产业结构。根据我国制造业转型升级的要求，在招商引资过程中必须严格按照2011年商务部出台的《外商投资产业指导目录》，优先引进鼓励类外商直接投资，加大对高新技术、装备制造和新材料等产业的引资力度；鼓励外商投资发展循环经济、清洁生产、可再生能源和生态环境保护；鼓励外商投资资源综合利用项目。对于传统的制造业行业必须根据《外商投资产业指导目录》制定差异化的政策措施。首先，对于已经掌握比较成熟技术、具备较强生产能力的纺织、化工和机械制造等行业，原则上不再鼓励外商投资，但是对于这些行业中一些先进技术和高端技术，仍然可以持开放态度，促进这些行业的转型升级。其次，对于产能过剩类制造业行业必须严格禁止引进相关企业，避免这些行业的产能过剩进一步扩大和盲目建设。对于稀缺或不可再生的重要矿产资源不再鼓励外商投资；一些不可再生的重要矿产资源不再允许外商投资勘探开采，限制或禁止高物耗、高能耗、高污染外资项目准入。最后，对于汽车等制造业而言，必须纠正过去"用市场换技术"的招商引资政策，扭转国内市场被外资品牌霸占，国内自主品牌

发展严重滞后的尴尬现象。通过实施反垄断调查措施，要求外资企业必须开放技术开发资料，促进本土企业的技术进步。

另一方面优化外资区域布局。当前，我国外商直接投资主要集中在长三角和珠三角地区，呈现较大的区域不平衡性。因此，我国需要根据不同地区的经济发展现状，立足促进东部地区转型升级、发展中西部地区特色优势产业等原则，实行更加积极主动的开放战略。对于长三角和珠三角地区而言，需要结合制造业转型升级的需要，在大力"引进来"的同时，必须以经济的创新型发展为导向，充分利用外资企业带来的技术创新和产业升级以及由此产生的技术外溢。与此同时，鼓励中外合资，在合作与竞争中带来优化效应以及与本土经济的融合效应，打造具有本土竞争力的产业链，引进和培育符合国际发展趋势的新兴产业。对于中西部地区而言，应该加快修订中西部地区外商投资优势产业目录，务实推动"万商西进"工程，在广东、上海、江苏等东部地区建立产业转移促进中心，在中西部地区建立承接产业转移示范区，形成制造业梯度转型升级的局面。西部等一些欠发达地区，还需要进一步提高贸易开放度，深化对外开放和对内开放，通过开放获取更多的学习机会、促进市场化进程，无疑有利于西部地区经济的长期发展。同时，应该借鉴江苏省等发达地区的经验，通过开放型经济发展，在开放中促进产业转型升级，构建完整的产业链，促进地区的产业集群；在产品生产和加工环节进行集成创新，实现产业链的创新升级[①]。

三、调整招商引资政策，促进经济转型升级

上文研究表明，在环境规制约束下，FDI和企业规模对技术创新的影响会出现显著变化。这就要求政府既要注重引进适宜的技术提高自主创新能力，也要改变过去因为短期利益而给予外资企业"超国民待遇"的环境政策优惠。长期以来，地方官员出于对政绩的考虑，在引入外资的时候更注重外资对地方经济的短期促进作用，而忽略了地方长远的经济利益。政府要转变过去"重规模轻质量"的引资思路，要结合本地经济发展的现实基础和长远发展战略来引进外资；要注重外资企业与当地主导产业的配套，通过引进高质量的外资企业提高外资企业对内资企业的技术溢出效应和内资企业的技术水平，将引资、引智和引技结合起

---

① 周长富，马景漫，何翠胜. 吸收能力抑制了我国FDI的技术溢出效应吗？——基于区域面板数据的分析. 南京财经大学学报，2011年第6期。

来，协同提高我国自主创新能力。在引进外资的政策制定方面，可以借鉴日本战后为了引进先进的技术，日本政府制定了一系列有关经济和科技的法律和政令。到80年代为止，日本长期实行的以引进、消化、吸收和创新为主线的产业技术政策取得了巨大的成功。一方面，日本政府明确了企业在技术引进中的主体地位。政府通过制定"行政指导"制度，利用其在全球庞大的网络收集各行业先进技术和情报，并根据经济发展的进程，从本国经济发展现状出发，为企业提供信息、情报和建议，克服了技术引进的盲目性，确保引进技术的效率、结构和条件。另一方面，日本制定了严格的引进外资法律法规。1950年日本出台的《外资法》目的是鼓励引进外国先进技术，但是在这部法律中明确规定引进的技术必须有助于日本产业的健康发展，不得损害小企业，不得侵犯自主管理权，不得出现不公平的合同条款，不得影响支付能力，不得妨碍国内技术的成长。日本的技术引进为我国招商引资政策的实施提供了有益的借鉴，由于我国过去一直注重引进外资的规模，忽视了引进外资的质量和引进外资法律法规的制定，导致国内企业对外资的消化、吸收、自主创新能力较弱。这就要求我国改变过去的引资政策，制定引进外资的法律法规，对于外资企业的技术垄断、知识产权的使用做出明确的规定，切实的促进外资企业对内资企业的技术溢出。

第三节　政策支持：制造业转型升级的重要保障

技术创新作为经济长期增长的"引擎"，而研究与开发是技术活动的核心，是创新的源泉，加大研发投入力度在技术创新中起着关键作用。然而长期以来，我国研发经费占GDP的比重一直较低，比较发达的地区比重只有2%，与发达国家有很大的差距。通过前文的分析也表明，研发投入是影响我国FDI吸收能力的重要因素，也是影响经济发展的重要因素。因此，政府应该进一步加大财政科技投入，通过完善政策，积极扶持，加强引导，提高企业技术创新的积极性。

一、金融支持：制造业转型升级的资金保障

发展创新型经济作为我国转变经济发展方式的主要驱动力和主要策略，既是实现环境保护与技术创新协同发展的主要举措，也是"后金融危机"和"后环境危机"阶段中开创科学发展新局面的落脚点与着力

点。要发展创新型经济，必须要加大研发投入、提高研发强度，这就需要政府为企业技术创新搭建多元化的融资平台。针对企业融资难的问题，政府可以积极介入，通过为企业提供担保等方式，打通企业的金融融资渠道。同时，政府可以设立专项创新基金，专门用于企业的技术引进、消化、吸收、再创新。目前，在工业化进程、城市化进程和信息化进程的深水期，技术创新作为推动我国经济发展的重要内生动力，政府应将自主创新能力的提升上升到战略高度，加大基础研究的前期投入，将节能减排技术创新与生产技术创新相结合，着力提高自主创新能力。首先，加大科研资金的投入。改革开放以来，虽然我国对研发投入的重视程度不断提高，但是与发达国家相比仍有较大的差距，研发投入总量仍显不足。目前，发达国家的研发人员平均经费大概在10万—20万之间，而我国人均科研经费只有3万美元左右，基础研究的占比更低。针对环境规制会挤占研发资金和影响大企业规模效应发挥的现实情况，政府应该给予技术创新更多的资金支持和政策扶持。政府不但需要制定可持续的发展战略，给"短视的企业"在研究开发方面更多的资金支持，而且需要为企业研究开发活动提供更多的税收优惠和融资渠道，缩短"U"型曲线下降阶段的时间，强化企业环境规制对技术创新"补偿效应"。其次，政府应当注重大企业技术创新的规模效应。政府在制定环境规制措施时，要考虑到环境规制对大企业技术创新的间接影响效应，在资金方面给予大企业治污技术创新更多的财政补贴，为大企业提供更多的资金融通渠道，减轻由于污染治理成本增加所形成的资金压力，同时发挥大企业在技术创新上的规模优势，使环境规制成为企业技术创新的驱动力。日本为了促进研究开发活动，日本政府通过政策性金融机构以低于民间金融机构的利率向企业提供研究开发活动资金。日本开发银行在1951年设立了"新技术企业化贷款"的基础上，又于1964年设立了"重型机械开发"贷款。1968年，在这两项制度的基础上设立了"新机械企业化"贷款制度。这三者结合在一起，形成了"国产技术振兴资金贷款制度"。另外，1970年，为中小企业设立了由中小企业金融公库实行的"国产技术企业化等贷款制度"，对新技术的企业化以及新机械的商品化试验提供低息贷款。这些贷款虽然是为促进研究开发而建立的，但具有浓厚的对研究开发成果的企业化过程进行资助的色彩。当然，也有助于加强对研究开发的鼓励。贷款对象，尤以设备投资的重、化学工业领域为主。当前，我国中小企业融资难、融资贵已经成为制约制造业转型升级的重要因素,政府也已经多次出台政策措施要求降低中小企业融资成本,为转型升级提供金融支持。本书认为需要在此基础上进一步成立专项资金、设立专项贷款,形成专款专用,切实加大对制造业转型升级的金融支持。

二、政策扶持:制造业转型升级的制度保障

一方面,政府通过制定优惠的税收政策,引导、激励企业提高研发投入,形成以企业为主的自主创新体系。同时,引进科学的外资评价体系,对在转型升级、税收贡献、环境保护以及人才培养和技术溢出效应方面突出的企业予以财政奖励,构筑以当地企业为主要研发力量的平台。比如日本为了促进企业的技术创新实施税收减免优惠措施,鼓励研究开发投资和技术引进投资。1958年,日本政府制定了《新技术企业化用机械设备特别折旧制度》,允许企业以高于通常的折旧率进行折旧,并根据设备投资额给予延期缴纳法人税的特权。1966年,制定了扣除试验研究费的税额的制度,这项措施规定,如果企业在该制度的适用年度进行试验研究所需要的费用,超过过去每年试验研究旨的最高额,按超额部分的一定比率扣除税额(20%)。1956年制定了《技术出口特别扣除制度》。这项措施规定:企业向国外提供工业产权、技术窍门、著作权和咨询服务等获得的收入,可按一定比率计入亏损额(分别按照28%、8%、16%分别计入亏损额,但以收入的40%为上限)。对于对技术引进投资的税收优惠措施,主要是继续实施1951年、1953年等战后恢复时期制定的有关政策。通过以上这些优惠措施所减免的税额实际上就是日本政府为企业提供的技术政策补贴。我国在制造业转型升级过程中,可以借鉴日本的税收优惠政策,给予创新型企业更大的政策扶持力度。

另一方面,制定知识产权保护政策。长期以来,由于我国知识产权法律保护体系的缺失,对专利和产品创新的保护力度不足,导致一些大企业缺少足够的激励机制,这就需要我国加强知识产权保护,为企业的技术创新提供法律拱卫。美国作为世界上的科技领先型国家,建立了体系完善的知识产权制度,且不断提高知识产权保护水平,扩大知识产权保护范围,并在知识产权国际事务中强制推行其美国价值标准。在技术赶超型国家中,日本曾提出过"教育立国"、"贸易立国"、"科技立国"等口号,到2002年进一步认识到知识产权的战略地位,提出"知识产

权立国",制定了《知识产权战略大纲》,出台了知识产权基本法,并每年制定年度"知识产权战略推进计划",以推进实施创造、保护、利用知识产权的政策措施,振兴科学技术,强化国际竞争力。在"引进创新型国家"中,韩国确立了2015年成为亚洲地区科研中心、2025年成为科技领先国家的发展目标,通过修纲变法,保护本国的优势产业和高技术产业,逐渐重视本国知识产权的涉外保护,其立法接近美欧日的基本政策立场。目前俄罗斯、乌兰克、印度等国也都制定了知识产权战略。这些都对国际范围内的知识产权保护产生了深刻的影响,国际知识产权制度的变革和发展进入了空前活跃阶段。强化知识产权保护已成为这一时期,并将成为21世纪很长一个时期的主流。目前,国家已经把知识产权工作提到议事日程,《国家中长期科学和技术发展规划纲要》明确提出:到2020年我国进入创新型国家行列的奋斗目标。这就要求我国充分认识知识产权制度的重要性,把加强与科技有关的知识产权保护和管理工作提升到促进体制创新和技术创新、增强科技持续创新能力的重要地位。

三、智力支持:制造业转型升级的人才保障

人才是国家和企业最重要的战略资源。国家必须加快确立人才优先发展战略布局,造就规模宏大、素质优良的人才队伍,提高人力资本水平为技术创新提供人力支持。人力资本从两方面影响技术创新:一是人力资本积累形成的专业技能与知识,有利于提高本国的自主创新能力;二是人力资本的积累有利于提高本国对国外先进技术和管理经验的吸收能力。在我国人力资本较弱,整体水平不高的情况下,为克服环境规制给企业技术创新带来的不利影响,政府在加大教育投入力度时,不仅要注重量的提高,也要注重质的提升和创新型人才的培养。三是企业亦应借鉴发达国家的先进经验,建立规范的职业培训体系和激励机制,为环境规制"补偿效应"的有效发挥提供良好的环境土壤。同时,政府和企业要优化人才引进机制,为引进人才在资金支持、平台建设、政策扶持等方面提供保障,通过"引智"来解决本土创新型人才不足的局面,借此提高本土企业的技术创新能力。

首先,在人力资本方面,受我国产业结构以及传统经济增长方式的影响,劳动者所接受的教育年限和工资水平严重不匹配,高薪低能的现象也是屡见不鲜,导致了个人缺乏进行人力资本投资的动机,有些虽然

接受高等教育，但是功利心也较强。因此，政府一方面需要制定更加合理的政策，引导人们加强人力资本投资。其次，政府需要促进产业结构调整，吸引大学生就业，解决大学生就业难的问题。我国可以结合现有的经济发展现状，结合转型升级的迫切需要，通过政产学研合作，以高等院校、职业技术培训机构为人才培养基地，加大资金、政策扶持力度，鼓励企业与院校联动，构建有的放矢的人才培养方案，培养符合实际需求的专门人才和实用型高技能人才。最后，引进国际化的高端人才。当前，我国高层次人才引进仍然集中在制造业领域，需要重点引进创新创业的"双创人才"，如台湾的新竹科学工业园，为了吸引更多的"双创人才"，制定了吸引人才的各种政策措施；在国内，中关村、深圳高新区都构建了辐射全球的人才网络，逐步形成相对完善的高层次人才引进模式，这为我国在吸引人才的机制创新上提供了良好的启示。通过对发达国家和地区开展人才引进，在全省范围内为企业的技术创新营造良好的人才供应环境，提供有力的人才保证和智力支持。

第四节　本书的不足与研究展望

环境规制可以通过不同渠道对经济发展产生影响，我们只探讨了环境规制对制造业转型升级的影响效应，研究范围只局限于贸易、技术创新和FDI区位分布，而且并没有考虑政治经济学方面的因素，且不同国家、地区的动态的、策略性问题的探讨全部被排除在外。这样的选择限制了我们的研究方法和结论。

我们做出这些选择的理由部分在第一章已经阐释，我们再次考察本书所提出的核心问题："环境规制对制造业转型升级的影响机制？"显而易见，由于我们更多地利用中观和宏观的数据进行分析，因为可能忽视了许多其他的影响途径，通过这些潜在的途径，环境规制也可能会影响制造业转型升级。这是未来仍需要大量研究的领域。

我们的模型在具体指标选取的过程中，由于环境规制指标难以量化，所以我们采取了标准化的方法，构建了一系列指标体系，但是这个指标体系仍然还有欠缺，有些指标（比如环境治理投资额等）并没有纳入到指标中，而这些指标或许是衡量环境规制程度较好的指标。同样，在衡量我国贸易竞争力时，本书虽然采取了国际市场份额、专业化指数和显示性比较优势指数不同指标，但是这些指标仍然缺乏足够的说服力。在一国贸易品中，由于存在着中间品贸易，所以这些指标并不能很好地反映我国的贸易竞争力。在技术创新能力衡量时，现有的研究多是采用专利数和研发投入，但是分行业的数据并不容易获取，所以我们在研究的过程中，只采用了研发投入一个指标作为技术创新能力的衡量指标。如果能更加合理地衡量企业的技术创新能力，其研究结果也将更加科学。

此外，在制造业转型升级如何评价，目前不同的机构或者学者都从某一个角度进行分析，得出的研究结论差异也会较大，本书在分析的过程中，提出了投资资源集聚能力这一二级指标，分析了一个地区对外资的吸引力，是否能作为制造业转型升级的一个重要影响因素，仍然是仁者见仁，智者见智。当然，制造业转型升级这一问题涉及的内容非常丰富，对这一问题的全方位考察需要更加科学地选择变量，尤其是金融政策、税收政策、知识产权制度建立等制度保障对制造业转型升级的影响有待于未来的进一步研究。

参考文献

1. Adam B. Jaffe and Karen Palmer. Environmental Regulation And Innovation: A Panel Data Study [J]. *The Review of Economics and Statistics*, 1997.

2. Adam B. Jaffe, Richard G. Newell, Robert N. Stavins. Environmental Policy and Technological Change [J]. *Environmental and Resource Economics*, 2002.

3. Andreas von Dollen and Till Requate. Environmental Policy and Incentives to Invest in Advanced Abatement Technology if Arrival of Future Technology is Uncertain-Extended Version [J]. *Economics Working Paper*, 2007.

4. Antras, P. Incomplete Contracts and the Product Cycle [J]. *American Economic Review*, 2005.

5. Antweiler, W. Copeland, B. R. Taylor, M. S. Is Free Trade Good for the Environment? [J]. *American Economic Review*, 2001.

6. Bahar Erbas & David Abler, Environmental Policy with Endogenous Technology from a Game Theoretic Perspective: The Case of the US Pulp and Paper Industry, Environmental & Resource Economics[J]. *European Association of Environmental and Resource Economists*, 2008.

7. Barbera A J, McConnel V D. The Impact of Environmental Regulations on Industry Productivity: Direct and Indirect effects [J]. *Journal of Environmental Economics and Management*, 1990.

8. Barro. J. Robert, Jong-Wha. Lee. International Data on Educational Attainment Updates and Implications [J]. *Oxford Economic Paper*, 2001.

9. Baumol, W.J. and W.oates, *The Theory of Environmental Policy. Cambridge, England* [M]. Cambridge University Press, 1988.

10. Beata Smarzynska Javorcik, Shang-Jin Wei. Pollution Havens and Foreign Direct Investment: Dirty Secret or Popular Myth? [J]. *Research Working papers*, November 1999.

11. Birdsall N, Wheeler D. Trade Policy and Industrial Pollution in Lat in America: Where are the Pollution Havens [J]. *World Bank Discussion Paper*, 1993.

12. Brian R. Copeland. International Trade and the Environment: Policy Reform in a Polluted Small Open Economy[J]. *Journal of Environmental Economics and Management*, 1994.

13. Bruce Domazlicky, William Weber .Does Environmental Protection Lead to Slower Productivity Growth in the Chemical Industry[J]. *Environmental and Resource Economics*, 2004.

14. Coe.D, Helpman.E, Hoffmaister.A. International R&D Spillovers and Institutions. *NBER Working Paper*, No. 14069, 2010.

15. Cole, M.A., Rayner, A.J., and Bares, J.M.The Environmental Kuznets Curve: An Empirical Analysis [J]. *Environment and Development Economics*, 1997.

16. Cole, M.A.; Robert J.R. Elliott and Kendchi shimamoto. Why the Grass is not Always Greener: the Competing Affects of Environmental Regulations and Factor Intensities on us Specialization [J]. *Ecological economics*, 2005.

17. Copeland, Brian R. and M.Scott Taylor. *Trade and the Environment* [M]. Princeton University Press: Princeton.2003.

18. Dale W. Jorgenson, Peter J. Wilcoxen. Environmental Regulation and U.S. Economic Growth [J]. *The RAND Journal of Economics*, 1990.

19. Daniel Gros, Global Welfare Implications of Carbon Border Taxes [J]. *Cesifo Working Paper*, No. 2790.

20. David Wheeler. Racing to the Bottom? Foreign Investment and Air Pollution in Developing Countries [J]. *The Journal of Environment Development*, 2001.

21. Domazlicky, B. R., Weber. L. Does Environmental Protection Lead to Slower Productivity Growth in the Chemical Industry? [J]. *En-

vironmental and Resource Economics, 2004.

22. Ebru Alpay, Steven Buccola, Joe Kerkvliet. Productivity Growth and Environmental Regulation in Mexican and U.S. Food Manufacturing [J]. *American Journal of Agricultural Economics*, 2002.

23. Eli Berman, Linda T. M. Bui. Environmental Regulation and Productivity: Evidence From Oil Refineries [J]. *The Review of Economics and Statistics*, 2001.

24. Feenstra, R. C. and Hanson, G. H. Ownership and Control in Outsourcing to China: Estimating the Property Rights Theory of the Firm [J]. *Quarterly Journal of Economics*, 2005.

25. Fischer, Carolyn & Parry, Ian W. H. & Pizer, William A. Instrument Choice for Environmental Protection When Technological Innovation is Endogenous [J]. *Journal of Environmental Economics and Management*, 2003.

26. Frank C. Krysiak. Environmental Regulation, Technological Diversity, and the Dynamics of Technological Change [J]. *Journal of Economic Dynamics & Control*, 2011.

27. Frank M. Gollop, Mark J. Roberts. Environmental Regulations and Productivity Growth: The Case of Fossil-fueled Electric Power Generation[J]. *Journal of Political Economy*, 1983.

28. Freeman. A Study of Success and Failure in Industrial Innovation [A]. In: Williams BR (Eds). Science and Technology in Economic Growth [M]. Halsted, New York, 1973: 227-245.

29. Frreeman C. *The Economics of Industrial Innovation* [M]. Cambridge: The MIT press, 1982.

30. Gray, W. B., Manufacturing Plant Location: Does State Pollution Regulation Matter? [J]. *NBER Working Paper*, 8705.

31. Grossman G, Krueger A. Economic Growth and the Environment[J]. *Quarterly Journal of Economics*, 1995.

32. Grossman, G. M. and Helpman E. Outsourcing in a Global Economy[J]. *Review of Economic Studies*, 2005.

33. Grossman, G.M., and Krueger, A.B. Environmental Impacts of a North American Free Trade Agreement [J]. *NBER Working Pa-*

per, 1991.

34. Gustavo Anríquez. Trade and the Environment: An Economic Literature Survey[J]. Draft, September 20, 2002.

35. He and Richard. Environmental Kuznets Curve for CO_2 in Canada[R].Papers, 2009.

36. Hummels, D. Ishii, J. & Yi, K. -M. The Nature and Growth of Vertical Specialization in World Trade[J]. *Journal of International Economics*, 2001.

37. Jaffe Adam B. & Stavins Robert N., Dynamic Incentives of Environmental Regulations: the Effects of Alternative Policy Instruments on Technology Diffusion [J]. *Journal of Environmental Economics and Management*, 1995.

38. James A, Tobey. The Effects of Domestic Environmental Policies on Patterns of World Trade: An Empirical Test[J]. Kyklos, 1990.

39. James M. Utterback.把握创新[M].清华大学出版社,1999 年版。

40. John A. List, Catherine Y. Co. The Effects of Environmental Regulations on Foreign Direct Investment [J]. *Journal of Environmental Economics and Management*, 2000.

41. Jose.Ph.Sehum Peter.Capitalism, Socialism and Democracy [J]. *Harper&Row*. New York, 1991.

42. Klaus Conrad, Catherine J. Morrison .The Impact of Pollution Abatement Investment on Productivity Change: An Empirical Comparison of the U. S., Germany, and Canada[J]. *Southern Economic Journal*, 1989.

43. Levinson, A and Taylor, S. Trade and the Environment: Unmasking the Pollution Haven. Memo[J]. Georgetown University, 2004.

44. Lichtenberg, F.R, Van Pottelsberghe de la Potterie.B. International R&D Spillovers: A Re-Examination [J]. *European Economic Review*, 1998.

45. List John, A., Catherine, Y.Co. The Effects of Environmental Regulations on Foreign Direct Investment [J]. *Journal of Environmental Economics and Management*, 2000, 40(1).

46. Long, N., Siebert, H. Institutional Competition versus Ex-ante

Harmonization: The Case of Environmental Policy[J]. *Journal of institutional and Theoretical Economics*, 1991.

47. Low P Yeats A. Do Dirty Industries Migrate In Low, P.(Ed), International Trade and the Environment[J]. *World Bank Discussion Papers*, 1992.

48. Lucas R, Wheeler D, Hettige H. Economic Development and Environment al Regulation In Low, P. (Ed.), International Trade and the Environment[J]. *World Bank Discussion Papers*, 1992.

49. Magat, Wesley A., Pollution Control and Technological Advance: A Dynamic Model of the Firm[J]. *Journal of Environmental Economics and Management*, 1978.

50. Mansfield M. Industrial Innovation in Japan and the United States[J]. *Science*, 1988.

Markusen, J. E. *Multinational Firms and the Theory of International Trade*[M]. Cambridge: MIT Press, 2002.

51. Matthew A. Cole, Robert J. R. Elliott, Per G. Fredriksson..Endogenous Pollution Havens: Does FDI Influence Environmental Regulations? [J]. *The Scandinavian Journal of Economics*, 2006.

52. Matthew A. Cole, Robert J. R. Elliott. FDI and the Capital Intensity of "Dirty" Sectors: A Missing Piece of the Pollution Haven Puzzle [J]. *Review of Development Economics*, 2005.

53. Michael E.Porter and Claas van der Linde.Toward a New Conception of the Environment-Competitiveness Relationship[J]. *The Journal of Economic Perspectives*, 1995.

54. Michael Greenstone, John A. List, had Syverson: The Effects of Environmental Regulation on the Competitiveness of U. S. Manufacturing [J]. *BER Working*, *Paper No.* 18392, 2012.

55. Mueser P. Identifying Technical innovations [J]. *IEEE Transactions on Engineering Management*, 1985, 32: 158-176.

56. Narula, R.Marin.A. FDI Spillovers, Absorptive Capacities and Human Capital Development: Evidence from Argentina [C], MER IT Research Memorandum series, 2003.

57. OECD:The Measurement of Scientific and Technical Activities

(1980),aris,1981, Chapter2.

58. Porter ME, Linde C. Toward a New Conception of the Environment Competitiveness Relationship[J]. *Journal of Economic Perspectives*, 1995.

59. Porter ME. America's Green Strategy [J]. *Scientific American*, 1991.

60. Robert, M. Solow. Technical Change and the Aggregate Production Function[J]. *The Review of Economics and Statistics*, 1957, 39(3).

61. Sartzetakis, E. S., Constantatos, C. Environmental Regulation and International Trade [J]. *Journal of Regulatory Economics*, 1995, 8(1).

62. Smita B. Brunnermeier, Mark A. Cohen. Determinants of Environmental Innovation in US Manufacturing Industries[J]. *Journal of Environmental Economics and Management*, 2003, 278-293.

63. Smarzynska, B. K., Wei, S. J. Pollution Havens and Foreign Direct Investment: Dirty secret or Popular Myth? [J]. *NBER Working Paper*, No. 8465, 2001.

64. Taylor M. Scott. Unbundling the Pollution Haven Hypothesis [J]. *Journal of Economic Analysis & Policy*, No.3, 2005, pp.1-28.

65. Till Requate, Incentives to Adopt New Technologies Under Different Pollution-control Policies[J]. *International Tax and Public Finance*, 1995.

66. Tom Verbeke, Marc De Clercq. The Income-environment Relationship: Evidence from a Binary Response Model [J]. *Ecological Economics*, 2006.

67. Wayne B. Gray. The Cost of Regulation: OSHA, EPA and the Productivity Slowdown [J]. *The American Economic Review*, 1987.

68. Wesley A. MaGat. Pollution Control And Technologicla Advance A Dynamic Model Of Firm[J]. *Journal of Environmental Economics and Management*, 1978.

69. Xing, Kolstad C. Do Lax Environmental Regulations Attract Foreign Investment? [J]. *Environmental and Resource Economies*, No.

21, 2002, pp.1 – 22.

70. Yan Dong, John Whalley. A Third Benefit of Joint Non-OPEC Carbon Taxes: Transferring OPEC Monopoly Rent [J]. *Cesifo Working Paper*, NO. 2741, 2009.

71. Yan Dong, John Whalley. Carbon, Trade Policy, and Carbon Free Trade Areas[J]. *International Trade and Investment Series Working*, Paper, No. 08007, 2008.

72. Yan Dong, John Whalley. How Large are the Impacts of Carbon Motivated Border Tax Adjustments? [J]. *International Trade and Investment Series Working Paper*, No. 10002, 2010.

73. 白嘉, 韩先锋, 宋文飞. FDI 溢出效应、环境规制与双环节 R&D 创新——基于工业分行业的经验研究 [J]. 科学学与科学技术管理, 2013 年第 1 期.

74. 白雪洁, 宋莹. 环境规制、技术创新与中国火电行业的效率提升 [J]. 中国工业经济, 2009 年第 8 期.

75. 布莱恩·科普兰, 斯科特·泰勒. 贸易与环境——理论及实证 [M]. 上海人民出版社, 2009 年版.

76. 蔡昉, 都阳, 王美艳. 经济发展方式转变与节能减排内在动力 [J]. 经济研究, 2008 年第 6 期.

77. 陈刚. FDI 竞争、环境规制与污染避难所——对中国式分权的反思 [J]. 世界经济研究, 2009 年第 6 期.

78. 陈立敏, 王漩, 饶思源. 中美制造业国际竞争力比较基于产业竞争力层次观点的实证分析 [J]. 中国工业经济, 2009 年第 6 期.

79. 陈柳, 刘志彪. 本土创新能力、FDI 技术外溢与经济增长 [J]. 南开经济研究, 2006 年第 3 期.

80. 陈诗一. 能源消耗、二氧化碳排放与中国工业的可持续发展 [J]. 经济研究, 2009 年第 4 期.

81. 池仁勇. 企业技术创新效率及其影响因素研究 [J]. 数量经济技术经济研究, 2003 年第 6 期.

82. 戴翔. 产品内分工、出口增长与环境福利效应——理论及对中国的经验分析 [J]. 国际贸易问题, 2010 年第 10 期.

83. 戴西超, 谢守祥, 丁玉梅. 企业规模、所有制与技术创新 [J]. 软科学, 2006 年第 6 期.

84. 丹尼尔·F·史普博. 管制与市场 [M]. 上海人民出版社, 1999年版.

85. 董敏杰, 梁泳梅, 李钢. 环境规制对中国出口竞争力的影响 [J]. 中国工业经济, 2011年第3期.

86. 杜希饶, 刘凌. 贸易、环境污染与经济增长——基于开放经济下的一个内生增长模型 [J]. 财经研究, 2006年第12期.

87. 段琼, 姜太平. 环境标准对国际贸易竞争力的影响——中国工业部门的实证分析 [J]. 国际贸易问题, 2002年第12期.

88. 樊纲, 苏铭, 曹静. 最终消费与碳减排责任的经济学分析 [J]. 经济研究, 2010年第1期.

89. 范纯增, 姜虹. 中国外贸产业国际竞争力结构优化研究 [J]. 经济管理, 2002年第2期.

90. 傅家骥. 技术创新学 [M]. 清华大学出版社, 1998年版.

91. 傅京燕, 李丽莎. 环境规制、要素禀赋与产业国际竞争力的实证研究——基于中国制造业的面板数据 [J]. 管理世界, 2010年第10期.

92. 傅京燕. 国际贸易中污染避难所效应的实证研究述评 [J]. 中国人口、资源与环境, 2009年第4期.

93. 傅京燕. 环境规制、要素禀赋与我国贸易模式的实证分析 [J]. 中国人口、资源与环境, 2008年第6期.

94. 傅京燕. 论环境管制与产业国际竞争力的协调 [J]. 财贸研究, 2004年第2期.

95. 王军. 理解污染避难所假说 [J]. 世界经济研究, 2008年第1期.

96. 傅京燕. 环境规制与产业国际竞争力 [M]. 经济科学出版社, 2006年版.

97. 高铁梅. 计量经济分析方法与建模——Eviews应用及实例 [M]. 清华大学出版社, 2009年版.

98. 高越, 李荣林. 分割生产与产业内贸易: 一个基于DS垄断竞争的模型 [J]. 世界经济, 2008年第5期.

99. 郭建万, 陶锋. 集聚经济、环境规制与外商直接投资区位选择——基于新经济地理学视角的分析 [J]. 产业经济研究, 2009年第4期.

100. 郭艳，张群，吴石磊. 国际贸易、环境规制与中国的技术创新 [J]. 上海经济研究，2013 年第 1 期.

101. 国务院发展研究中心课题组，刘世锦，张永生. 全球温室气体减排：理论框架和解决方案 [J]. 经济研究，2009 年第 3 期.

102. 韩玉军，陆旸. 经济增长与环境的关系——基于对 CO_2 环境库兹涅茨曲线的实证研究 [C]. 中国人民大学经济学院工作论文，2007 年.

103. 胡昭玲，张蕊. 中国制造业参与产品内国际分工的影响因素 [J]. 世界经济研究，2008 年第 3 期.

104. 黄德春，刘志彪. 环境规制与企业自主创新——基于波特假设的企业竞争优势构建 [J]. 中国工业经济，2006 年第 3 期.

105. 黄平，胡日东. 环境规制与企业技术创新相互促进的机理与实证研究 [J]. 财经理论与实践，2010 年第 1 期.

106. 黄顺武. 环境规制对 FDI 影响的经验分析：基于中国的数据 [J]. 当代财经，2007 年第 6 期.

107. 蒋伏心，王竹君，白俊红. 环境规制对技术创新影响的双重效应——基于江苏制造业动态面板数据的实证研究 [J]. 中国工业经济，2013 年第 7 期.

108. 江珂，卢现祥. 环境规制与技术创新——基于中国 1997—2007 年省际面板数据分析 [J]. 科研管理，2011 年第 7 期.

109. 江小涓. 吸引外资对中国产业技术进步和研发能力提升的影响 [J]. 国际经济评论，2004 年第 2 期.

110. 金碚. 中国工业竞争力——理论、方法与实证研究 [M]. 经济管理出版社，1997 年版.

111. 柯武刚，史漫飞. 制度经济学——社会秩序与公共政策 [M]. 韩朝华译. 商务印书馆，2000 年版.

112. 赖明勇，包群，彭水军，张新. 外商直接投资与技术外溢：基于吸收能力的研究 [J]. 经济研究，2005 年第 8 期.

113. 蓝庆新，王述英. 论中国产业国际竞争力的现状与提高对策 [J]. 经济评论，2003 年第 1 期.

114. 李春顶. 新—新贸易理论文献综述 [J]. 世界经济文汇，2010 年第 1 期.

115. 黎开颜，陈飞翔. 深化开放中的锁定效应与技术依赖 [J]. 数量经济技术经济研究，2008年第11期。

116. 李美娟，陈国宏，陈衍泰. 综合评价中指标标准化方法研究 [J]. 中国管理科学，2004年第10期。

117. 李文溥，郑建清，林金霞. 制造业劳动报酬水平与产业竞争力变动趋势探析 [J]. 经济学动态，2011年第8期。

118. 李小平，卢现祥. 国际贸易、污染产业转移和中国工业CO_2排放 [J]. 经济研究，2010年第1期。

119. 李晓钟，张小蒂. 外商直接投资对中国技术创新能力影响及地区差异分析 [J]. 中国工业经济，2008年第9期。

120. 李晓华. 产业组织的垂直解体与网络化 [J]. 中国工业经济，2005年第7期。

121. 李玲，陶锋. 中国制造业最优环境规制强度的选择——基于绿色全要素生产率的视角 [J]. 中国工业经济，2012年第5期。

122. 李杏. 外商直接投资技术外溢吸收能力影响因素研究——基于中国29个地区面板数据分析 [J]. 国际贸易问题，2007年12期。

123. 李郁芳，李项峰. 地方政府环境规制的外部性分析——基于公共选择视角 [J]，财贸经济，2007年第3期。

124. 李子奈. 计量经济学 [M]. 高等教育出版社，2003年版。

125. 林伯强，蒋竺均. 中国二氧化碳的环境库兹涅茨曲线预测及影响因素分析 [J]. 管理世界，2009年第4期。

126. 刘爱芹. 技术创新对区域经济发展的影响效应研究 [D]. 天津大学，2009年。

127. 刘强等. 中国出口贸易中的载能量及碳排放量分析 [J]. 中国工业经济，2008年第8期。

128. 刘正良，刘厚俊. 东道国对FDI技术外溢吸收能力的研究综述 [J]. 南京社会科学，2006年第7期。

129. 刘志彪，张少军. 中国地区差距及其纠偏：全球价值链和国内价值链的视角 [J]. 学术月刊，2008年第5期。

130. 刘志忠，陈果. 环境管制与外商直接投资区位分布——基于城市面板数据的实证研究 [J]. 国际贸易问题，2009年第3期。

131. 陆虹. 中国环境问题与经济发展的关系分析——以大气污染为例 [J]. 财经研究，2000年第10期。

132. 陆旸. 环境规制影响了污染密集型商品的贸易比较优势吗？

[J]. 经济研究, 2009 年第 4 期.

133. 马克思, 恩格斯. 马克思恩格斯选集 [M]. 人民出版社, 1975 年版.

134. 潘文卿. 外商投资对中国工业部门的外溢效应: 基于面板数据的分析 [J]. 世界经济, 2003 年第 6 期.

135. 裴长洪, 王镭. 试论国际竞争力的理论概念与分析方法 [J]. 中国工业经济, 2002 年第 4 期.

136. 綦建红, 鞠磊. 环境管制与外资区位分布的实证分析——基于中国 1985—2004 年数据的协整分析与格兰杰因果检验 [J]. 财贸研究, 2007 年第 3 期.

137. 曲如晓. 环境保护与国际竞争力关系的新视角 [J]. 中国工业经济, 2001 年第 9 期.

138. 任若恩. 关于中国制造业国际竞争力的进一步研究 [J]. 经济研究, 1998 年第 2 期.

139. 邵军, 徐康宁. 制度质量、外资进入与增长效应: 一个跨国的经验研究 [J]. 世界经济, 2008 年第 7 期.

140. 沈可挺. 碳关税争端及其对中国制造业的影响 [J]. 中国工业经济, 2010 年第 1 期.

141. 沈坤荣, 唐文健. 大规模劳动力转移条件下的经济收敛性分析 [J]. 中国社会科学, 2006 年第 5 期.

142. 沈利生, 唐志. 对外贸易对我国污染排放的影响——以二氧化硫排放为例 [J]. 管理世界, 2008 年第 6 期.

143. 沈能, 刘凤朝. 高强度的环境规制真能促进技术创新吗?——基于"波特假说"的再检验 [J]. 中国软科学, 2012 年第 4 期.

144. 史青. 外商直接投资、环境规制与环境污染——基于政府廉洁度的视角 [J]. 财贸经济, 2013 年第 1 期.

145. 宋玉华, 朱思敏. 垂直专业化的贸易利益分配机制研究 [J]. 世界经济研究, 2008 年第 3 期.

146. 万勇. 区域技术创新与经济增长研究 [D]. 厦门大学, 2009 年.

147. 王兵, 吴延瑞, 颜鹏飞. 环境管制与全要素生产率增长: APEC 的实证研究 [J]. 经济研究, 2008 年第 5 期.

148. 王芳芳, 郝前进. 环境管制与内外资企业的选址策略差异——

基于泊松回归的分析[J]. 世界经济文汇, 2011年第4期.

149. 王国印, 王动. 波特假说、环境规制与企业技术创新——对中东部地区的比较分析[J]. 中国软科学, 2011年第1期.

150. 王兵, 吴延瑞, 颜鹏飞. 环境管制与全要素生产率增长: APEC的实证研究. 经济研究[J]. 2008年第5期.

151. 王杰, 刘斌. 环境规制与企业全要素生产率——基于中国工业企业数据的经验分析[J]. 中国工业经济, 2014年第3期.

152. 王军. 理解污染避难所假说[J]. 世界经济研究, 2008年第1期.

153. 王俊豪. 政府管制经济学导论[M]. 商务印书馆, 2001年版.

154. 王群伟, 周鹏, 周德群. 我国二氧化碳排放绩效的动态变化、区域差异及影响因素[J]. 中国工业经济, 2010年第1期.

155. 卫迎春, 李凯. 我国制造业国际市场竞争力的发展趋势及其决定因素的实证分析[J]. 国际贸易问题, 2010年第3期.

156. 吴磊. 环境规制对FDI影响研究——基于中国的实证分析[D]. 华中科技大学, 2010年.

157. 冼国明, 薄文广. 外国直接投资对中国企业技术创新作用的影响——基于地区层面的分析[J]. 经济科学. 2006年第3期.

158. 项保华. 关于企业技术开发的现状、问题及其策略的研究[J]. 科研管理. 1989年第4期.

159. 肖红, 郭丽娟. 中国环境保护对产业国际竞争力的影响分析[J]. 国际贸易问题, 2006年第12期.

160. 谢建国, 周露昭. 进口贸易、吸收能力与国际R&D技术溢出: 中国省区面板数据的研究. 世界经济, 2009年第9期.

161. 伊特韦尔. 新帕尔格雷夫经济学大辞典[M]. 经济科学出版社, 1992年版.

162. 熊鹏. 环境保护与经济发展——评波特假说与传统新古典经济学之争[J]. 当代经济管理, 2005年第5期.

163. 熊鹰, 徐翔. 环境规制对中国外商直接投资的影响——基于面板数据模型的实证分析[J]. 经济评论, 2007年第2期.

164. 徐康宁. 中国特色社会主义在江苏的成功实践(经济卷)[M]. 江苏人民出版社, 2008年版.

165. 许冬兰, 董博. 环境规制对技术效率和生产力损失的影响分析

[J]．中国人口资源与环境，2009 年第 6 期．

166．许广月，宋德勇．中国碳排放环境库兹涅茨曲线的实证研究——基于省域面板数据［J］．中国工业经济，2010 年第 5 期．

167．亚当·斯密．国民财富的性质和原因的研究［M］．商务印书馆，1988 年版．

168．杨涛．环境规制对中国 FDI 影响的实证分析［J］．世界经济研究，2003 年第 5 期．

169．杨卫泽，洪银兴．创新苏南模式研究——无锡的实践和探索［M］．经济科学出版社，2007 年版．

170．殷宝庆．环境规制与我国制造业绿色全要素生产率——基于国际垂直专业化视角的实证［J］．中国人口、资源与环境．2012 年第 12 期．

171．［德］约瑟夫·熊彼特．经济发展理论．何畏，易家详译［M］．商务印书馆，1990 年版．

172．曾贤刚．环境规制、外商直接投资与"污染避难所"假说——基于中国 30 个省份面板数据的实证研究［J］．经济理论与经济管理，2010 年第 11 期．

173．张成，陆旸，郭路，于同申．环境规制和生产技术进步［J］．经济研究，2011 年第 2 期．

174．张成，于同申，郭路．环境规制影响了中国工业的生产率吗？——基于 DEA 与协整分析的实证检验［J］．经济理论与经济管理，2010 年第 3 期．

175．张杰，刘志彪，郑江淮．中国制造业企业创新活动的关键影响因素研究——基于江苏省制造业企业问卷的分析［J］．管理世界．2007 年第 6 期．

176．张二震，马野青．贸易投资一体化与长三角开放战略的调整［M］．人民出版社，2008 年版．

177．张广婷，江静，陈勇．中国劳动力转移与经济增长的实证研究［J］．中国工业经济，2010 年第 10 期．

178．张军，施少华．中国经济全要素生产率的变动：1952—1998［J］．世界经济文汇，2003 年第 2 期．

179．张可云，傅帅雄．环境规制对产业布局的影响——"污染天堂"的研究现状及前景［J］．现代经济探讨，2011 年第 2 期．

180. 张其仔. 开放条件下我国制造业的国际竞争力 [J]. 管理世界, 2003年第8期。

181. 张为付. 低碳经济下我省国际分工的战略调整 [J]. 南京财经大学学报, 2010年第2期。

182. 张小蒂, 孙景蔚. 基于垂直专业化分工的中国产业国际竞争力分析 [J]. 世界经济, 2006年第5期。

183. 张友国. 中国贸易增长的能源环境代价 [J]. 数量经济技术经济研究, 2009第1期。

184. 张宇. FDI 技术外溢的地区差异与吸收能力的门限特征——基于中国省际面板数据的门限回归分析 [J]. 数量经济技术研究, 2008年第5期。

185. 赵红. 环境规制对企业技术创新影响的实证研究——以中国30个省份大中型工业企业为例 [J]. 软科学, 2008年第6期。

186. 赵玉民, 朱方明, 贺立龙. 环境规制的界定、分类与演进研究 [J]. 中国人口资源与环境, 2009年第6期。

187. 张成, 于同申, 郭路. 环境规制影响了中国工业的生产率吗?——基于 DEA 与协整分析的实证检验 [J]. 经济理论与经济管理. 2010年第3期。

188. 周华, 崔秋勇, 郑雪姣. 基于企业技术创新激励的环境工具的最优选择 [J]. 科学学研究, 2011年第9期.

189. 植草益. 微观规制经济学 [M]. 中国发展出版社, 1992年版.

190. 周海蓉. 国外学者关于环境管制与技术创新的研究综述 [J]. 经济纵横, 2007年第11期。

191. 朱启荣. 中国出口贸易中的 CO_2 排放问题研究 [J]. 中国工业经济, 2010年第1期。

192. 曾贤刚. 环境规制、外商直接投资与"污染避难所"假说——基于中国30个省份面板数据的实证研究 [J]. 经济理论与经济管理, 2010年第11期。

193. 朱平芳, 张征宇, 姜国麟. FDI 与环境规制: 基于地方分权视角的实证研究 [J]. 经济研究, 2011年第6期。

后　记

　　十年寒窗苦读的心情难以用一句话来归纳，所学所得难以用任何指标来衡量，但是呈现在读者面前的这本专著既是以博士论文为基础的研究成果，也是浓缩了整个读书生涯的重要成果。一个人最好的年华应该就是读大学的生涯，而我有幸将我的读书生涯不断延长，从本科到硕士，从硕士到博士。时至今日，离我博士毕业已经接近四年的时间，时常非常怀念读博期间没日没夜埋头案前刻苦钻研的充实生活，怀念敲打着键盘滚珠泄玉、洋洋洒洒述说着自己观点的青春岁月。读博期间曾经觉得读书、做研究是一门非常辛苦的差事，当毕业时间越发临近时，那种对未知岁月的憧憬和向往，曾经为自己终于可以告别朝朝暮暮的研究生涯而欢天喜地。但是随着自己与学术渐行渐远，当每日为了工作的琐事而奔波，为了生活的苟且而一次次前行时，才发现做研究、做学问的日子是多么的宝贵、多么的充实，让人爱不释手、无限思念。本书是根据我的博士论文和王竹君的硕士论文整理而成，说来惭愧，早就准备将论文整理付梓出版，但是随着年纪增长拖延症也越发厉害了，导致专著的姗姗来迟。

　　博士学位并不是学习的终点，但是学位的终点，因此在专著付梓之际，衷心感谢各位对作者学业的关心和帮助。首先，感谢让我圆梦的博士生导师张二震教授。张老师硕果满枝头，桃李满天下。虽然早在大学阶段就已经学习了张老师编写的《国际贸易学》教材；但是直到研究生二年级的时候，才第一次见到和蔼可亲的张老师，张老师幽默的谈吐、儒雅的风度，给人印象很深。所以，当考博的决心下定时，我毫不犹豫的选择了报考张老师的博士生。经过几个月的辛苦努力，有幸能够师从张老师。读博期间，张老师无论是在学习方面还是在做人方面，他那至纯至善的心和循循善诱、润物无声的教育风范，给我很多启迪和教育。每当学习上遇到困难时，张老师总是鼓励我："做学术，慢慢来，不要急。"就是这些鼓励的话，使我养成了遇事不急于求成的良好性格。论文的选题、开题和文章的构思都离不开张老师的悉心指导，然因我本人才疏学浅，未能充分领会恩师的思想，深感惭愧。即使是工作以后，张老师也经常提醒我工作了不能就放下研究,要用研究来指导工作。恩师的谆谆教诲,是我人生的宝贵财富,我将永远铭记在心!

其次,感谢带我走进学术大门的硕士生导师张为付教授,非常幸运地成为张老师的硕士研究生,让一个学术门外汉的我,对学术产生了浓厚的兴趣。张老师在繁忙的行政工作之余,对我进行悉心的指导,从如何撰写文献综述开始,手把手地教导我们如何做学术。可以说,我的每一步成长,都倾注了张老师大量的心血。无论是读硕士期间,还是在考博、读博阶段、工作阶段,他都对我给予无微不至的关怀。工作以后,每当遇到一些重要的事情我仍然会向张老师请教,他那严谨的治学风格,务实的做事风格,让我受益匪浅。

感谢南京师范大学蒋伏心教授的关心和指导,蒋老师既是我硕士和博士论文的主答辩老师,也是王竹君的硕士生导师,蒋老师严谨的治学态度、深厚的学术造诣、踏实的工作作风深深影响着我们,能够师从蒋伏心老师是我们一生最宝贵的财富。专著的写作过程中,感谢我的师兄马野青教授,在学校的三年马老师无论是在学习和生活上,都给予了我很大的帮助。感谢江苏省社会科学院的杜宇玮,在专著修改过程中,他不但认真帮我修改文字,还提出了很多宝贵的建议。同时,也感谢中国建设银行江苏省分行金融市场部的领导和各位同仁,你们让我工作在一个充满活力、温馨快乐的大家庭中,给我带来无限的欢声笑语。本书获得了2014年江苏省社科基金后期资助立项,在此向各位评委、江苏省哲学社会科学规划办等相关部门的同志表示衷心的感谢;同时也要感谢南京大学出版社将本书出版。

最后,感谢我的家人为我营造了温馨、幸福的家庭生活氛围。感谢我的父母,他们用面朝黄土背朝天的辛勤劳动为了创造良好的学习环境,即使生活再困难都要节衣缩食供我念书,我也会加倍地努力回报你们的付出。感谢我的夫人王竹君,你总是用简单、快乐、恬淡的心态去影响着我,当我得意时你会适时地提醒我不要得意忘形,当我失意时你鼓励我放下过去继续前行。在人生的求学道路上遇一红颜知己甚是难得,有你的陪伴和同行,更是一大幸事。本书也是我们两人爱情的结晶,执子之手,夫复何求。

周长富
2016年11月8日于南大和园